CNVA
Conseil national de la vie assoc

BILAN DE LA VIE ASSOCIATIVE 2008-2010

LA DOCUMENTATION FRANÇAISE

Le Conseil national de la vie associative,

créé par décret, placé auprès du Premier ministre, s'est vu confier comme missions :
- d'établir un bilan de la vie associative ;
- de faire toutes propositions de réformes susceptibles d'améliorer la vie associative ;
- de conduire les études qui lui paraîtraient utiles au développement de la vie associative.

Le présent bilan a été élaboré par Jacqueline Perker, Édith Arnoult-Brill et Clarisse Alwitte.
Et avec également les contributions de : Édith Archambault, Joëlle Bottalico, Francis Charhon, Maryse Demouchy, Philippe-Henri Dutheil, Jean-Pierre Gille, Mélanie Gratacos, Thierry Guillois, Jean-Marc Roirant.

Le chapitre 1 de la troisième partie a été réalisé à partir des études menées par AIRES (Association d'information et de recherche sur l'économie sociale) à la demande du Conseil.

CNVA
95, avenue de France, 75650 Paris Cedex 13
Tél. : 01 40 45 94 06
mel : cnva@premier-ministre.gouv.fr

© Direction de l'information légale et administrative, Paris, 2011.
ISBN : 978-2-11-008716-4

Sommaire

Quatrième partie

La contribution des associations aux travaux du CESE ....

Annexes

Préface

Tenu par voie de décret de produire un Bilan de la vie associative une fois par mandature, le CNVA édite celui de cette huitième mandature pour la dernière fois de son histoire. Créé en 1983 par le Premier ministre en exercice, le Conseil national de la vie associative aura vécu 28 ans, été modifié par quatre décrets, rassemblé les acteurs de la vie associative et les représentants des ministres, ceux des associations d'élus aux trois niveaux des territoires pour s'imposer comme une force de proposition et un lieu d'expertise capable d'intervenir sur les sujets les plus complexes au service de l'intérêt général et des associations dans leur diversité.

Le fait marquant de cette mandature restera sans aucun doute le projet de réforme le concernant que le CNVA a lui-même proposé en plaçant le sujet au cœur des débats de ses membres dès l'ouverture du mandat. Passer d'un CNVA force de proposition, lieu de construction de l'expertise associative à un Haut Conseil de la vie associative (HCVA), c'est refonder l'identité du Conseil autour de sa fonction consultative à relier à une obligation de saisine et de ses missions tout en assurant leur mise en adéquation avec ses moyens et sa composition. C'est aussi garantir une meilleure visibilité à une instance placée auprès du Premier ministre en distinguant son rôle de celui des modes de représentation organisés dont se dotent volontairement les associations. Parmi les éléments de la réforme, le mode de désignation des membres associatifs – 25 conseillers – basé sur des domaines d'expertise listés dans les travaux du CNVA, constitue une clarification innovante qui, s'il était respecté, constituerait une avancée tant en matière d'objectivité que d'efficacité pour la production des travaux et des propositions à venir.

Dans ses conclusions, le CNVA souligne la nécessité de placer le futur Haut Conseil à la vie associative dans un dispositif d'ensemble qui permette l'expression régulière du monde associatif dans la diversité de ses projets, de ses pratiques et des problématiques qui en découlent. Ainsi, la réforme du CNVA devrait conduire, d'une part, à la mise en place d'un HCVA, d'autre part, à la tenue périodique d'une Conférence de la vie associative rassemblant largement le monde associatif dans sa diversité. Ces deux outils complémentaires auraient l'avantage de produire de la réflexion pour assurer le développement de la vie associative dans le respect du droit de s'associer, incarné par la Loi 1901 et des Libertés qui y sont attachées et d'organiser le dialogue entre la puissance publique et les associations.

Dans un autre ordre d'idée, les évolutions juridiques et fiscales comme celles touchant à la réglementation comptable ont fait l'objet d'une veille permanente de la part du CNVA et de travaux spécifiques que ce bilan met en lumière dans sa première partie. La participation active du CNVA aux différentes étapes de la consultation avant le vote de la loi sur le service civique en mars 2010 – rapport de Luc Ferry, travaux de la commission de concertation sur la politique jeunesse initiée par Martin Hirsch, débats parlementaires – a fait valoir ses positions sur des principes fondamentaux rappelés dans ce bilan et qui ont pour l'essentiel été retenus. Parallèlement, la question de la reconnaissance du bénévolat est demeurée importante et les travaux du CNVA ont trouvé un prolongement au sein du groupe préparatoire à la Conférence de la vie associative. La réforme du fonds destiné à financer la formation des bénévoles avec un objectif de déconcentration constitue l'une des mesures que le monde associatif devra s'approprier dans une configuration nouvelle nécessitant vigilance et évaluation.

La présidence française du Conseil de l'Union européenne a été pour le CNVA une opportunité pour intervenir dans les débats organisés autour de la citoyenneté européenne à la lumière de ses travaux antérieurs notamment sur le statut d'association européenne. Les enjeux du dialogue civil européen qui a vocation à favoriser le dialogue sur des questions sociétales en intégrant l'ensemble des acteurs de la société civile ont également été pris en compte. La directive européenne relative aux services sociaux d'intérêt général a, elle aussi, constitué un sujet important.

Au-delà de ses travaux réguliers, le CNVA a contribué à la préparation de la deuxième Conférence de la vie associative autour des trois thèmes qui ont mobilisé le secteur associatif. Dans un contexte d'évolution importante des règles européennes, notamment sur les aides d'État, il était primordial de revenir sur les outils de contractualisation entre associations et pouvoirs publics. Il s'agit là d'un enjeu d'avenir pour le modèle associatif, mode d'organisation de l'activité humaine qui ne s'apparente ni à la logique du secteur public ni à celle du secteur marchand et dont l'identité doit être préservée tant la plus-value en termes de citoyenneté active, de co-construction d'intérêt général ou encore de lien social est indispensable au vivre ensemble dans la société contemporaine.

Parmi les prolongements de la Conférence, la question de l'accès des associations aux médias, comme celle de la connaissance du secteur associatif sont à souligner. Les deux sujets ont fait l'objet de l'élaboration d'un rapport à partir de la mise en place de groupes de réflexion, l'un par le Conseil supérieur de l'audiovisuel (CSA), l'autre par le Conseil national de l'information statistique (CNIS) auxquels le CNVA a participé. Il ressort de ces travaux des avancées significatives par un spectre de propositions qui mériteraient d'être mises en œuvre rapidement. S'agissant du dialogue civil, la représentativité du monde associatif a été mise sur la table des débats comme un sujet important et tout à la fois complexe. La réflexion confiée au Conseil d'analyse de la société (CAS) a abouti à des pistes qui pourraient à tout le moins permettre de redéfinir les modalités de participation des associations à la prochaine Conférence de la vie associative.

La transformation du CNVA en Haut Conseil a été relayée et constitue un élément de conclusion de la Conférence. Les travaux préparatoires comme les échanges au cours de la Conférence ont su faire la place à l'un des fondements de la vie associative : le bénévolat et plus généralement l'engagement sous toutes ses formes. Le bilan met en lumière les enjeux attachés à cette question essentielle qui touche au sens de l'action et à la mobilisation tant individuelle que collective que peuvent susciter les projets des associations. Qu'il s'agisse du référentiel de compétences comme base commune à la reconnaissance de l'engagement associatif ou de la reconnaissance de la pleine capacité des mineurs à diriger une association, les propositions dans ce champ de réflexion soulignent quelques défis à relever pour faire progresser la donne et transformer durablement la perception même de l'engagement dans une démarche de projet non lucratif, de son utilité sociale et civique.

L'observation de l'évolution du secteur associatif de 2007 à 2009 témoigne, une fois encore, de la vitalité des initiatives. Cependant, la grande disparité des créations selon les départements constitue un éclairage intéressant au regard de l'importance que l'on accorde aux effets de l'activité associative dans les territoires alors qu'une vision plus globale à partir du phénomène en région amène à croiser mouvements de population et dynamisme économique comme facteurs éventuellement déterminants.

La lecture du bilan ne laissera pas indifférents ceux qui s'intéressent aux nouvelles créations d'association et à leur répartition par secteur d'activités. Sur les quatre années observées de 2006 à 2009, le domaine de la culture et des échanges internationaux représente 37 % des créations arrivant largement en tête devant le sport, le secteur des loisirs et de la jeunesse. Ce mouvement a déjà été observé pour la période 2001 à 2005. Le regard porté dans ce bilan de la vie associative sur les 34 années de créations d'associations de 1975 à 2009 permet de mesurer la réalité de la natalité associative et d'en tirer quelques conclusions sur l'évolution des projets et des attitudes.

Enfin, ce bilan met en évidence d'une façon détaillée l'implication des membres du groupe des associations élus par le CNVA pour siéger au Conseil économique et social au cours de la mandature 2004-2010. Il indique aussi les évolutions intervenues avec la réforme constitutionnelle et le positionnement des membres du groupe des associations dans la nouvelle mandature du Conseil économique, social et environnemental.

Édith Arnoult-Brill
Présidente

Première partie

Le CNVA : organisation et activités

Chapitre 1

La réforme du CNVA

Depuis sa création en 1983, le Conseil national de la vie associative a un rôle déterminant dans les relations entre le monde associatif et les pouvoirs publics. Créé comme un lieu permanent de concertation entre les associations et l'État, il réalise un important travail de réflexion et a un rôle d'expertise et d'analyse fondamental. Le CNVA a notamment pour fonctions depuis l'origine d'établir un bilan de la vie associative, de faire des propositions de réformes susceptibles d'améliorer la vie des associations et de conduire les études utiles au développement de la vie associative.

Force de proposition, le CNVA s'intéresse depuis toujours aux thèmes liés au rôle et à la place des associations dans la société. Les pratiques de l'État et le monde associatif ayant beaucoup évolué depuis sa création, la fonction du CNVA a elle aussi peu à peu été modifiée. Symbole de la représentation du monde associatif en 1983, le CNVA est en effet aujourd'hui devenu un lieu de construction de l'expertise associative. Conscient de sa progressive mutation, le CNVA a ainsi fait de sa réforme le projet phare de cette mandature, avec pour objectif la mise en adéquation de sa fonction et de ses missions avec ses moyens et sa composition. C'est pourquoi, après un travail de réflexion, le CNVA a fixé les principes fondateurs de sa réforme, dont des propositions d'applications concrètes ont été élaborées par un groupe mixte associant des représentants des différents ministères concernés par les questions associatives et des membres du CNVA.

Une réforme indispensable – Le projet du CNVA

Depuis sa création, le CNVA a su servir l'intérêt général des associations dans leur diversité en traitant des questions relatives à la mise en œuvre de leurs projets et de leurs activités. Dans le même temps, il a été confronté aux mutations du monde associatif, à son intervention dans des domaines de plus en plus vastes et à son recours à des compétences particulières et de plus en plus pluriprofessionnelles. Conscient des évolutions du monde associatif et de la nécessaire mutation de ses fonctions, le CNVA est donc lui-même à l'origine de sa réforme.

Érigée comme mesure phare de cette dernière mandature la réforme du CNVA a ainsi été placée au cœur des débats. La première moitié de 2009 a en effet été marquée par des réunions régulières[1] du Bureau qui ont été l'occasion d'entreprendre une première approche de principe sur une refondation du CNVA. Dans le même temps, des débats en assemblée plénière[2] ont permis d'approfondir ces réflexions et de les concrétiser par des contributions écrites ayant abouti à la rédaction d'un avis instituant les éléments constitutifs de la réforme voté le 30 juin 2009. Celui-ci a été transmis à Martin Hirsch, Haut Commissaire aux Solidarités actives et a avec la sollicitation par la Présidente du CNVA, de la constitution d'un groupe mixte destiné à élaborer des propositions concrètes.

Le CNVA face aux évolutions du monde associatif

Depuis sa création, le CNVA s'est imposé comme une importante force de proposition et s'est forgé une position d'expert sur les questions les plus complexes auxquelles les associations sont confrontées. Il s'est notamment intéressé aux thèmes liés au rôle et à la place des associations dans la société, en France et en Europe.

Dans le même temps, le secteur associatif n'a cessé d'évoluer. On constate par exemple une augmentation de 25 % par an du nombre d'associations entre 1999 et 2005. On comptabilise aujourd'hui 1,1 million d'associations dont 180 000 emploient 1,6 million de personnes et dont les projets sont portés par l'engagement de 14 millions de bénévoles actifs responsables[3].

Si le CNVA constate que le monde associatif pèse désormais un poids conséquent dans la société française, il souligne l'importance d'en connaître de façon plus précise la démographie. Au-delà de cet aspect quantitatif, le CNVA insiste sur la nécessité de mieux appréhender le rôle que jouent les associations dans notre société.

Omniprésent dans l'espace social, le secteur associatif est en effet aujourd'hui confronté à un univers complexe tendant, soit à la banalisation du modèle associatif au modèle marchand, soit à l'instrumentalisation du projet associatif dans la sphère publique.

Au regard de ces constats, il apparaît indispensable de réformer le CNVA. Il s'agit donc, d'une part, de mieux organiser le dialogue entre la puissance publique et les associations et, d'autre part, de produire de la réflexion pour assurer le développement de la vie associative dans le respect du droit de s'associer et des libertés qui y sont attachées. Étroitement liée à ce second objectif, la mission d'expertise du CNVA doit ainsi être précisée

1) Réunions du Bureau les 8 janvier 2009, 2 février 2009, 3 mars 2009, 6 avril 2009, 15 juin 2009 et 21 juillet 2009.
2) Assemblées plénières des 3 février 2009, 23 avril 2009 et 30 juin 2009.
3) Rapport Langlais, *Pour un partenariat renouvelé entre l'État et les associations,* juin 2008 ; Rapport d'information – Commission des affaires culturelles, P. Morange, « Gouvernance et financement des structures associatives », octobre 2008.

par la réforme qui doit permettre de refonder l'identité du CNVA autour de cette fonction d'expertise[4].

Les premières réflexions sur la réforme

Le projet de réforme du CNVA est un engagement de début de mandature visant à mettre en adéquation sa fonction et ses missions avec ses moyens et sa composition. L'intérêt de ce débat repose également sur des réflexions sollicitées par le CNVA dès 2008 : la mission de Monsieur Jean-Louis Langlais (confiée par Roselyne Bachelot-Narquin, ministre de la Santé, de la Jeunesse, des Sports et de la Vie associative) et le rapport d'information sur la Gouvernance et le financement des associations produit par la Commission des affaires culturelles de l'Assemblée nationale et dont le rapporteur est le député Pierre Morange.

Le rapport Langlais – 4 août 2008

Titulaire d'une mission confiée par Roselyne Bachelot-Narquin, ministre de la Santé, de la Jeunesse, des Sports et de la Vie associative, monsieur Jean-Louis Langlais a formulé des propositions afin d'envisager une évolution des rapports entre l'État et les associations. Pour appuyer sa réflexion, il a été invité à traiter de quatre sujets : l'évolution de la composition du CNVA, une meilleure lisibilité et stabilité des financements, l'agrément et la confiance des donateurs publics et privés et l'adoption du statut d'Association européenne durant la présidence française de l'Union européenne.

S'agissant du CNVA, il constate dans son rapport la nécessité de réformer cet organisme au regard des évolutions du secteur associatif depuis sa création en 1983. Il remarque notamment :
– une forte croissance du secteur représentant un budget de 60 milliards d'euros, 1 million d'emplois salariés et 14 millions de bénévoles ;
– une modification des rapports avec la puissance publique ;
– un poids économique conséquent.

Il adresse trois critiques majeures au fonctionnement actuel de cet organisme : une expertise délivrée exclusivement par les membres du CNVA, des saisines gouvernementales trop rares et un nombre de membres trop important.

Il suggère donc un renforcement du statut du CNVA passant par l'attribution de nouvelles compétences et de nouveaux moyens dont il pourrait résulter une nouvelle composition. Il propose enfin la création d'une structure ouverte, la « Conférence périodique », destinée à renforcer la

---

4) Expertise : étude sous différents angles (juridiques, économiques, sociaux...) des questions posées incluant une vision stratégique de leurs conséquences sur l'identité du monde associatif et son développement dans le respect du droit de s'associer édifié par la loi de 1901 et des libertés qui y sont attaches.

fonction consultative du CNVA tout en contrebalançant la restriction du nombre de membres.

Le rapport Morange – 7 octobre 2008

Responsable du rapport d'information sur la gouvernance et le financement des associations, le député Pierre Morange insiste sur la nécessité de réformer le CNVA et suggère de le transformer en un véritable organe d'expertise.

En effet, s'il constate les aspects positifs du CNVA, lien indispensable entre les besoins des associations et la logique publique et reconnaît en celui-ci une *« instance d'expertise à l'utilité indéniable »*, il formule également ment certaines critiques à son encontre. Selon, lui, le CNVA vit une crise identitaire qui se manifeste tant au niveau de ses fonctions et missions qu'au niveau de sa composition et de son rôle. Il regrette notamment des saisines gouvernementales trop rares, une composition peu claire et un rôle mal défini.

Il préconise donc de :
– réviser la composition du CNVA pour en faire une structure plus légère composée de représentants du monde associatif, d'experts et de représentants de l'administration et des collectivités locales ;
– redéfinir ses fonctions et renforcer son statut ;
– renforcer ses moyens.

Ainsi réformé, le CNVA pourrait se transformer en un *« véritable organe d'expertise »*.

Les éléments constitutifs de la réforme

Le rattachement au Premier ministre

Le CNVA est rattaché, depuis l'origine, au Premier ministre. En 1983, le Premier ministre en exercice avait en effet la volonté de disposer d'une structure dédiée aux questions relatives à la vie associative. Déjà confirmé en 2003, ce rattachement ne doit pas être réformé. Selon le CNVA, son maintien est en effet indispensable au regard de la transversalité des activités des associations qui ne peuvent pas, de ce fait, être placées sous la direction d'un seul ministère en particulier.

Le statut

L'objectif principal de la réforme est de donner au CNVA une nouvelle identité prenant en compte les évolutions du monde associatif et des pouvoirs publics depuis sa création en 1983.

Le CNVA doit ainsi saisir l'opportunité de cette réforme pour redéfinir ses missions et clarifier ses fonctions. Sa fonction consultative en serait ainsi renforcée.

Les missions et les fonctions

La réforme du CNVA doit permettre de clarifier et de préciser ses missions. Celles-ci n'ayant été modifiées qu'une seule fois depuis sa création, il semble indispensable qu'elles soient adaptées au nouvel environnement associatif, au nouveau contexte public et surtout, à sa mission d'expertise.

Cette réforme doit également être l'occasion de mieux définir la fonction consultative du CNVA à relier avec l'obligation de saisine gouvernementale pour les textes législatifs et réglementaires touchant directement les associations et leurs activités.

Ces nouvelles missions élaborées pour le Haut Conseil à la vie associative pourraient ainsi consister en :
– l'obligation de saisie sur tous les projets de textes législatifs et réglementaires relatifs au fonctionnement des associations ;
– l'obligation de consultation sur les textes législatifs et réglementaires portant sur les personnes morales de droit privé non commerçantes ayant une activité économique ;
– la proposition de mesures utiles au développement de la vie associative ;
– la formulation de recommandations en vue d'améliorer la connaissance des réalités du secteur associatif.

Si la réforme doit affirmer la fonction consultative du Haut Conseil à la vie associative, elle ne doit pas le transformer en simple observatoire ou en organe délibérant sur la certification ou la labellisation des associations.

Les moyens

La réforme du CNVA doit confirmer l'exercice à titre bénévole des mandats de ses membres mais doit également permettre de fournir au futur Haut Conseil les moyens nécessaires à l'exercice de ses activités. Pour mener à bien ses nouvelles fonctions et mission, le Haut Conseil à la vie associative doit en effet pouvoir bénéficier de moyens suffisants pour financer des outils performants et des moyens humains permanents et étoffés. Ces moyens doivent prendre en compte la réalité du poids du secteur associatif dans la société.

La composition

La restriction du nombre de membres est indispensable. Le Haut Conseil de la vie associative devrait désormais reposer sur plusieurs catégories de membres :
– les associations ;

– les pouvoirs publics : l'État et les collectivités territoriales – les représentants des communes, des départements et des régions ;

– les personnalités qualifiées : désignées en raison de leurs compétences dans les domaines sociologique ; économique, juridique et de l'économie sociale et codésignées par les pouvoirs publics et les associations.

Mandatés pour 3 ans, les membres siégeant au Haut Conseil à la vie associative doivent être désignés en raison de leur capacité d'expertise sur le secteur associatif.

La création d'une Conférence périodique régulière

Les nouvelles missions et fonctions du Haut Conseil à la vie associative impliquent une participation concrète et active de ses membres. Ces derniers faisant l'objet d'une restriction, il apparaît nécessaire d'ouvrir un espace d'expression du monde associatif, représentant la diversité des projets et des pratiques du secteur associatif. Cet espace pourrait être établi par l'organisation d'une Conférence de la vie associative périodique (à réunir tous les 3 ans) rassemblant largement le monde associatif, les coordinations associatives ainsi que les associations organisées autour d'une thématique ou dont l'objet social porte une spécificité.

Les propositions du Groupe mixte : du CNVA au Haut Conseil à la vie associative

Le projet de réforme du CNVA a été adopté en session plénière le 30 juin 2009. Ce projet reposant sur des principes visant à transformer le CNVA en Haut Conseil à la vie associative, un groupe mixte associant représentants des ministères et membres du CNVA a été créé pour élaborer des propositions concrètes. Dès le début de ses travaux, le groupe mixte a bâti un consensus sur les principes fondamentaux de cette future instance en s'appuyant sur les propositions élaborées par le CNVA. Il a ainsi réaffirmé la fonction consultative de ce nouvel organisme et a souligné la nécessité de fonder son identité sur la fonction d'expertise. Il a également insisté sur l'importance de lui affecter les moyens nécessaires à l'accomplissement de sa mission.

Le rattachement et la fonction consultative

Du fait de la transversalité des questions intéressant le monde associatif, le groupe mixte estime qu'il est important de maintenir le rattachement du futur Haut Conseil au Premier ministre. Sa fonction consultative en est donc confirmée ainsi que l'obligation de saisine gouvernementale.

Les missions

Le groupe mixte suggère de resserrer le champ de la saisine obligatoire afin de la rendre efficace. Il propose de fixer au Haut Conseil les missions suivantes :

– *« Le Haut Conseil est obligatoirement saisi sur tous les projets de textes législatifs et réglementaires susceptibles de s'appliquer à l'ensemble des associations quel que soit leur domaine d'activité. »*

– *« Le Haut Conseil recueille et met à disposition les données qualitatives et quantitatives existantes sur le secteur associatif. »*

– *« Le Haut Conseil propose les mesures utiles au développement de la vie associative ; formule des recommandations en vue d'améliorer la connaissance des réalités du secteur associatif. »*

À cet effet, 11 domaines principaux, déclinés en sous-ensemble, caractérisant la démarche associative, ont été étudiés avec le souci que le plus grand nombre possible de champs soit couvert[5].

Les membres et la composition

Le groupe mixte confirme la proposition d'organiser le Haut Conseil autour de trois catégories de membres : les associations, les pouvoirs publics et les personnalités qualifiées.

Les associations

Les associations y sont représentées par des conseillers. Ceux-ci doivent être impérativement des associatifs praticiens polyvalents mais peuvent également être experts dans un domaine particulier.

Ils sont désignés par le Premier ministre au regard de compétences acquises par la *« connaissance appliquée de la vie associative »*.

Le groupe mixte propose que les conseillers représentent 25 membres du futur Haut Conseil.

Les pouvoirs publics

Une des principales avancées du futur Haut Conseil est la clarification du rôle des représentants des pouvoirs publics (État et collectivités territoriales). Le groupe mixte recommande en effet qu'ils puissent s'exprimer au cours des débats pour apporter un éclairage technique et pour participer activement à l'élaboration des avis.

---

5) Liberté d'association ; gouvernance associative ; ressources humaines ; économie non lucrative et lucrative ; règles et normes ; financements public et privé ; reconnaissance et partenariat ; dialogue civil ; territoire : décentralisation et déconcentration ; Europe ; communication et relations média.

Les représentants des pouvoirs publics au futur Haut Conseil sont désignés sur proposition de l'Association des régions de France, de l'Assemblée des départements de France et l'Association des maires.

Le groupe mixte propose que les représentants des pouvoirs publics soient au nombre de 16 (10 représentants de l'État et 6 représentants des collectivités territoriales).

Les personnalités qualifiées

Il s'agit d'experts sur des matières diverses (questions juridiques, économiques, sociales...) et concernant les associations et fondations.

Le groupe mixte propose que ces personnalités nommées par le Premier ministre représentent 5 membres du futur Haut Conseil.

Les moyens et l'organisation

La composition du Bureau

Si la présidence du futur Haut Conseil doit être exercée par le Premier ministre[6], le groupe mixte propose de mettre en place un Bureau restreint de 7 à 9 membres assistés d'un secrétariat général permanent.

Reposant sur la représentation des trois catégories de membres (associations, pouvoirs publics et personnalités qualifiées), le groupe mixte propose de composer le Bureau comme suit :
– quatre conseillers associatifs (dont le Vice-président) ;
– un représentant de l'État (le Président ou son représentant) ;
– un représentant des collectivités territoriales ;
– une personnalité qualifiée.

Les moyens

Les nouvelles missions allouées au futur Haut Conseil supposent sa grande réactivité et ainsi des moyens humains et un budget suffisants.

* * *

6) Qui peut être représenté pat un membre du Gouvernement chargé de la vie associative.

Les réflexions émises à propos de la réforme du CNVA ont ainsi conduit à l'idée de sa transformation en un Haut Conseil à la vie associative. Elles ont en effet été menées dans un double objectif :
– concevoir une instance dont le rôle et les compétences soient en adéquation avec les besoins en constante évolution des associations et des pouvoirs publics ;
– définir les contours de cette instance afin de garantir sa réactivité et lui permettre d'assurer et d'assumer sa fonction consultative.

De ce fait, la saisine gouvernementale obligatoire de ce nouvel organisme apparaît comme essentielle. Elle est en effet indispensable pour renforcer la visibilité d'une telle instance dans un environnement associatif en constante évolution.

Le rôle du Haut Conseil, appelle à une participation active de ses membres pour des contributions concrètes aux analyses et à l'élaboration de propositions orientées vers le développement de la vie associative et la préservation du modèle associatif dans un univers de complexité.

Dès lors, resserrant sa fonction, il faut ouvrir un espace d'expression du monde associatif où la diversité des projets et celle des pratiques seront représentées.

La proposition de tenir une Conférence périodique régulière répondrait pleinement à cet objectif.

L'articulation entre le Haut Conseil et la Conférence s'opérerait au moyen de deux éléments :
– la participation du Haut Conseil à l'élaboration de l'ordre du jour de la Conférence ;
– la participation des experts associatifs et des personnalités qualifiées, membres du Haut Conseil, à la Conférence.

La Conférence de la vie associative devrait quant à elle rassembler largement le monde associatif, les coordinations associatives notamment celles regroupées au sein de la CPCA, mais aussi les associations organisées autour d'une thématique ou dont l'objet social porte une spécificité.

En conclusion on peut dire que la réforme du CNVA devrait conduire d'une part à la mise en place d'un Haut Conseil à la vie associative, d'autre part à la formalisation d'une Conférence de la vie associative annuelle, biannuelle ou triannuelle. En tout état de cause, il faut souligner que ces deux outils complémentaires sont indispensables à la prise en compte de la diversité du monde associatif et des problématiques qui en découlent.

Chapitre 2

Les travaux du CNVA

Les ressources des associations : des nouveaux leviers

Les années qui viennent de s'écouler ont vu se multiplier de nouveaux outils et mécanismes répondant à la nécessité de doter le secteur des associations et des fondations de nouveaux outils pour trouver de nouvelles ressources. On a ainsi vu apparaître une série de structures juridiques innovantes dont la plus emblématique reste à ce jour, le fond de dotation, mais aussi une amélioration du dispositif fiscal du mécénat.

La loi sur le mécénat – 1er août 2003

De nouvelles réductions d'impôts

La loi sur le mécénat de 2003[7] a fortement renforcé les incitations fiscales.

• *Pour les particuliers assujettis à l'impôt sur le revenu* : ils peuvent désormais bénéficier d'une réduction d'impôt sur le revenu égale à 66 % du montant de leurs dons, dans la limite de 20 % de leur revenu imposable. Lorsque les dons et versements effectués au cours de l'année excèdent cette limite, l'excédent est reporté successivement sur les années suivantes (jusqu'à 5 ans) et ouvre droit à réduction d'impôt dans les mêmes conditions.

• *Pour les entreprises assujetties à l'impôt sur les sociétés* : elles peuvent désormais bénéficier d'une réduction d'impôt égale à 60 % du montant de leurs dons, dans la limite de 0,5 % de leur chiffre d'affaires. Si cette limite est dépassée au cours d'un exercice, l'excédent de versement peut donner lieu à réduction d'impôt au titre des cinq exercices suivants. Il faut toutefois prendre en compte les versements effectués au titre de chacun de ces exercices, sans qu'il puisse en résulter un dépassement du plafond défini au premier alinéa. Les versements peuvent se faire au profit d'une fondation d'entreprise même si cette dernière porte le nom de l'entreprise fondatrice.

---

7) Loi n° 2003-709 du 1er août 2003 relative au mécénat, aux associations et aux fondations, *JO* n° 177 du 2 août 2003.

Un encouragement des libéralités

La loi de 2003 a instauré un dispositif visant à encourager les libéralités à destination des fondations et des associations[8]. Celui-ci permet à toute personne ayant reçu un legs ou une donation et qui en transmet, dans les six mois suivants, tout ou partie à un organisme reconnu d'utilité publique, de bénéficier d'un abattement sur les droits de succession qui y sont liés. Cet abattement est calculé en fonction de la valeur des actifs transmis.

L'établissement d'un seuil de contrôle

La loi du 1er août 2003 a également introduit un seuil de contrôle. Celui-ci concerne les associations et fondations reconnues d'utilité publique, les associations ayant pour but exclusif l'assistance, la bienfaisance, la recherche scientifique ou médicale, ainsi que tout organisme bénéficiaire de dons de personnes physiques ou morales ouvrant droit, au bénéfice des donateurs, à un avantage fiscal au titre de l'impôt sur le revenu ou de l'impôt sur les sociétés.

Désormais, tous ces organismes (à l'exception des fondations d'entreprise) doivent ainsi assurer la publicité et la certification de leurs comptes annuels dès lors que le montant des dons reçus dépasse 153 000 € par an.

Ce dispositif a également introduit un contrôle renforcé de la Cour des comptes auquel sont désormais soumis tous les organismes bénéficiaires de dons de personnes physiques ou morales ouvrant droit, au bénéfice des donateurs, à un avantage fiscal au titre de l'impôt sur le revenu ou de l'impôt sur les sociétés. Ce contrôle vise à vérifier la conformité entre les objectifs de ces organismes et les dépenses financées par les dons ouvrant droit à avantage fiscal. Depuis la publication du décret n° 2010-1121 du 23 septembre 2010, ce contrôle peut être effectué dès lors que le montant annuel des dons ouvrant droit à des avantages fiscaux excède 153 000 €. Ainsi, toute organisation collectant des fonds, quel que soit son type, est soumise au contrôle de la Cour des comptes.

Les autres dispositions légales

Création de nouveaux types de fondations

Fondations reconnues d'utilité publique, fondations abritées, fondations d'entreprise et fondations du patrimoine existent déjà depuis plusieurs années. D'autres types de fondations ont été créés plus récemment. Il s'agit, entre autres :
- des fondations de coopération scientifique[9] ;

8) Article 788-III du Code général des impôts.
9) Loi n° 2006-450 du 18 avril 2006 de programme pour la recherche, *JO* n° 92 du 19 avril 2006.

– des fondations d'université et les fondations partenariales [10] ;
– des fondations hospitalières [11].

Amélioration de certains aspects de la fiscalité

Au cours des dernières années, certains aspects de la fiscalité des associations et fondations ont été améliorés.

On peut à ce titre, citer l'exemple de la loi TEPA du 21 août 2007 [12]. Celle-ci a en effet modifié le mécanisme de l'impôt de solidarité sur la fortune (ISF) en offrant la possibilité aux contribuables assujettis à cet impôt de bénéficier d'une réduction d'ISF de 75 %, et limitée à 50 000 € au titre des dons faits à certains organismes sans but lucratif (dont les fondations reconnues d'utilité publique).

Cette disposition a ainsi eu pour conséquence la multiplication des fondations désireuses de bénéficier de cet avantage.

Le cas particulier des fonds de dotation [13]

Les fonds de dotation ont été créés en 2008 par la loi de modernisation de l'économie [14]. Les fonds de dotation sont venus compléter les outils disponibles pour les donateurs (*cf. infra* chapitre 2).

Afin de permettre la mise en œuvre opérationnelle des fonds de dotation, le législateur a créé un comité stratégique ayant pour mission d'émettre des recommandations de bonnes pratiques en matière de gouvernance ou de gestion, sous l'égide du ministère de l'Économie. Celui-ci doit ainsi suivre l'évolution des fonds de dotation et faire des propositions pour l'établissement d'une méthodologie de leur évaluation.

● *Un succès à contrôler*

Simples à mettre en place, les fonds de dotation ont fait l'objet d'un fort engouement dès 2007 (*cf.* tableau ci-après).

10) Loi n° 2007-1199 du 10 août 2007 relative aux libertés et responsabilités des universités, *JO* n° 185 du 11 août 2007.
11) Loi n° 2009-879 du 21 juillet 2009 portant réforme de l'hôpital et relative aux patients, à la santé et aux territoires, *JO* n° 167 du 22 juillet 2009.
12) Loi n° 2007-1223 du 21 août 2007 en faveur du travail, de l'emploi et du pouvoir d'achat, *JO* n° 193 du 22 août 2007.
13) Pour les caractéristiques des fonds de dotation, se référer ci-après (pages 26 à 34) – Évolution des dispositifs juridiques et mesures fiscales ».
14) Loi n° 2008-776 du 4 août 2008 de modernisation de l'économie, *JO* n° 181 du 5 août 2008.

Nombre total de fonds et fondations
(hors fondations sous égide de l'Institut de France)

	31/12/2007	31/12/2008	31/12/2009	Été 2010	Nombre de fondations avec au moins un fondateur entreprise
FRUP : Fondations reconnues d'utilité publique (source : ministère de l'Intérieur)	544	556	572	584	Dont 56 avec au moins un fondateur entreprise.
FE : Fondations d'entreprise (loi du 4 juillet 1990)	177	222	250	257	Toutes avec au moins un fondateur entreprise, dont 16 avec plusieurs entreprises.
FA : Fondations abritées	709	766	811	816	Dont 126 avec au moins un fondateur entreprise.
FCS : Fondations de coopération scientifique	22	23	25	27	Dont quatre avec au moins un fondateur entreprise.
FP : Fondations partenariales		2	7	7	Toutes avec au moins un fondateur entreprise.
FU : Fondations universitaires		2	15	15	Pas d'info sur les fondateurs.
FDD : Fonds de dotation (loi de modernisation de l'économie)			162	356	7 identifiées comme issues d'entreprises.
Total Fondations	**1452**	**1571**	**1842**	**2057**	**Au moins 457**

Source : Observatoire de la Fondation de France et *Journal officiel des associations*.

Face à ce succès, le CNVA s'est interrogé sur la sécurité de tels dispositifs soumis à un formalisme peu contraignant.

Le comité stratégique des fonds de dotation a en effet constaté certaines faiblesses puisqu'il a publié le 23 juillet 2010 des recommandations en matière de rédaction des statuts et de mode d'administration des fonds. Il a d'ailleurs rappelé à cet égard la responsabilité incombant aux créateurs de fonds, *« corollaire de la liberté qui leur a été donnée »*, de respecter le caractère d'intérêt général de la mission confiée, qui ne doit pas prêter à contestation.

Le contrôle des fonds de dotation dépend de l'autorité administrative représentée par le préfet. Cependant, la définition de l'intérêt général étant essentiellement une définition d'ordre fiscal, il semble que ce sont les inspecteurs des impôts qui auront la charge d'étudier les dossiers des fonds en cas de problèmes. Ils auront également à intervenir pour effectuer des vérifications quant au réel caractère d'intérêt général des activités exercées par les fonds de dotation.

Il conviendrait alors de se demander si ce dispositif n'augure pas une nouvelle ère où le contrôle des activités philanthropiques dépendrait du ministère des Finances plus que des services du ministère de l'Intérieur, comme c'est le cas aux USA avec l'IRS [15].

15) Internal Revenue Service : administration américaine chargée des impôts.

Un nouveau paysage fiscal

On peut ainsi considérer que la philanthropie contemporaine est désormais soutenue par une des fiscalités les plus avantageuses du monde ayant pour conséquence une multiplication extrêmement rapide des fondations et des fonds de dotation.

Introduisant une très forte concurrence entre acteurs publics et privés (y compris à l'intérieur de ces groupes), on peut se demander si ce nouveau paysage pourra bénéficier à tous. Par exemple, les ministères se sont dotés de cellules de mécénat et l'État a parallèlement créé de nouveaux types de fondations pour développer la recherche, les universités et les hôpitaux. Toutes ces nouvelles structures vont donc démarcher à la fois les entreprises et les fondations privées. Or, si ces dernières répondent positivement, elles ne pourront plus donner aux associations qui attendent leur financement.

Selon le ministère des Finances le mécénat des particuliers avoisinerait les 3 milliards d'euros par an, auquel il faut ajouter au moins 1 milliard provenant du mécénat des entreprises.

Si ces chiffres paraissent conséquents, ces montants ne peuvent en rien compenser le désengagement de l'État, d'autant que ces sommes sont ventilées sur tous les secteurs de l'intérêt général. On peut alors penser que la période 2008-2010 est un moment majeur dans l'évolution positive des capacités de financement des associations. Toutefois, il est à craindre qu'après cette période de croissance, les associations aient à faire face à un inversement du phénomène en raison de la concurrence de tous les nouveaux entrants sur le secteur de la collecte.

Selon le CNVA, ces aspects fiscaux ne devraient plus être modifiés pendant un certain temps, afin de créer une certaine stabilité et permettre aux donateurs de s'habituer aux mécanismes en vigueur.

Ainsi, même si l'on peut espérer une augmentation du volume global de mécénat, il n'est pas certain que les capacités d'intervention des associations de taille moyenne ne soient pas réduites, tant le coût d'entrée sur le marché de la collecte est devenu élevé. Faisant déjà face à la réduction des subventions déjà évoquée, celles-ci devront ainsi plus encore se tourner vers les fondations de redistribution [16].

Le contrôle de la Cour des comptes

Les associations collectrices de fonds font naturellement l'objet de contrôles de la Cour des comptes qui ont amené une plus grande rigueur dans la gestion des organisations. Durant la dernière mandature, les organisations sanitaires et sociales contrôlées, à l'exception d'une seule association

16) On appelle fondations de redistribution celles qui attribuent des prix, bourses ou subventions par différenciation avec les fondations opérationnelles qui gèrent, par exemple, des établissements.

s'occupant d'animaux, n'ont ainsi pas fait l'objet de remarques sur l'utilisation des fonds du public. Ceci marque l'évolution constante du secteur vers de bonnes pratiques de gestion et de transparence. Le récent décret obligeant toutes les associations et fondations collectrices de fonds à publier leurs comptes sur le site du *Journal officiel*[17] participe d'ailleurs à ce mouvement de réassurance du donateur.

Toutefois, deux orientations récentes de la Cour des comptes peuvent être une source d'interrogation.

La collecte de dons suite au Tsunami

La collecte de dons opérée à la suite du Tsunami a montré une tendance à ne pas véritablement contrôler l'utilisation des fonds, mais aussi à faire des remarques sur l'opportunité des actions. L'opportunité d'une action devrait être jugée au regard d'un référentiel. Or, dans des cas d'urgence comme le Tsunami, la situation sur place est évolutive.

La mise en avant des frais de fonctionnement

L'une des vocations du Compte d'emploi des ressources (CER) serait de faire ressortir les frais de fonctionnement des organisations pour permettre ainsi des comparaisons entre elles. À la production des premiers CER, le monde associatif a constaté l'impossibilité de comparer des organisations totalement différentes les unes des autres, sans faire des erreurs de jugement.

Il est à noter que la nécessaire professionnalisation du secteur au regard de la complexité des projets et de l'environnement réglementaire renforce obligatoirement les coûts de gestion et ce, même si des légions de bénévoles sont mobilisées.

Évolution des dispositifs juridiques et mesures fiscales

Les enjeux

Durant cette dernière mandature, le CNVA a été régulièrement amené à travailler sur la thématique de simplification des démarches relatives aux procédures. En effet, la deuxième Conférence de la vie associative a mis en évidence un certain nombre d'attentes du secteur associatif sur ce sujet, notamment celles relatives à :
– la sécurisation et la clarification du cadre juridique des relations financières

---

17) Décret n° 2009-540 du 14 mai 2009 publié au *JO* n° 113 du 16 mai 2009 après de nombreux échanges avec le CNVA.

entre les pouvoirs publics et les associations, notamment au regard de la réglementation européenne relative aux aides d'État ;
– la nécessaire simplification des démarches effectuées par les associations dans le cadre des procédures d'agrément.

C'est dans ce double objectif qu'une circulaire du Premier ministre, en date du 18 janvier 2010 à l'attention des membres du Gouvernement, est venue fixer le cadre général des nouveaux dispositifs ou du moins des aménagements apportés aux dispositifs existants.

Dans cette optique de simplification des procédures, le CNVA a également été sollicité pour apporter son avis et participer au déploiement de l'application WALDEC, gérée par le ministère de l'Intérieur.

Les travaux

La clarification des règles relatives aux relations financières entre les collectivités publiques et les associations

Le CNVA avait alerté, dès la précédente mandature, les pouvoirs publics sur la prégnance des activités économiques déployées, à titre accessoire, par les associations. Le droit communautaire considère qu'une telle qualification comporte un traitement particulier de l'agent économique, au regard, notamment, des aides directes ou indirectes qu'un État membre peut être amené à leur accorder et au regard des règles applicables à la passation des marchés publics.

On l'aura compris, cette question primordiale pour le secteur associatif nécessitait que les pouvoirs publics clarifient les éléments du débat technique et en posent le cadre général.

C'est ce à quoi s'emploie l'annexe 1 à la circulaire précitée. L'objectif est de fixer, sans « *interprétation exagérément contraignante »,* le cadre juridique applicable afin, notamment, de faire clairement la différence entre les cas où un marché doit être passé et ceux où ce sont des subventions qui peuvent être versées.

C'est ainsi que la circulaire rappelle que « *dans la pratique, la grande majorité des activités exercées par les associations peuvent être considérées comme des « activités économiques », de sorte que les aides publiques qui y sont apportées doivent respecter la réglementation européenne sur les aides d'État ».*

Cette annexe précise également les modalités de sécurisation de l'octroi des aides publiques. Mais surtout, il est indiqué que la réglementation européenne n'impose pas le recours systématique à la procédure de passation des marchés publics. Les associations peuvent ainsi assurer la gestion d'un Service d'intérêt économique général (SIEG) sans que la passation d'une délégation de service public ou d'un marché public soit obligatoirement exigée.

Le CNVA avait déjà eu maintes fois l'occasion de prendre position sur ce point et s'était opposé aux interprétations qui tendaient à affirmer le contraire. La présente analyse, sans être novatrice, a le mérite de la clarté. Les associations qui interviennent dans ce champ peuvent, en effet et sans difficulté ou crainte de requalification, bénéficier d'un financement par subvention.

Le texte susvisé rappelle le périmètre d'application du droit français de la commande publique, distinguant assez classiquement désormais le cadre réglementaire applicable selon que l'association ou la collectivité publique est à l'initiative du projet pour lequel un financement est demandé.

Mais le travail sur ce point est loin d'être achevé. D'ailleurs, le Gouvernement lui-même le reconnaît puisqu'il faudra assez rapidement délimiter les frontières de la commande publique et celles de la subvention. Le CNVA a déjà beaucoup expertisé sur ce champ. Il conviendra de se référer à ses travaux pour approfondir ce chantier.

La sécurisation des conventions d'objectifs

La mise en place des premières conventions d'objectif en 2001 avait été saluée par le CNVA comme une avancée majeure pour la sécurisation du financement des associations.

Pour autant, le cadre formel nécessitait de notables aménagements, demandés entre autres par notre Conseil. C'est désormais chose faite avec la mise en œuvre d'une nouvelle convention de financement, modèle unique de convention d'objectifs. Elle tient compte de l'évolution légale et réglementaire, tant nationale que communautaire.

Un souci pédagogique accompagne cette mise en place par l'élaboration d'un manuel d'utilisation destiné à faciliter l'établissement du dossier de demande et la rédaction de la convention elle-même.

Autre novation méritant d'être soulignée et allant dans le sens de propositions déjà émises par le conseil : la mise en place d'un guichet unique permettant aux associations d'éviter, en cas de demandes de subventions auprès de plusieurs administrations, d'avoir à formuler de multiples démarches.

Le Gouvernement en profite pour se mettre en conformité avec la réglementation communautaire et transmettra annuellement un rapport sur les aides publiques apportées aux associations.

Ces deux documents, la convention proprement dite et le formulaire de « dossier de demande de subvention », déclinent les éléments d'analyse exposés ci-dessus.

Il est réaffirmé, toujours au sens communautaire, que la « grande majorité » des activités exercées par le secteur associatif peut être considérée comme des « activités économiques ».

Les associations sont en effet réputées être des « entreprises ». Bien qu'elles agissent sans but lucratif et qu'elles interviennent ainsi sur le « marché » au sens communautaire, ni leur statut ni leur forme juridique ne permettent de les exclure du dispositif réglementaire communautaire.

En revanche, il est rappelé qu'*a priori* l'activité de plaidoyer, de tête de réseau, de coordination ou de fédération n'est pas économique. Il conviendra donc désormais de distinguer si le financement relève ou non du champ économique. Si le financement intervient dans le cadre d'une action entrant dans le champ économique, la convention est qualifiée d'acte officiel confiant à l'association la responsabilité de l'exécution d'une mission de Service d'intérêt économique général, la subvention étant alors analysée comme une « compensation ».

La simplification des démarches des associations dans le cadre des procédures de délivrance d'agrément

Le CNVA avait déjà eu l'occasion d'alerter les pouvoirs publics sur la multiplication des agréments et de leurs recoupements. Un travail important de recensement exhaustif avait d'ailleurs été réalisé il y a quelques années par le CNVA permettant de lister l'ensemble des agréments et autres habilitations administratives.

Désormais, un tronc commun d'agréments est mis en place. Il comprend :
– l'objet d'intérêt général de l'association ;
– le mode de fonctionnement démocratique ;
– et la transparence financière.

Le ministère instructeur de la première demande d'agrément sera chargé d'examiner ces trois critères. Dès lors qu'il les aura validés, ils s'imposeront à toutes les autres administrations. Ainsi, plus aucune information complémentaire ne sera à produire ultérieurement, sauf modification d'un des critères.

Chaque ministère, en revanche, analysera les parties spécifiques à son champ de compétences sectorielles.

À court terme, il est envisagé de dématérialiser la procédure de demande d'agrément.

On ne peut, à ce stade, passer sous silence l'absence, une nouvelle fois, de concertation avec le CNVA qui n'a pas été associé aux travaux d'élaboration de cette circulaire et notamment sur le dispositif de demande d'agrément ; plus particulièrement sur la mise en œuvre des critères dits du « tronc commun », sujet sensible s'il en est. Même si le CNVA ne peut que se féliciter d'une initiative consistant à simplifier tout en rationalisant les critères, les éléments structurant ces trois critères auraient nécessité un travail d'expertise à même d'enrichir cette approche.

Ce n'est pas le choix retenu par l'administration, on ne peut que le déplorer.

L'alignement des conditions d'imposition des organismes sans but lucratif, français et étrangers

L'actualité juridique et fiscale de la mandature a également été marquée par l'adoption par le Parlement, sur proposition de l'administration fiscale, d'une réforme alignant les conditions d'imposition des organismes sans but lucratif français et étrangers à raison des dividendes de source française. Cette modification devait mettre fin à une supposée discrimination entre les revenus d'actions de sociétés françaises et ceux d'actions de sociétés étrangères. Celle-ci était en effet susceptible d'être qualifiée d'entrave à la liberté de circulation des capitaux au sens de l'article 56 du traité de l'Union européenne.

L'administration fiscale a saisi le CNVA pour obtenir son avis. Ce dernier a repoussé les arguments techniques avancés par l'administration qui, pour justifier la pertinence de la réforme, s'appuyait notamment sur une décision du Conseil d'État et de la Cour de justice des Communautés européennes.

Le conseil a considéré que cette réforme, consistant à harmoniser les différents niveaux d'impôts (0 %, 15 % et 24 %), pour les porter à 15 % pour les revenus susvisés, était particulièrement inopportune dans le contexte actuel :

– d'une part, la crise financière qui a impacté le rendement des placements grâce auxquels de très nombreuses associations tirent les ressources nécessaires au déploiement de leurs activités (en effet, les SICAV, vecteurs principaux des placements associatifs, sont considérés comme des dividendes de sociétés françaises) ;

– et d'autre part, le rythme de versements des subventions qui, loin de s'accélérer, continue de ralentir mettant gravement en péril la situation déjà précaire de nombre d'organismes.

Malgré la pertinence des arguments tant juridiques qu'économiques que notre Conseil avait avancés, le Gouvernement a maintenu son projet et depuis la dernière loi de finances, l'imposition a ainsi été rehaussée pour les revenus visés ci-dessus.

Le projet WALDEC

Le CNVA a été sollicité afin d'apporter son avis et de participer au déploiement de l'application WALDEC (Web des associations librement déclarées) gérée par le ministère de l'Intérieur.

Il s'agit de l'une des trois applications interministérielles nationales élaborées dans le cadre de l'administration électronique et de la dématérialisation des procédures. Elle figure sur la liste des mesures annoncées par le Premier ministre lors de la première Conférence de la vie associative du 23 janvier 2006.

Le projet

Cette application entrait dans le cadre de l'abandon de plusieurs applications développées par le ministère de l'Intérieur. Celui-ci avait pour objectif de réaliser le passage d'un système de gestion bureautique à la création du répertoire national de l'état civil des associations françaises et, par conséquent, une immatriculation nationale unique accessible à tous les services de l'État.

Le projet tendait à répondre aux besoins exprimés par les administrations travaillant avec les associations et par le monde associatif. À terme, il vise à :
– pallier l'absence de statistiques fiables susceptibles de nourrir un observatoire de la vie associative ;
– permettre l'échange électronique des données de déclaration ;
– dématérialiser la procédure de déclaration des associations.

Ce répertoire national permet aux services de l'État de disposer d'informations sur les associations déclarées relevant de la loi du 1er juillet 1901 : date de création, texte numérisé des statuts, liste des dirigeants. Cette application devrait ainsi éviter les demandes multiples aux associations dans leurs relations avec l'administration et les doubles saisies. Il permet la gestion du greffe, le classement des associations par objet social, la consultation en lignes par les services de l'État et l'échange de données entre le *Journal officiel* et les préfectures.

Les travaux interministériels quant à l'harmonisation ont été importants voire considérables et ont abouti aux dispositions publiées en juin 2009.

Il s'agissait, dans le cadre du respect de la loi du 1er juillet 1901 relative au contrat d'association et du décret du 16 août suivant, de traduire d'une manière opératoire les différentes pratiques concernant le milieu associatif.

D'une manière générale, la dématérialisation des procédures a pour préalable la création de formulaires, et les premières réunions ont porté sur leur contenu afin qu'ils puissent, à terme, être mis en ligne sur le site du ministère de l'Intérieur et sur service-public.fr.

La réflexion du CNVA

Après avoir été informé du projet à son origine, le CNVA a été plus étroitement associé à la réflexion en juin 2008.

Les travaux ont alors essentiellement porté sur les formalités de déclaration de l'association, les modifications apportées dans le cadre de son existence et sa dissolution et, corollairement, l'examen de différents formulaires :
– création d'une association « Loi 1901 » – déclaration préalable ;
– déclaration de modification et de dissolution ;
– notice explicative sur les modalités de déclaration ;
– annexe 1 – déclaration des modifications apportées au titre, à l'objet ou à l'adresse du siège social d'une association « Loi 1901 » ;
– annexe 2 – déclaration de la liste des personnes chargées de l'administration ;

– annexe 3 – déclaration de la dissolution par fusion d'une ou plusieurs associations ;
– annexe 4 – déclaration de la liste des associations membres d'une union d'associations ;
– annexe 5 – déclaration de la liste des établissements, annexes, sections, antennes… ;
– annexe 6 – déclaration de l'état des immeubles dont l'association est propriétaire.

Nous ne reprendrons pas ici de manière exhaustive les apports, demandes et modifications apportées par les différents membres du groupe de travail qui ont travaillé avec le souci d'un questionnement et d'une écoute permanents, en collaboration étroite.

Toutefois, il convient d'indiquer que le CNVA a apporté formellement son avis sur le document de synthèse du Groupe préparatoire de la deuxième Conférence de la vie associative du 26 octobre 2009.

Les textes relatifs à cette consultation ont été évoqués dans le projet de loi de finances pour 2010.

Les fonds de dotation

Créé par l'article 140 de la loi du 4 août 2008[18], le fonds de dotation est une personne morale de droit privé à but non lucratif qui reçoit et gère, en les capitalisant, des biens et droits de toute nature qui lui sont apportés à titre gratuit et irrévocable. Les revenus de cette capitalisation sont utilisés en vue de la réalisation d'une œuvre ou d'une mission d'intérêt général ou redistribués pour assister une personne morale à but non lucratif dans l'accomplissement de ses œuvres et de ses missions d'intérêt général.

S'inspirant des « endowment funds » américains, le fonds de dotation a été conçu par le ministère de l'Économie et des Finances comme un nouvel outil de mécénat. L'instauration de cette catégorie d'organisme à but non lucratif vise en effet à attirer des capitaux privés vers le financement d'activités d'intérêt général grâce à un régime juridique très souple et un dispositif fiscal avantageux.

● *Caractéristiques principales*

Les principales caractéristiques de son régime juridique ont été précisées par le décret nº 2009-158 du 11 février 2009 et les circulaires du 19 mai 2009 et du 22 janvier 2010.

Création

Un fonds de dotation peut être créé par une ou plusieurs personnes physiques ou morales, privées ou publiques affectant les revenus d'un patrimoine à la réalisation d'une œuvre ou d'une mission d'intérêt général.

18) Loi nº 2008-776 dite « de modernisation de l'économie ».

Sa création est simplement déclarée auprès de la préfecture du département de son siège social et ne nécessite pas d'autorisation administrative. Elle est assortie de statuts dont la rédaction est libre. Ceux-ci doivent seulement stipuler : l'objet, la dénomination, le siège social, la durée du fonds, l'identité du ou des fondateurs, la composition de son patrimoine (contrairement aux fondations reconnues d'utilité publique, une dotation en capital n'est pas obligatoire et celle-ci pourra être consomptible ou inaliénable), le mode de nomination et de renouvellement des membres de son conseil d'administration (qui doit comporter au moins trois membres pris ou non parmi les fondateurs, dont un président), les conditions de modifications des statuts ainsi que les conditions de dissolution et de liquidation du fonds (dont l'actif net devra être dévolu à un autre fonds de dotation ou à une fondation reconnue d'utilité publique).

Capacité juridique

Le fonds de dotation dispose de la grande capacité juridique. Il peut recevoir et gérer librement des biens et droits de toute nature (meubles et immeubles y compris de rapport), percevoir les revenus de ses activités (prestations de services, ventes diverses), recevoir des donations et legs (sans autorisation administrative préalable) ainsi que des dons manuels en faisant éventuellement appel, après autorisation administrative, à la générosité du public.

En revanche, un fonds de dotation ne peut, sauf dérogation expresse, recevoir de fonds publics (ou toute autre forme de concours public).

Activités

Le fonds de dotation peut conduire lui-même ses propres activités d'intérêt général à caractère philanthropique, éducatif, scientifique, social, humanitaire, sportif, familial, culturel ou concourant à la mise en valeur du patrimoine, ou se limiter à soutenir des organismes poursuivant des activités telles qu'hôpitaux, musées, universités.

Régime fiscal

Le régime fiscal du fonds de dotation est aligné sur celui des organismes sans but lucratif[19].

Autrement dit, un fonds de dotation ne sera pas soumis aux impôts commerciaux s'il respecte les critères de non-lucrativité, à savoir :
– *une gestion désintéressée* : dirigeants et membres du conseil d'administration bénévoles, fondateurs et membres non attributaires de parts de l'actif ;

---

19) *Cf.* instruction fiscale n° 4H-5-06 du 18 décembre 2006.

– *s'il n'exerce pas ses activités dans des conditions similaires à celles d'une entreprise par* : le « produit » qu'il propose, le « public » visé, les « prix » pratiqués et la « publicité » opérée (règle dite « des 4 P »).

En outre, s'il se livre à des activités lucratives accessoires, ses activités non lucratives doivent rester prépondérantes.

De plus, à la condition que ses statuts ne prévoient pas la possibilité de consommer la dotation en capital, le fonds de dotation est exonéré de l'impôt sur les sociétés au titre des revenus provenant de la gestion de son patrimoine (au même titre que les fondations reconnues d'utilité publique). L'instruction fiscale n° 7G-6-09 du 25 juin 2009 accorde quant à elle une exonération des droits de mutation à titre gratuit sur les dons et legs qu'il peut percevoir.

En outre, les réductions d'impôt en faveur du mécénat des particuliers et des entreprises, prévues aux articles 200 et 238 bis du Code général des Impôts (CGI), sont applicables aux dons consentis au profit des fonds de dotation, comme le précise une instruction fiscale n° 4-C-3-09 du 9 avril 2009.

Comptabilité

Lorsque le montant total des ressources dépasse 10 000 € en fin d'exercice, un commissaire aux comptes et un suppléant doivent être nommés. Chaque année, des comptes comprenant un bilan et un compte de résultat et, le cas échéant, une annexe, doivent être établis et publiés sur le site du *JO* dans un délai de six mois suivant la clôture de l'exercice. S'il y a lieu, un compte d'emploi des ressources collectées auprès du public doit également être établi.

Comptes annuels, rapport d'activités détaillé (indiquant notamment les libéralités reçues et les missions d'intérêt général financées) et rapport du commissaire aux comptes doivent être adressés à la préfecture. Celle-ci dispose d'un pouvoir de contrôle et de surveillance sur les fonds de dotation.

Ainsi, en cas de dysfonctionnements graves affectant la réalisation de son objet, l'activité du fonds peut être suspendue (pendant une durée de six mois au plus), après mise en demeure non suivie d'effets. Lorsque la mission d'intérêt général n'est plus assurée, l'autorité administrative peut saisir l'autorité judiciaire pour demander la dissolution du fonds.

● *Bilan de la mise en application*

Près de 2 ans après la mise en application effective de ces dispositions qui ont bouleversé le cadre juridique dans lequel les associations et fondations inscrivent leur action, le nombre de fonds de dotation qui ont été créés dans différents secteurs d'activité avoisine désormais, à fin 2010, 500.

Le CNVA – qui n'a pas été consulté ni même informé de ces dispositions lors de leur préparation – tient à rappeler que le recours à la philanthropie, ne saurait se substituer au nécessaire financement par l'État des associations qui participent activement à la mise en œuvre des politiques publiques, notamment dans les domaines de l'action sociale et de l'éducation.

La reconnaissance de l'engagement et du bénévolat

Volontariat et service civique

Contexte

Les travaux menés entre 2007 et 2010 par le groupe de travail « Volontariat et service civique » s'inscrivent dans la continuité de ceux menés durant la précédente mandature (2004-2007). Le CNVA avait alors été saisi par le Premier ministre d'un avis sur l'avant-projet de loi relatif au volontariat associatif et à l'engagement éducatif. Ses contributions, d'abord sur cet avant-projet de loi, puis sur ses décrets d'application, avaient permis au monde associatif de réaffirmer le sens qu'il souhaitait donner au volontariat, et d'apporter des précisions juridiques sur ce nouveau statut qui ne relevait ni du bénévolat ni du salariat.

Ce travail avait alors conduit à plusieurs remodelages des textes.

● *La loi du 23 mai 2006*

La loi du 23 mai 2006[20] a permis aux associations agréées d'accueillir des volontaires associatifs faisant le choix d'un engagement désintéressé et limité dans le temps, au service d'un projet d'intérêt général. Ces volontaires, âgés de plus de 16 ans, pouvaient ainsi percevoir une indemnité, qui n'était ni un salaire, ni une rémunération, et qui était soumise à un plafond fixé par décret. L'objectif de ce dispositif était double : favoriser l'engagement citoyen et contribuer au développement des associations. Même s'il était particulièrement adapté à leurs parcours, ce dispositif ne concernait pas spécifiquement les jeunes. Il visait plutôt à mieux répondre aux besoins du monde associatif, tant les dispositifs antérieurs, notamment le volontariat civil de cohésion sociale et de solidarité, avaient été peu investis, les associations les jugeant à la fois trop complexes et trop coûteux.

● *Le Service civil volontaire*

En juillet 2006, le Service civil volontaire s'est greffé au volontariat associatif. Ce label n'a pas été un nouveau volontariat, mais plutôt un socle commun à différents dispositifs existants : volontariat associatif, volontariats civils, volontariat de solidarité internationale, mais également défense

---

20) Loi n° 2006-586 du 23 mai 2006.

deuxième chance ou encore les cadets de la République. Le Service civil volontaire s'est adressé spécifiquement aux jeunes, dont la place dans la société était alors largement débattue au regard des deux crises successives ayant touché la jeunesse : les émeutes dans les quartiers populaires en 2005 et les manifestations anti-CPE en 2006. Alors que le volontariat associatif avait été très peu soutenu financièrement par l'État, le Service civil volontaire a financé, dans les associations agréées, la quasi-totalité des indemnités et des formations des jeunes. Âgés de 16 à 25 ans, ces derniers ont ainsi pu s'engager pour une mission d'intérêt général, de 6 à 12 mois, à raison d'au moins 26 heures hebdomadaires.

Les enjeux

Au début de la nouvelle mandature du CNVA en 2007, le Service civil volontaire est resté plus que jamais d'actualité même si beaucoup d'incertitudes ont alors entouré son avenir et si des annonces politiques ont fait l'objet de nombreux retournements. En février 2008, le secrétaire d'État aux Sports, Bernard Laporte a proposé de remplacer le Service civil volontaire par un Service civique obligatoire d'une centaine d'heures. Dans le même temps, la ministre d'État Roselyne Bachelot-Narquin a annoncé sa volonté de mettre en place une mission parlementaire sur le service civil. Pendant cette période, les effectifs de jeunes effectuant un Service civil volontaire sont restés extrêmement modestes, et ce pour plusieurs raisons, dont les lourdeurs administratives du dispositif et son manque de lisibilité. Mais la raison principale en a été l'extrême modestie des financements publics dédiés au Service civil volontaire, loin de financer les 50 000 postes annoncés pour l'année 2007.

En mars 2008, le Président de la République Nicolas Sarkozy a confié à Luc Ferry, président délégué du Conseil d'analyse de la société, une mission sur le service civique. Ses travaux devaient notamment préciser *« le degré de choix qui sera offert aux jeunes, la durée du service, les classes d'âge concernées, les activités et projets qui seront accessibles aux jeunes, la valorisation de ce temps d'engagement, ses conditions matérielles de réalisation (logement, éventuelle indemnisation), son pilotage opérationnel, son calendrier d'entrée en vigueur, les moyens de sa promotion auprès des jeunes et enfin les coûts détaillés de chaque hypothèse »*. Luc Ferry a remis en septembre 2008 son rapport explorant trois grandes hypothèses de travail : un service civique obligatoire, un service civique obligatoire mais fractionné en périodes variables, et un service civique volontaire. Persuadé qu'on ne peut *« obliger, contraindre autrui à être généreux et désintéressé »*, il s'est alors prononcé en faveur d'un service civique volontaire de 6 mois, indemnisé 640 euros par mois et largement financé par l'État. Il a également préconisé une montée en puissance progressive.

Devenu Haut Commissaire à la Jeunesse en janvier 2009, Martin Hirsch a été chargé par le Président de la République de mettre en œuvre le Service civique, en s'appuyant sur les recommandations du rapport Ferry. Il a exposé sa vision du Service civique, basé sur le volontariat, aux acteurs associatifs, et a recueilli leurs attentes et propositions dans le cadre de la concertation sur l'autonomie des jeunes. 40 millions d'euros ont alors été inscrits dans la loi de finances 2010 afin de financer 10 000 missions de service civique. Souhaitant que le dispositif concerne, dans 5 ans, 10 % d'une classe d'âge, soit environ 70 000 jeunes par an, l'objectif assigné par le Haut Commissaire a été ambitieux.

En septembre 2009, Yvon Collin, du groupe Rassemblement démocratique et social européen, a déposé une proposition de loi sur le Service civique au Sénat définissant les objectifs du Service civique. Ainsi celui-ci « renforce la cohésion nationale et la mixité sociale et offre à toute personne volontaire l'opportunité de servir les valeurs de la République en faveur d'un projet collectif en effectuant une mission d'intérêt général auprès d'une personne morale agréée ». Le débat essentiel entre service volontaire et service obligatoire a refait surface à cette occasion et un consensus s'est rapidement dégagé en faveur d'un service civique volontaire faisant l'objet d'une montée en puissance progressive.

La loi a été votée à la quasi-unanimité au Sénat comme à l'Assemblée nationale en mars 2010. Elle est dès lors inscrite dans le Code national, modifié à cette occasion pour y assigner un nouvel objectif : celui de la cohésion sociale. Cette loi fusionne plusieurs dispositifs existants : volontariat associatif, volontariat civil de cohésion sociale et de solidarité, service civil volontaire et volontariats civil. Le service volontaire européen, le volontariat de solidarité internationale, et les volontariats internationaux en entreprise et en administration restent quant à eux régis par leurs dispositions propres, tout en pouvant constituer des formes de service civique effectué à l'étranger.

L'engagement de service civique s'adresse désormais aux 16-25 ans. D'une durée de 6 à 12 mois, il doit représenter un volume hebdomadaire d'au moins 24 heures pouvant être lissées sur l'ensemble de la mission pour s'adapter aux projets conduits. Une indemnité de 440 euros mensuelle, entièrement prise en charge par l'État, est accordée aux jeunes. Les structures d'accueil peuvent verser, éventuellement en nature, un complément minimum de 100 euros.

Seuls les organismes sans but lucratif de droit français et les personnes morales de droit publics peuvent accueillir des jeunes en service civique. La loi prévoit également un volontariat de service civique, sans financement public dédié, pour les plus de 25 ans.

L'Agence du service civique est créée sous forme de Groupe d'intérêt public pour coordonner le nouveau dispositif. Sous la présidence de Martin Hirsch, elle doit délivrer les agréments aux structures d'accueil et verser directement les indemnités aux volontaires.

Les travaux

La puissance publique a organisé plusieurs phases de consultation du monde associatif avant le vote de la loi sur le service civique en mars 2010. Le CNVA, nourri par les travaux menés au sein du groupe «Volontariat et service civique», a fait connaître ses positions à chacune de ces étapes : le rapport de Luc Ferry, les travaux de la commission de concertation sur la politique de la jeunesse initiée par Martin Hirsch, et enfin durant les débats parlementaires précédant le vote de la loi.

Rapport de Luc Ferry

Lors de son audition par Luc Ferry le 9 juin 2008, le CNVA a exposé sa vision du service civique et en a précisé les points fondamentaux.

● *Les principes*

Pour le CNVA, la mise en place d'un service civique doit à la fois favoriser la participation civique des jeunes et permettre de recréer un temps de brassage social, offrant la possibilité aux jeunes de tous les horizons sociaux et territoriaux de se rencontrer et de partager une expérience commune.

Quelles que soient les aspirations des membres du CNVA pour un Service civique obligatoire [21] tous constatent que le Gouvernement a fait des choix budgétaires parmi lesquels la mise en œuvre d'un Service civique obligatoire ne figure pas et adoptent une position pragmatique. Le CNVA plaide donc pour un service civique basé sur le volontariat et proposé à tous les jeunes. Dans les faits, l'obligation incombe à l'État, qui se doit de le rendre accessible à tous les jeunes. Les objectifs de mixité et de brassage énoncés ne doivent pas en effet se limiter à une déclaration de principe : il doit y avoir obligation de moyens. Un véritable effort doit être entrepris pour que le Service civique soit ouvert à tous et connu de tous.

● *Le cadre*

Le CNVA plaide pour un service civique long, qui constitue l'activité essentielle du jeune pendant toute sa durée. Il doit s'agir d'une vraie étape de vie. Le CNVA réfute la possibilité d'un service civique fractionné, qui susciterait une confusion totale entre volontariat et bénévolat et dénaturerait complètement le dispositif en le vidant de sens.

● *L'organisation et le financement*

Le CNVA suggère un montage financier qui implique l'ensemble des parties prenantes : l'État, les collectivités territoriales, les établissements publics accueillant des volontaires et les associations. S'il n'y a pas d'opposition farouche à un financement des entreprises privées, le CNVA est opposé à ce que les jeunes effectuent leur Service civique au sein d'entreprises.

---

21) Aspirations qui existent mais ne sont pas partagées par tous.

Concernant la contribution des associations, il est normal que celles accueillant des volontaires contribuent au financement de leur Service civique. Toutefois, il ne faut pas que le niveau de cette contribution constitue un frein au développement du Service civique. L'ensemble des financeurs doivent abonder un fonds commun, national, redistribué aux associations accueillant des volontaires en Service civique. Par contre, le CNVA est opposé au fait que chaque association soit responsable de la recherche des cofinancements permettant la prise en charge de l'indemnité, de la formation et de l'accompagnement des volontaires qu'elle accueille.

Le CNVA rappelle également que la mise en place du Service civique ne doit pas se faire au détriment d'autres mesures favorisant le bénévolat et plus largement la vie associative.

● *Les activités*

Le CNVA estime qu'il ne peut y avoir de modèles standards de mission de Service civique. Il faut laisser suffisamment d'espace aux associations pour qu'elles puissent définir les activités qu'elles proposent aux volontaires et les faire évoluer.

La dimension européenne des missions doit non seulement être autorisée mais aussi valorisée.

Parallèlement, le CNVA insiste sur l'importance de construire un dispositif sérieux de suivi, de contrôle et d'évaluation du Service civique. Les concepts de volontariat et de Service civique étant récents et peu identifiés culturellement, les risques de dévoiement vers du sous-emploi associatif sont bien réels et doivent absolument être évités. Il est donc indispensable de se doter de gardes fous.

L'évaluation doit impliquer les différents acteurs parties prenantes au dispositif (administration, associations, jeunes volontaires). Sur la forme, différentes options peuvent être envisageables : agence, commissions, observatoire, etc. Mais quelle que soit l'option retenue, son coût doit être pris en compte dans le calcul du coût global du Service civique.

● *L'attractivité du projet*

Le Service civique ne sera attractif que s'il est vraiment utile (tant pour la société que pour les jeunes), universel, formateur, reconnu et valorisé (reconnaissance de la société, VAE, droits à la retraite, etc.). Plusieurs éléments semblent conditionner son succès : un financement suffisant et pérenne de l'État, une véritable campagne de médiatisation, et enfin une forte mobilisation de l'administration publique.

L'amiral Alain Béraud, coauteur du rapport avec Luc Ferry, est ensuite venu en présenter les conclusions et en débattre avec l'ensemble des membres du CNVA réuni en session plénière. Les propositions formulées dans le rapport ont largement rejoint les préconisations du CNVA.

Concertation sur l'autonomie des jeunes

Le Haut Commissaire à la Jeunesse Martin Hirsch a exposé sa vision du Service civique dans le cadre du groupe « Citoyenneté de la concertation jeunesse ». Les membres du groupe « Volontariat et service civique » du CNVA ont alors pris part aux séances dédiées. Un représentant du Haut Commissariat à la Jeunesse est également venu présenter le projet devant la séance plénière du CNVA le 30 juin 2009.

Si les objectifs assignés au dispositif étaient partagés par tous, plusieurs points de dissensus sont apparus quant aux modalités du Service civique.

● Le bénévolat de longue durée

Le premier sujet de désaccord est lié au souhait du Gouvernement que certains bénévolats de longue durée puissent être « labellisés » Service civique et ainsi bénéficier d'une attestation. Or, le CNVA n'a cessé de rappeler son attachement à un service long, de 6 mois minimum. C'est en effet, selon lui, la condition indispensable pour le différencier des autres formes d'engagement existantes. Favorable à une politique volontariste de soutien à l'engagement des jeunes, le CNVA estime toutefois que le succès du Service civique est également conditionné par une réelle visibilité du dispositif jusqu'alors peu connu et noyé au milieu de nombreux autres types de volontariats.

● Le périmètre des structures accueillant des jeunes en Service civique

Si les entreprises sont un temps évoquées par le Haut Commissaire à la Jeunesse comme susceptibles d'accueillir des jeunes en Service civique, le CNVA y est totalement opposé, comme il l'a affirmé au cours de son audition par Luc Ferry. En effet, dans sa conception, le Service civique constitue un apprentissage par l'action, la dimension collective du projet et le partage de valeurs et permet à chacun de s'approprier pleinement son rôle de citoyen. Ceci suppose que le terrain d'engagement soit maintenu dans une structure à but non lucratif. Par ailleurs, il convient d'éviter le risque de dérives qui pourraient conduire à considérer le Service civique comme du sous-emploi ou à l'assimiler à une forme de précarisation du travail des jeunes.

● Les champs d'intervention du Service civique

Dans le Livre vert, le Haut Commissariat à la Jeunesse propose trois types de mission : les missions ponctuelles et urgentes, les missions à l'initiative des acteurs de terrain et les grandes causes nationales (chantiers jugés prioritaires par l'État). Or, pour le CNVA, il est indispensable de permettre aux associations, qui jouent un rôle prépondérant dans l'accueil des jeunes en Service civique, de définir elles-mêmes les activités qu'elles proposent aux volontaires. C'est en effet la seule façon de laisser toute sa place à la capacité d'innovation citoyenne du monde associatif.

Si le CNVA n'est pas opposé à ce qu'un contingent de missions soit dirigé vers de grandes causes nationales, les missions « d'initiative citoyenne » doivent constituer la part essentielle des missions proposées.

Le CNVA a ainsi rappelé ses positions au Gouvernement, d'abord *via* l'envoi d'un courrier de la Présidente du CNVA au Haut Commissaire à la Jeunesse le 15 mai 2009, puis lors d'échange en séance plénière avec le conseiller du Haut Commissariat chargé du Service civique le 30 juin 2009.

Proposition de loi d'Yvon Collin sur le Service civique

Le CNVA s'est exprimé sur cette proposition de loi dans le cadre de son avis du 26 octobre 2009 sur le document de synthèse du groupe préparatoire de la deuxième Conférence de la vie associative. Au-delà du rappel des positions précédemment exposées, le CNVA a souhaité émettre un certain nombre de remarques.

Premièrement, la proposition de loi suggère que le Service civique s'inscrive dans le Code du service national. Or, ce dernier désigne aujourd'hui les champs d'intervention relatifs à la « Défense de la Nation ». Le CNVA considère donc indispensable, pour y inclure le Service civique, soit d'élargir les champs d'intervention dudit code, soit de ne pas y codifier la loi relative au Service civique.

Deuxièmement, l'exposé des motifs de cette proposition de loi laisse penser que le Service civique ne s'adresse qu'aux jeunes. Or, si différentes formes de volontariat, et notamment le volontariat associatif, sont fondues sous l'appellation « Service civique », ce dernier doit être universel et s'adresser à tous les citoyens sans distinction d'âge. Le CNVA approuve toutefois que l'effort financier de l'État se concentre sur le Service civique des jeunes.

Enfin, le CNVA regrette que les formations civiques, éléments phares du Service civil volontaire, aient disparu de cette proposition de loi. Les formations sont pourtant essentielles dans la mesure où elles permettent de renforcer la différenciation entre service civique et salariat. De plus, lorsqu'elles réunissent de nombreux volontaires (ce qu'on pourrait systématiser en envisageant une mutualisation de ces formations entre différentes structures d'accueil), elles constituent un temps d'échange d'expériences précieux, qui contribue pleinement à l'objectif de mixité et de brassage social assigné au Service civique.

* * *

La loi sur le Service civique a fait l'objet d'un consensus exceptionnel, au-delà des clivages politiques, et a été votée à la quasi-unanimité au Sénat comme à l'Assemblée nationale.

Les positions essentielles du CNVA y ont été respectées :
– le Code du service national a été modifié pour intégrer l'objectif de cohésion sociale ;

– un volontariat de service civique a été instauré, à côté de l'engagement de service civique, pour les plus de 25 ans, sans prise en charge financière de l'État;

– les formations civiques seront rendues obligatoires;

– l'option du bénévolat de service civique n'a pas été retenue dans la loi. Celle-ci a également exclu la possibilité que les entreprises, fondations d'entreprises, comités d'entreprises mais également les associations cultuelles, politiques et les congrégations puissent accueillir des jeunes en service civique;

– enfin les champs d'intervention possibles, précisés par la loi après un travail approfondi piloté par l'IGAS, sont suffisamment larges et variés pour ne pas brider l'initiative associative.

La formation et la reconnaissance de l'engagement et du bénévolat

Les enjeux

Dans son avis rendu sur le document de synthèse du groupe préparatoire à la 2e Conférence de la vie association, le CNVA a affirmé la nécessité d'une formation et d'une reconnaissance de l'engagement du bénévolat. Il a en effet précisé :

« Les associations sont aujourd'hui confrontées à une gestion rendue de plus en plus complexe notamment par des contraintes administratives, de gestion… Permettre aux responsables associatifs de mieux faire face en leur apportant les connaissances nécessaires à l'exercice de leurs mandats est nécessaire. Pour autant, prendre une responsabilité n'est pas entrer dans une norme. Il y a des pratiques différentes où la mise en œuvre de la vie démocratique doit rester centrale. En conséquence, la montée en compétence doit rester un moyen pour mieux faire vivre le projet associatif, sans devenir un but en soi dans une logique de professionnalisation réservée aux dirigeants.

La question de la formation se pose à tous les niveaux de la vie associative, pas seulement pour les dirigeants. La vitalité d'une association tient également à la capacité de ses membres à fédérer et mobiliser sur le projet associatif. En cela, la formation devrait être plus largement étendue pour fidéliser les bénévoles et construire un engagement durable. »

Près de 14 millions de bénévoles œuvrent au sein des associations, fondées sur la base d'un projet visant à améliorer ou innover dans les différents champs de la société civile. Phénomène caractérisé par sa vitalité, le bénévolat connaît une progression constante, jamais démentie jusqu'à aujourd'hui. Toutefois, une question fondamentale reste en débat : celle du renouvellement des dirigeants. En effet, les associations sont parfois conduites à maintenir aux postes de dirigeants des présidents relativement âgés et anciens dans leur fonction. Afin de permettre aux plus jeunes (seuls 7 % des présidents d'associations ont moins de 36 ans [22]) et aux femmes un accès à ces postes, il convient de mettre en place un accompagnement de l'ensemble des bénévoles dans un parcours incitatif à la prise de responsabilités. Celui-ci doit contribuer à la fois au dynamisme de la vie associative et de ses projets et à une meilleure reconnaissance du bénévolat et des bénévoles.

Pour répondre au mieux à cette question centrale qu'est la **valorisation du bénévolat**, il est indispensable d'acquérir une meilleure connaissance des différentes actions conduites par les bénévoles, des compétences développées dans l'exercice de leurs fonctions et d'en organiser la trace. Il convient aussi de rendre plus lisible les processus d'obtention des titres et diplômes pour les bénévoles à travers l'accès à la **validation des acquis de l'expérience**. De la même manière, l'engagement bénévole, pour être encouragé, doit s'appuyer sur le développement des formations, notamment à travers la **réforme du CDVA** et **l'accessibilité aux financements** de la formation professionnelle. Mais, les possibilités offertes par l'ouverture des fonds de la formation professionnelle aux bénévoles ne sauraient couvrir les besoins de l'ensemble des bénévoles et ne répondent que partiellement aux attentes.

S'il pouvait être tentant de s'inspirer du modèle de l'entreprise, il ne peut en réalité être question en l'espèce d'une transposition mécanique du monde de l'entreprise dans l'approche *« référentiel de compétences »*. Cette démarche pourrait en effet conduire à stigmatiser certains bénévoles qui pourraient ne pas se sentir « compétents ». Or, la première des compétences d'un bénévole est la connaissance de l'association au sein de laquelle il est engagé et sa capacité à rassembler autour du projet associatif.

Sur ces différents volets, les travaux du groupe « Bénévolat » ont trouvé un prolongement dans le groupe mixte mis en place pour la préparation de la deuxième Conférence de la vie associative.

Travaux

La formation

Au cours de la dernière mandature, il a été souligné la nécessité de former les bénévoles à la connaissance du projet associatif afin de mieux les mobiliser et de favoriser l'engagement. La mise en place d'actions de formation génère, en effet, au sein des associations, une plus grande fidélisation des bénévoles, une pérennité accrue des équipes et une plus large acceptation de la prise de responsabilités.

Mais, mettre en avant les compétences et la formation pourrait donner une image d'un « recrutement » qui ne se conduirait que sur la base de compétences et non sur un socle des valeurs. Or, le monde associatif a

---

22) Viviane Tchernonog (CNRS), Muriel Tabares (Université de Paris I – Panthéon-Sorbonne), *Stat-info. Bulletin de statistiques et d'études*, Paris, novembre 2007.

d'abord besoin de bénévoles éclairés sur la finalité des associations auxquelles ils adhèrent.

De fait, il faudrait plutôt mettre en avant la notion d'un **« parcours bénévole »** donnant à chacun la possibilité de prendre toute sa place au sein de l'association. La formation s'impose alors comme un outil renforçant les capacités des membres de l'association à conduire ses projets. Si elle doit en principe intéresser tous les acteurs associatifs, la formation doit avant tout s'appliquer aux dirigeants. Priorité des associations, elle est un réel appui pour le renouvellement des responsables. Mais la question des moyens mis à la disposition des associations pour assurer cette formation reste une question centrale d'autant que le travail de réflexion conduit sur le devenir du CDVA montre que la tendance est à la précarisation des ressources de ce fonds.

Celle-ci se pose également au regard de l'augmentation des besoins des associations du fait, notamment des exigences accrues de l'État et du public et de la complexification des situations. Ceci s'illustre par exemple par la prise en compte d'un crédit recherche-développement (sur le modèle des entreprises) qui donnerait les moyens aux associations d'identifier les besoins des citoyens, d'être accompagnées dans l'apprentissage de méthodologies d'action, de montage de projets, d'identification des priorités, etc. Vouloir encourager le bénévolat, cela suppose aussi d'aider les associations à le faire, en appuyant particulièrement la construction d'une véritable ingénierie de formation.

Dans cette perspective il conviendrait que le CDVA permette aux différents acteurs des associations de travailler à une culture commune pour favoriser la reconnaissance du bénévolat en interne.

Par ailleurs, si de nouvelles perspectives sont offertes avec l'autorisation des OPCA [23] à soutenir l'activité bénévole par la loi sur la formation professionnelle, seules les associations employeurs ont accès à ces fonds. De plus, il a été précisé que les crédits alloués à la formation à travers les financements potentiels des OPCA, ne pouvaient l'être que sur des compétences transférables.

Au-delà de ces questions de financement, est apparue la nécessité, pour les associations, de doter le CDVA d'un conseil d'administration où siégeraient les financeurs et les associations à parité, afin de permettre à ces dernières d'y être mieux représentées. Un conseil d'orientation décliné localement faciliterait le développement de programme propre à chaque territoire. Pour autant, des moyens doivent être conservés au niveau national pour que les têtes de réseau puissent jouer leur rôle.

Dans ce contexte, la question de la formation des bénévoles, de tous les bénévoles, relève bien d'un enjeu de développement majeur pour les associations.

---

23) OPCA : Organismes paritaires collecteurs agréés.

Reconnaissance de l'engagement

Au sein des associations, la bonne volonté, le dynamisme, les compétences, les savoirs faire de tous les bénévoles se conjuguent au quotidien pour donner du sens à leurs projets.

La richesse et l'ambition d'une association permettent des engagements nombreux et multiples au service de ses programmes et un enrichissement de chacun au contact des autres. Aujourd'hui, grâce à la Validation des acquis de l'expérience (VAE), le temps consacré à l'activité, à l'engagement, peut être validé, valorisé. Des **outils** existent pour **en garder la trace**.

Si la valorisation des compétences est importante, il semble primordial de favoriser la reconnaissance de l'engagement citoyen lui-même. En effet, il ne faut pas confondre les problématiques. Si la question de la valorisation de l'engagement procède d'une attente légitime de tout bénévole à être reconnu dans son activité, celle de la validation est tout autre. Celle-ci demande des dispositifs différents, des outils spécifiques à l'identification des aptitudes, des capacités et des compétences.

La reconnaissance de l'engagement ne passe donc pas nécessairement par la validation des acquis de l'expérience. Mais, l'idée centrale est la nécessité de se doter d'un dispositif lisible pour l'ensemble des acteurs sociaux et plaçant le bénévole au centre de la démarche de reconnaissance de ses acquis et de son parcours. À cette fin, le système doit permettre au bénévole d'utiliser le(s) outil(s) mis à sa disposition comme il l'entend, qu'il soit en recherche d'emploi ou simplement sensible à une reconnaissance symbolique de son rôle sociétal, qu'il veuille mettre en avant ses acquis ou simplement exercer librement son engagement.

Pour être pertinents, ces dispositifs de traçabilité du parcours et des compétences du bénévole doivent être adaptés aux contraintes internes, être facilement utilisables par les associations, y compris celles disposant de peu de moyens. De même, l'effort consenti par certaines associations sur ce registre relevant de leur initiative mériterait d'être appuyé par des moyens financiers en relation avec une démarche de « retour vers l'emploi » pour les personnes concernées.

Toutefois, les grilles de lecture externes ne doivent pas influencer l'identification des compétences du bénévole au point de dénaturer les spécificités de l'engagement et de l'activité bénévole.

Les réflexions, les travaux et les outils déjà mis en place par un certain nombre d'associations mériteraient d'être étudiés afin d'en analyser la pertinence et le possible transfert à l'ensemble des acteurs sociaux.

À titre **d'exemple**, on pourrait citer le fonctionnement du **passeport bénévole**. Mis en place par France bénévolat, celui-ci implique que, pour être efficient, un outil de traçabilité doit être susceptible d'être intégré aux réflexions des entreprises sur leurs ressources humaines, et pris en compte par les conseillers de la validation des acquis de l'expérience. Il repose donc sur les liens tissés avec ces acteurs, mais aussi sur le contenu de l'outil lui-même.

Si cette responsabilisation a été identifiée comme un premier pas indispensable à la reconnaissance de l'engagement et de l'activité bénévoles, le monde associatif doit se mobiliser pour faire émerger ses propres concepts.

Associations et Europe et dialogue civil

Les enjeux

Le groupe de travail « Associations et Europe » a poursuivi et prolongé les réflexions et les travaux déjà menés sous la mandature précédente au sein de deux groupes, l'un traitant spécifiquement des questions européennes relatives à la vie associative, l'autre abordant l'articulation entre le dialogue civil et les territoires.

Pour cette mandature les objectifs de travail de ce groupe ont donc été de maintenir une action de « veille » sur tous les projets européens concernant la vie associative et de produire des réflexions et des propositions sur les projets de règlements et de directives au niveau européen, comme par exemple sur les services sociaux d'intérêt général. Le groupe de travail a aussi traité de la place et du rôle des associations dans le dialogue civil européen avec une attention plus particulière accordée à la mise en place d'un statut de l'association européenne. Enfin, compte tenu de la Présidence du Conseil de l'Union européenne assurée par la France au deuxième semestre 2008, les membres du groupe de travail ont examiné et assuré un suivi des projets relatifs à la vie associative dans le cadre des priorités établies pour cette présidence.

Les travaux

La Présidence française du Conseil de l'Union européenne (UE)

Si des dossiers économiques et sociaux ont intéressé le Conseil de l'UE lors de la présidence française, une dimension citoyenne a aussi été affichée par la France alors qu'elle se trouvait à un moment clé pour la construction européenne précédant la mise en œuvre d'un traité réformateur. Plusieurs événements ont alors été programmés par le Gouvernement dans cette optique. Deux manifestations ont été organisées par des acteurs associatifs de la société civile : les « États généraux de l'Europe » en juin 2008 à Lyon et les « Journées civiques européennes » de La Rochelle en septembre 2008. Celles-ci ont d'ailleurs été particulièrement soutenues par le secrétariat d'État aux Affaires européennes. À l'issue de ces journées organisées par le Forum civique européen en lien avec le CNVA et la CPCA, le Gouvernement français a officiellement invité la Commission européenne à reprendre l'étude d'un statut de l'association européenne. Le CNVA promeut en effet depuis des années ce statut visant à favoriser, entre autres, une véritable reconnaissance de la place et le rôle des associations dans le dialogue civil européen.

Le statut de l'association européenne

Le rôle des associations dans l'animation de la vie démocratique européenne, la culture et le modèle social européen est largement reconnu. Le droit d'association est, quant à lui, rappelé dans la Charte des droits fondamentaux. Associations, sociétés de capitaux, coopératives, fondations et mutuelles, ont donc figuré très tôt sur la liste des organismes pouvant prétendre à un statut européen. Les institutions européennes ont d'ailleurs entrepris des démarches en ce sens. Mais seuls à ce jour ont été adoptés le statut des sociétés de capitaux européennes et celui des sociétés coopératives européennes. La Commission, qui avait présenté une proposition visant à adopter un statut de l'association européenne, l'a en effet retirée en septembre 2005, au motif de *« simplification »*.

Pour définir et mettre en œuvre les politiques de l'UE, il est indispensable d'associer davantage à la réflexion, non seulement les partenaires sociaux, mais aussi tous les acteurs représentatifs de la société civile organisée.

Optionnel et destiné aux seuls projets associant des ressortissants ou des personnes morales de plusieurs États membres, un statut d'association européenne créerait un point de référence européen utile pour les législations nationales sur les associations, sans pour autant les remplacer. Il serait également intéressant pour les relations extérieures de l'UE avec des organisations de la société civile de pays tiers. Il contribuerait également à la simplification administrative pour les associations transfrontalières ou ayant une action transnationale dans l'UE. Il faciliterait le financement européen des activités des associations, leur transparence financière et leur fonctionnement. Il favoriserait les échanges interculturels et les rencontres entre ressortissants des États membres autour d'intérêts et de projets communs. Il fournirait enfin un support concret favorisant le développement du dialogue civil européen, la création de réseaux européens et l'établissement de critères de représentativité des associations au niveau européen.

Alors qu'il existe depuis longtemps des réglementations permettant aux entreprises, aux groupements d'intérêt économique et aux sociétés coopératives d'exercer une activité européenne, il serait logique que cette possibilité soit aussi offerte aux associations.

Le dialogue civil européen

Le dialogue civil européen recouvre deux éléments complémentaires :
– le dialogue européen entre les organisations représentatives de la société civile sur l'évolution de l'Union et de ses politiques ;
– le dialogue régulier et structuré entre les institutions de l'UE et l'ensemble des composantes de la société civile.

Il a vocation à favoriser le dialogue sur des questions sociétales en intégrant l'ensemble des acteurs de la société civile.

Au niveau européen, les associations se sont organisées de façon libre et volontaire et ont construit des réseaux et des plateformes à la reconnaissance associative dans le dialogue civil européen. De leurs côtés, les institutions européennes ont mis progressivement en place des dispositifs pour faciliter le dialogue civil.

Enfin, dans l'article 11 du traité de Lisbonne, désormais en application, les institutions sont invitées à entretenir un dialogue ouvert, transparent et régulier avec les associations représentatives et la société civile.

Si des opportunités et un espace s'ouvrent indéniablement, il faudra trouver les interlocuteurs, identifier les associations représentatives et les critères minimaux pour discuter.

Les services sociaux d'intérêt général

La directive européenne « Services »[24], s'impose aux États membres de l'UE. Chaque État a dû la transposer avant le 31 décembre 2009. Celle-ci réglemente la fourniture de services dans le marché intérieur communautaire et affirme la liberté de mettre en place des services sur le territoire européen, et ce dans le cadre d'une concurrence non faussée et loyale.

Concernant cette directive, le groupe de travail a insisté sur plusieurs points particuliers qui impactent directement les associations.

● Les modèles d'organisation

Pour la commission, il n'existe qu'un modèle d'organisation : l'entreprise ! Cette vision réductrice ne prend aucunement en compte les organisations de l'économie sociale, qui bien souvent, ont été à l'origine des activités qualifiées aujourd'hui de SIEG[25]. Ces derniers proposent leurs activités dans le cadre de l'intérêt général mais sont aujourd'hui soumis à une logique marchande. Ainsi, la vision de la Commission semble-t-elle binaire. Il n'y aurait que deux espaces économiques : l'économie solvable, soumise aux règles du marché et l'économie non solvable, celle des « pauvres » relevant des missions sociales et pouvant bénéficier du cadre des SSIG[26] alors que d'autres activités ou organisations en sont exclues.

● Les SSIG

Il faut entendre les SSIG non pas comme un simple élément d'une politique sociale, mais comme un élément constitutif de la cohésion sociale et de ses différentes dimensions (partage des valeurs, sentiment de faire

---

24) Directive 2006/123/CE, rédigée par la Commission européenne et adoptée par le Parlement européen et le Conseil le 12 novembre 2006.
25) SIEG : Services d'intérêt économique général.
26) SSIG : Services sociaux d'intérêt général.

partie d'une même communauté, tolérance des différences, etc.). Le flou sur la définition des SSIG pose la question de la place et de la reconnaissance par la Commission et par les États des acteurs de la société civile et de la place laissée à l'innovation sociale. Le manque de clarté dans la prise de position de l'État français sur les imprécisions liées aux SSIG est donc dommageable. D'autant plus que la Commission a laissé ce choix aux États membres.

La directive « Services » vient enfin « télescoper » les règles européennes sur les aides d'État[27], les appels d'offres, la règle de minimis, etc.

Dès les premiers travaux mis en place par la Commission, des prestataires de services sociaux (notamment des ONG, des associations intervenant dans le champ de l'intérêt général, des réseaux européens) ont montré le rôle des associations dans la prestation de services et ont démontré que la nature des services ne devait pas se situer dans ce marché.

Cependant, en l'absence d'une définition claire et indiscutable de la notion de service d'intérêt général, le concept de services sociaux d'intérêt général s'est affiné. Sous la pression de collectifs représentant des opérateurs de SSIG, la directive a fini par exclure de son champ d'application les services sociaux d'intérêt général et les services de santé. Cette exclusion ne s'est faite que dans certaines conditions. De ce point de vue, le manuel écrit par la Commission à destination des États pour la période de transposition crée de l'ambiguïté sur certains thèmes.

Les autres travaux

En fin de mandature, le groupe de travail a abordé plusieurs autres dossiers. Au moment, par exemple, de la sortie du rapport de la Commission de l'emploi et des affaires sociales du Parlement européen, une réflexion sur les enjeux de l'Économie sociale en Europe a été menée par le groupe de travail. Le rôle et les missions des diverses institutions européennes ont aussi été appréhendés par les membres du groupe à l'occasion d'une journée à Bruxelles. Enfin, la décision de la Commission de décréter 2011, année européenne du Volontariat et du Bénévolat a permis au CNVA de rappeler l'utilité sociale et civique de l'engagement associatif en France comme en Europe.

Les axes de travail

Les difficultés de compréhension et d'interprétation résultant de la mise en œuvre de textes européens récents incitent le groupe de travail à poursuivre ses travaux dans plusieurs directions :

---

27) Textes n° 2005/842/CE, n° 2005/C297/04 et 2005/81/CE du 28 novembre 2005.

Travailler sur une information pédagogique sur les différents textes européens et leurs conséquences

Il s'agit pour le groupe de travailler sur les textes relatifs à la « Mise en œuvre des textes sur les Aides d'État et la directive Services » : comprendre au niveau des associations et comment s'adapter, la règle de minimis et le recours systématique aux appels d'offres.

Travailler auprès des États membres sur leurs responsabilités dans l'interprétation et la mise en œuvre de ces textes européens

Il s'agit pour le groupe de faire des propositions sur :

– les documents contractuels entre les pouvoirs publics et les associations, respectueux des règles mais évitant les surenchères ;

– le classement d'activités en SSIG : notions de mandatement, et de transparence ;

– ...

Les constatations faites lors de cette dernière mandature renforcent donc la pertinence des travaux du CNVA qui vont dans le sens d'une meilleure information et d'une meilleure prise en compte de la société civile en tant qu'acteur majeur de la mise en œuvre d'un projet sociétal à l'échelle européenne.

Gestion et information comptable

Les enjeux

Le groupe de travail du CNVA « Gestion et information comptable » a été créé en 1999 pour répondre aux questions posées par l'application du nouveau plan comptable associatif adopté par le Comité de la réglementation comptable le 16 février 1999 (règlement nº 99-01 du CRC). Il a pour objectif principal la promotion d'une plus grande transparence financière des associations tout en veillant à ne pas alourdir leurs contraintes de gestion déjà nombreuses. Il propose également les évolutions nécessaires à un environnement comptable, juridique, technique... en pleine mutation.

Se réunissant toutes les six semaines, le groupe traite de multiples questions d'actualité intéressant le secteur associatif. L'expérience professionnelle de ses membres est ainsi une ressource indispensable pour répondre aux nombreuses sollicitations dont il fait l'objet. Le groupe est donc, bien sûr, composé de représentants des associations membres du CNVA connaisseurs de la matière mais peut également faire appel, si le sujet le nécessite, à des experts comptables spécialistes du secteur.

Les travaux

Les participations aux forums associatifs

Fort de sa pluridisciplinarité, le groupe « Gestion et information comptable » est régulièrement invité par la Compagnie nationale des commissaires aux comptes (CNCC) pour participer à des tables rondes sur des sujets divers intéressants la vie associative.

Les publications

Chaque membre contribue à la rédaction de dossiers-conseils, publiés généralement dans la revue trimestrielle *« Actu-Experts Association »*, en partenariat avec le Conseil supérieur de l'Ordre des experts comptables. Ces articles sont ensuite intégrés dans la brochure du CNVA : *Guide pratique des règles comptables et financières applicables aux associations, fondations et fonds de dotation*, édité par La Documentation Française. Ces dernières années, les réflexions du groupe ont notamment porté sur :
– le Compte annuel d'emploi des ressources (CER) ;
– les fondations ;
– les fonds de dotation ;
– la publicité des comptes annuels des associations et fondations ;
– les règles comptables applicables aux associations, et fondations gestionnaires des établissements sociaux et médico-sociaux privés.

Le groupe participe également à d'autres revues associatives et plus particulièrement à la revue *Juris-Association.*

Les participations aux groupes de travail de l'ANC

Le groupe « Gestion et information comptable » collabore étroitement avec les groupes de travail de l'Autorité des normes comptables (ANC). Il contribue en effet aux travaux en rapport avec les textes soumis à l'approbation de l'ANC intéressant les associations. Plusieurs de ses membres participent ainsi aux groupes de travail de l'ANC en fonction de leur expérience professionnelle et ont, ces dernières années, contribué aux travaux sur :
– les fondations ;
– le Compte annuel d'emploi des ressources (CER) ;
– le secteur social et médico-social.

Les axes de travail

Sensible aux évolutions de la comptabilité dans le cadre européen, le groupe reste particulièrement attentif aux évolutions de la convergence de certaines normes comptables françaises induite par les normes IFRS.

Le groupe est par ailleurs vigilant à ce que la convergence avec les règles comptables du secteur marchant ne nuise pas aux spécificités du secteur associatif. C'est pourquoi il continue ses travaux sur la valorisation des contributions volontaires en nature et du bénévolat, particularités majeures du fonctionnement des associations et fondations, qui font d'elles un acteur original au sein de la vie économique et sociale.

Pour l'avenir, le groupe souhaite tout spécialement orienter ses réflexions vers :
– les aspects quantitatifs et qualitatifs de l'information à insérer dans les bilans comptables ;
– le retour d'expérience du Compte annuel d'emploi des ressources (CER) ;
– le mode de comptabilisation des apports faits par une association à une autre association ;
– les relations avec le Comité de la Charte.

Pluriprofessionnel et pluridisciplinaire, le groupe « Gestion et information comptable » est ainsi une ressource majeure permettant d'orienter le plus pertinemment possible les textes et règles légales en cours d'élaboration.

Chapitre 3

La réforme du CDVA

Le Conseil du développement de la vie associative (CDVA) succède au Fonds national pour le développement de la vie associative (FNDVA), créé, sur initiative du CNVA, par la loi de finances pour 1985. Ce dernier avait été conçu sous la forme d'un compte d'affectation spécial alimenté par des prélèvements sur les enjeux du PMU. Le FNDVA avait pour objet de financer des actions de formation mises en place par les associations et destinées à leurs bénévoles, à des expérimentations et à des études.

Institué par un décret de 2004[28], le CDVA répond à la nécessité partagée par les associations et les pouvoirs publics de promouvoir le dynamisme associatif et d'accompagner les milliers de bénévoles qui participent à leurs actions. Or, les associations doivent pouvoir animer leurs projets sans pour autant se substituer aux pouvoirs publics. C'est pourquoi la création du CDVA visait à encourager la formation des bénévoles, l'acquis de nouvelles compétences, le soutien à leur prise de responsabilités, leur accompagnement dans l'expérimentation et une meilleure connaissance par leurs études du contexte sociétal.

Le fonctionnement du CDVA

Institué auprès du ministre chargé de la Vie associative, le Conseil du développement de la vie associative a pour missions[29] (hors secteur sportif) de :
– proposer, chaque année, des priorités concernant : des actions de formation de bénévoles, l'attribution aux associations de subventions pour la conduite du projet associatif au bénéfice de leurs élus, de responsables d'activités ou d'adhérents ;
– examiner les demandes des associations de subventions formulées pour la réalisation d'études ou d'expérimentations ayant pour but soit une meilleure connaissance de la vie associative soit son développement ;
– instruire les demandes de subventions présentées au niveau national ;
– être consulté sur les modalités (techniques et financières) de la déconcentration des crédits en régions, et être associé chaque année à l'évaluation, tant nationale que régionale, des résultats obtenus (en termes quantitatifs comme qualitatifs).

Il se compose, outre le ministre ou son représentant, du directeur de la vie associative, des représentants désignés par neufs ministères, de huit représentants associatifs et leurs suppléants[30] et de trois personnes qualifiées[31].

28) Décret n° 2004-657 du 2 juillet 2004.
29) Missions définies par le décret n° 2004-657 du 2 juillet 2004.
30) Désignés sur proposition de la CPCA.
31) Désignées sur proposition du CNVA.

Contrairement aux dispositions qui étaient applicables au FNDVA, il n'est pas prévu de règlement intérieur au CDVA.

L'organisation du CDVA

Le CDVA dispose d'une ligne de crédits dans le cadre du programme 163 – Jeunesse et vie associative du ministère chargé de la Jeunesse. Ces crédits sont principalement destinés à la formation des bénévoles des associations, quels que soient leurs secteurs d'intervention, hormis le sport. Accessoirement, les subventions peuvent être attribuées pour des études ou des expérimentations concernant la vie associative.

Depuis 2010, le CDVA est complètement déconcentré au niveau régional, pour les actions mises en œuvre par des associations locales. Les deux tiers des crédits sont attribués par les services déconcentrés, le tiers restant étant attribué aux associations nationales pour des actions de formation organisées par elles à ce niveau. Localement, dans un certain nombre de cas, les régions participent à l'examen de dossiers et apportent un cofinancement aux projets. Les CPCA régionales sont elles aussi très souvent parties prenantes des travaux de consultation dans le cadre de commissions.

Il est toutefois à noter que le CDVA n'est pas appelé à donner son avis formel aux régions, avant notification par les services concernés, sur les montants qui leur sont répartis, ni sur les orientations et consignes d'instruction à respecter. Il ne l'est pas non plus pour le montant annuel et la gestion des demandes au niveau national. Le Conseil n'est donc informé que sur les modalités de déconcentration. On constate d'ailleurs que l'instruction et ses critères peuvent être très différents d'une région à l'autre, certaines régions n'associant pas, dans tous les cas, des représentations associatives à l'évaluation des dossiers.

Le financement

Le fond alloué au CDVA doit couvrir la formation des 10 millions de bénévoles qui en dépendent (28 % relevant du secteur sportif), mais aussi prendre en compte le fait que la population de bénévoles s'élève à 14 millions de personnes [32] et que 62 000 associations se créent chaque année depuis 10 ans [33].

Au regard de l'état actuel des financements (pour l'essentiel de l'État) et malgré l'annonce d'un abondement en 2010 (un peu moins de 11 millions d'euros dont on ne peut préjuger de la pérennité), le financement du CDVA a un avenir incertain. En effet, si ce total était entièrement consacré à la formation, cela représenterait environ 480 000 journées/stagiaires. Il

---

32) Estimation 2007.
33) Ce qui correspond à une augmentation de 4 % de nouveaux bénévoles, soit 400 000 par an.

faudrait donc 20 ans pour que chaque bénévole puisse espérer bénéficier d'une seule journée de formation.

En outre, même s'il a été augmenté en 2010, la suppression des financements des études et une nette diminution des expérimentations sont indéniablement dommageables aux possibilités qualitatives de développement du secteur associatif.

Les cofinancements annoncés par les régions restent par exemple assez modestes, même s'ils sont localement appréciés. Ils ne concernent en effet que six régions au stade de l'expérimentation et leur montant total se limite à 1,1 M€ pour 4,4 M€ déconcentrés [34]. De plus l'utilisation finale des financements déconcentrés est «fongible» au gré des besoins des préfets de région. En l'état actuel des règles administratives et financières l'usage de ces enveloppes à destination des associations pour des actions de formation de bénévoles, en particulier, ne peut ainsi être formellement garanti.

Les travaux sur la réforme du CDVA

Un groupe de travail a été mis en place en 2009, rassemblant des représentants de ministères, de la CPCA et des membres du Conseil, dont les personnalités qualifiées désignées au titre de représentants du CNVA. Ce groupe a conduit une réflexion sur l'avenir du CDVA. Son évolution concerne sa dotation budgétaire, son mode de fonctionnement et ses missions.

Les conclusions des travaux portent sur les missions du CDVA :

« Le CDVA dans cette perspective serait un lieu de ressources, de référence au service du développement de la vie associative. Il aurait pour fonction :
– de capitaliser et de mettre en commun des expériences ;
– de créer de l'expertise, de l'ingénierie, en matière de méthodes de projet au service du développement des actions associatives, de suivi ;
– de devenir un lieu de conseil et d'apprentissage dans le domaine de l'évaluation pour répondre aux exigences de plus en plus fortes vis-à-vis des associations qui manquent d'expérience dans ce domaine. »

Le groupe de travail a également réfléchi sur les principes qui pourraient être pris en compte dans le cadre du soutien à la formation des bénévoles :

– «La formation doit être intimement liée au projet associatif ;
– elle doit rester collective, il ne s'agit pas d'assurer des formations de promotion purement individuelle ;
– elle doit être gratuite pour les bénévoles ;
– les temps de formation doivent être adaptés aux rythmes de la vie associative et des contraintes des bénévoles. Par exemple être comptés en heures et non plus en jours ce qui introduirait une meilleure adaptation à la réalité. »

---

34) Chiffres de 2009.

Les propositions ont enfin porté sur les types de formation à retenir :
– les formations à l'engagement au projet associatif;
– les formations concourant au développement du projet de l'association;
– les formations techniques et administratives.

Le CNVA a été saisi le 18 octobre 2010 par le ministère de la Jeunesse et des Solidarités actives, d'un avis sur le projet de décret portant réforme du CDVA. Le groupe de travail « Bénévolat » et de nombreux membres du CNVA ont contribué à la réflexion pour produire l'avis du Conseil adopté le 2 décembre 2010.

Tout d'abord, le CNVA adhère à la modification apportée à l'appellation de la structure à savoir Fonds pour le développement de la vie associative (FDVA) en lieu et place de Conseil du développement de la vie associative (CDVA).

Il considère que cette évolution terminologique est cohérente avec la perspective d'élargissement des sources de financements pour la formation des bénévoles.

Ensuite, après avoir rappelé que pour se développer le bénévolat a besoin d'un appui permettant le fonctionnement pérenne des équipes et des projets, le CNVA considère essentielle l'intervention financière pluriannuelle de l'État et indispensable l'objectif d'élargissement du financement de la formation des bénévoles *via* la mobilisation des collectivités territoriales et des OPCA. Il souligne l'importance de conserver la possibilité d'appuyer la démarche des têtes de réseau dans leurs actions de formation tout en veillant parallèlement à ce que l'accès au financement pour les associations de taille modeste ne soit pas pénalisé par la complexité des dossiers.

Dans le corps de son avis, le CNVA intervient sur les articles relatifs à l'objet du Fonds pour le développement de la vie associative (FDVA), au financement et à la gouvernance.

Deuxième partie

La deuxième Conférence de la vie associative

La deuxième Conférence de la vie associative a été organisée sous l'égide de Martin Hirsch, Haut Commissaire à la Jeunesse et aux Solidarités à la demande du Président de la République. Elle fait suite à la première Conférence de la vie associative organisée en 2006. Cette première Conférence avait été précédée par la mise en place de groupes de travail ayant présenté 70 propositions ayant elles-mêmes donné lieu à 25 mesures retenues par le Gouvernement et mises en œuvre pour la plupart d'entre elles[35].

Organisée sous la forme d'une conférence de consensus, la deuxième Conférence a ainsi permis d'analyser les situations et les dispositifs existants, d'identifier les améliorations nécessaires et de faire, en conséquence, des propositions concrètes. Elle a eu pour mission de produire un document de synthèse de propositions réalistes, cohérentes et concertées.

L'émission d'un avis par le CNVA sur les propositions formulées dans le document de synthèse du groupe préparatoire administration / CPCA

Le CNVA, a été de nouveau sollicité par le Haut Commissaire en 2009. Sur la base de ses travaux antérieurs et de son rôle d'expertise, il a en effet été chargé d'émettre un avis sur les propositions contenues dans le rapport de synthèse du groupe préparatoire.

La mise en place d'un comité de pilotage – septembre 2009

Dans le cadre de la préparation de la deuxième Conférence, le Haut Commissaire à la Jeunesse et aux Solidarités actives a souhaité la mise en place d'un comité de pilotage composé d'une quinzaine de personnes référentes[36] et ayant pour objectif de définir, de façon collégiale, une feuille de route à suivre. Ce comité a mis en place trois groupes de travail thématiques et s'est réuni mensuellement de septembre à décembre 2009. Les débats se sont portés sur trois axes principaux :
– la définition de la place des associations dans le dialogue civil, et plus particulièrement la nécessité d'une meilleure connaissance statistique ;
– les partenariats contractuels entre l'État, les collectivités territoriales et les associations (clarification de leurs relations contractuelles, sécurisation juridique des financements aux associations, simplification des modes de reconnaissance des associations…) ;
– l'engagement associatif, bénévole et volontaire et sa reconnaissance (développement des compétences des bénévoles par la formation, valorisation de l'engagement associatif, développement des congés associatifs des salariés…).

35) Annexe 1 : Bilan de la mise en œuvre des 25 mesures adoptées lors de la 1re Conférence de la vie associative.
36) Annexe 3 : Liste des membres du Comité de pilotage de la deuxième Conférence de la vie associative.

Les travaux des groupes préparatoires thématiques – septembre à décembre 2009

Le traitement des sujets éligibles à la CVA ayant nécessité, pour certains d'entre eux, des travaux précis, trois groupes de travail thématiques ont été mis en place. À partir de septembre 2009, chaque groupe, présidé par une personnalité qualifiée a rassemblé une quinzaine de personnes pour quatre réunions[37].

La communication des mesures retenues par le Premier ministre – 17 décembre 2009 lors de la CVA

La mise en place d'un comité de suivi

Le Haut Commissaire a souhaité qu'un comité de suivi[38] soit organisé afin de faire des points d'étape réguliers de l'état d'avancement des annonces faites lors de la Conférence du 17 décembre 2009. Il s'est réuni, pour la première fois, le 1er mars 2010.

---

37) Annexe 2 : Liste des participants aux 4 groupes de travail préparatoire thématiques.
38) Annexe 4 : Liste des participants au Comité de suivi.

Chapitre 1

Les travaux préparatoires

Le manque de connaissance et de reconnaissance du secteur associatif

Pour une meilleure connaissance du secteur associatif

Contribution du CNVA

Le CNVA a depuis longtemps constaté la nécessité d'améliorer la connaissance statistique des associations. Dès 1997 en effet, le CNVA a formulé dans une motion[39] le souhait qu'un *« dispositif permanent d'observatoire statistique des associations soit mis en place à la suite de la mission confiée par le Premier ministre à l'INSEE et que des représentants du CNVA y soient associés »*. Il a réaffirmé sa position lors des Assises de la vie associatives en 1999 et de la première Conférence de la vie associative en 2006. Selon le CNVA, il convient ainsi aujourd'hui de dresser une véritable démographie des associations et d'obtenir des données économiques et qualitatives les concernant. Pour cela, il faut mettre en œuvre les moyens nécessaires pour créer un dispositif d'observation à partir des propositions contenues dans le rapport du Conseil national de l'information statistique (CNIS).

Le CNVA souligne également les progrès importants apportés, depuis 15 ans, aux travaux statistiques publics, universitaires et privés. Il insiste tout particulièrement sur l'avancée décisive que constitue la publication par l'INSEE, depuis 2008, des Tableaux de l'économie sociale (dont les associations constituent les trois quarts des emplois salariés). Il se félicite enfin de la publication des premiers chiffres de l'INSEE sur le « travail » bénévole[40].

Groupe de travail préparatoire

Présidé par Mme Marie-Thérèse Cornette, Présidente de chambre à la Cour des comptes, le premier groupe préparatoire thématique a eu pour objet de travailler sur une meilleure connaissance de la vie associative et ainsi de proposer une amélioration de l'observation statistique du monde associatif.

Il a notamment examiné les questions de mise en œuvre d'enquêtes annuelles intégrées dans le dispositif des études statistiques de l'INSEE

---

39) Motion du CNVA, 23 avril 1997.
40) Supplément Vie associative de l'Enquête sur les Conditions de vie des ménages, 2002.

et de l'amélioration de la comptabilisation, de l'évaluation et de la valorisation du travail bénévole. Constatant que la vie associative souffre de son manque de représentation, il est apparu aux membres de ce groupe la nécessité de créer un service de statistique public spécifiquement chargé du monde associatif.

Avis du CNVA

Dans la continuité de son action antérieure et ayant pris acte des progrès réalisés dans la connaissance statistique du fait associatif, le CNVA propose de :
– faire la synthèse des travaux statistiques existants, qu'ils émanent du système statistique public, des travaux universitaires, des fédérations associatives ou du secteur privé ;
– disposer d'outils communs à tout le secteur (nomenclatures, concepts, méthodes, indicateurs de produit, de résultat ou d'impact) afin de garantir la cohérence de l'information et faciliter les comparaisons entre régions et entre pays ;
– renouveler périodiquement une enquête sur l'activité bénévole ;
– mobiliser les ressources administratives existantes (budgets des associations, le « Jaune » réformé, annexes aux budgets des collectivités territoriales...).

Pour une meilleure reconnaissance du secteur associatif

Contribution du CNVA

Si le CNVA a déjà produit des avis et réflexions[41] sur la place et le rôle des associations dans le dialogue civil, la seconde Conférence de la vie associative est l'occasion de traiter de la construction, ou tout au moins de l'amélioration des modalités de reconnaissance collective et ainsi de l'institutionnalisation du dialogue civil.

Il reconnaît ainsi les avancées significatives réalisées ces dernières années en rapport avec la reconnaissance de l'importance et de la pertinence de la parole associative dans le dialogue civil national. Toutefois, s'il souligne la création de règles officielles et de préconisations ministérielles formulées par le Premier ministre (consultation des associations en amont de décisions les concernant, désignation de référents ministériels...), le CNVA constate que ces décisions ont peu ou pas été suivies d'effet.

---

41) Avis du CNVA : « Les associations dans la décentralisation », décembre 1992 ; *Le CNVA au service de la liberté associative*, La Documentation française, 2001 ; *Les associations et la construction européenne*, 2002 ; *Bilan de la vie associative 1994-1995*, « Les associations dans la procédure de contrats de Plan », La Documentation française ; Rapport du CNVA au Premier ministre sur la mise en œuvre des mesures gouvernementales, janvier 2006.

Groupe de travail préparatoire

Présidé par Mme Marie-Thérèse Cornette, Présidente de chambre à la Cour des comptes, le premier groupe de travail thématique a aussi eu pour objet de travailler sur une meilleure reconnaissance de la vie associative.

Afin d'asseoir la représentation institutionnelle des associations il propose notamment de créer une obligation, pour la puissance publique, de consulter le monde associatif, notamment dans le cadre de l'élaboration des décisions publiques.

Il affirme également l'importance de la réforme du CNVA qui s'inscrit dans une démarche de construction du dialogue civil et d'une reconnaissance du rôle social du monde associatif en refondant son rôle autour d'une mission d'expertise.

Avis du CNVA

Pour une meilleure reconnaissance du secteur associatif, le CNVA souligne qu'il faudrait avant tout mettre en œuvre les mesures déjà décidées au niveau gouvernemental et prendre en compte les recommandations élaborées lors de la première Conférence de la vie associative.

Le CNVA insiste tout particulièrement sur la question du dialogue civil qui s'impose comme *« l'échange, l'interlocution et le débat entre les autorités publiques et l'ensemble des acteurs de la société civile »* et qui nécessite une identification précise des organisations habilitées à y participer. Pour qu'il soit un élément fondamental d'une démocratie participative, le dialogue civil doit, selon le CNVA, être *« institutionnalisé »*, c'est-à-dire *« normé et inscrit de manière pérenne et stable pour ne pas subir les aléas du politique »*. Il affirme donc l'intérêt d'une habilitation à participer au dialogue civil institutionnalisé à tous les niveaux territoriaux, y compris au sein de l'Union européenne.

Le besoin de sécurité et de stabilité dans des partenariats renouvelés

Sécurité et stabilité en termes de ressources humaines

Contribution du CNVA

Le CNVA met en lumière la nécessité de définir de façon précise ce qui relève du bénévolat et ce qui relève de l'emploi salarié dans une association. Le Conseil note que même si les bénévoles « travaillent » au sein de structures associatives, l'acte bénévole en lui-même ne relève pas d'une relation hiérarchique. De ce fait, le bénévolat exclut la notion de subordination qui, elle, est réglementée par le Code du travail. Le CNVA affirme que l'emploi associatif doit jouir d'une certaine stabilité. En effet, le recours à l'emploi au sein d'une structure associative n'est pas une fin en soi et répond à la nécessité de disposer de compétences utiles et permanentes pour mettre en œuvre ses projets. Les salariés d'une association constituent par conséquent une catégorie de ressource humaine indispensable et complémentaire à l'activité bénévole.

Groupe de travail préparatoire

Présidé par monsieur Patrick Quinqueton, maître de requêtes au Conseil d'État, le second groupe préparatoire thématique a pour objet les questions de clarification et la consolidation des relations contractuelles entre l'État, les collectivités locales et les associations.

N'abordant que très peu les questions de ressources humaines, le groupe préfère se concentrer sur les rapports entre les associations et les administrations. Afin de les simplifier, il avance l'idée de la création du concept « *d'association d'intérêt général* ». Véritable « label », celui-ci devrait s'imposer comme un agrément de qualité des associations fondé sur « *l'objet d'intérêt général de l'association, de son fonctionnement démocratique et de sa transparence financière* ». Considéré par les membres de ce groupe comme une véritable avancée pour le monde associatif, ce projet d'agrément devrait permettre de poser la question de la reconnaissance des associations et de leur participation à la coconstruction de certaines politiques publiques.

Sécurité et stabilité en termes de ressources financières

Contribution du CNVA

Concernant les ressources financières privées (legs, dons...), le CNVA constate que la fiscalité française est l'une des plus attractives du monde et ce grâce aux avancées intervenues ces dernières années. Il s'agit notamment de la transformation de la défiscalisation en réduction d'impôts, du report sur plusieurs années et du relèvement des plafonds.

Concernant les ressources financières publiques, le CNVA rappelle qu'il demande depuis des années un renforcement et un élargissement des conventions pluriannuelles d'objectifs[42]. Élément majeur de la pérennité

---

42) Avis du CNVA : « Les contrats pluriannuels d'utilité publique », 1984 ; Avis relatif « Aux engagements pluriannuels entre les associations et les pouvoirs publics », 1986 ; Rapport sur le financement des associations : *Pour une vie associative mieux reconnue dans ses fonctions économiques et dans ses actions d'intérêt général*, 1988 ; Rapport du groupe de travail mixte : *Financement des associations*, 1996 ; Assises nationales de la vie associative, Atelier 2 : « Vie associative, transparence et relations avec les pouvoirs publics », février 1999.

de l'action des associations, ce dispositif contribue en effet à la mise en œuvre des objectifs d'un certain nombre de politiques publiques. Le CNVA constate également que la raréfaction des financements publics et les effets de la crise économique touchent directement les organisations à but non lucratif. Il note que les CPO sont, entre autres, une réponse au besoin d'une stabilité inscrite dans la durée. Le CNVA soutient enfin l'élaboration d'une définition légale de la subvention. Il réitère notamment sa proposition « *de contribuer à clarifier les relations entre les associations et les pouvoirs publics, notamment grâce à une définition des notions de subvention, de prestations de service et de contrats d'objectifs* »[43].

Groupe de travail préparatoire

Le second groupe de travail thématique traite plus particulièrement de la sécurisation des financements (CPO compatible avec le droit communautaire, soutien au crédit et garantie des prêts bancaires, meilleure connaissance des principes du mécénat) et de la reconnaissance administrative simplifiée et harmonisée des associations. Il note que le nouveau modèle de convention (CPO) a été étudié lors d'une réunion de travail en sous-groupe et fait l'objet d'un accord de principe et conclut que la CPO devra avoir valeur de circulaire interministérielle.

Si le groupe a reconnu un besoin de clarifier les relations entre les collectivités territoriales et les associations, il a insisté sur la nécessité de montrer l'impact de la réforme des collectivités territoriales sur les associations et ce, pas uniquement d'un point de vue financier.

Avis du CNVA

Concernant les ressources financières privées, le CNVA considère qu'une transformation de la réduction d'impôt en crédit d'impôt est envisageable. Plus démocratique (car procurant des avantages à tous les foyers donateurs et pas seulement les foyers et contribuables imposables), le crédit d'impôt pourrait être mis en place si deux conditions étaient respectées : la stabilité fiscale (sans laquelle le donateur peut être perdu) et la mise en place de campagnes d'informations régulières pour faire connaître ce nouveau dispositif au grand public.

Concernant les ressources financières publiques, le CNVA estime indispensable de procéder aux clarifications nécessaires pour distinguer les différents modes juridiques opératoires sur lesquels se fondent les relations entre les pouvoirs publics et les associations aux différents niveaux des territoires, communes, départements, régions et État. Il conclut enfin que ce travail devra être entrepris à partir d'une doctrine commune révisée.

---

43) Rapport du CNVA élaboré en groupe mixte sur le thème : « Financement des associations » et remis au Premier ministre en 1996.

Le nécessaire soutien au secteur associatif, lieu original de construction d'une société plus cohérente et solidaire

La montée en compétences des dirigeants bénévoles associatifs et leur valorisation dans les parcours individuels

Contribution du CNVA

Le CNVA fait le constat de la complexification de la gestion des associations. Leurs dirigeants font en effet aujourd'hui face à une nécessaire croissance de leurs compétences qui s'imposent ainsi comme moyen de mieux faire vivre le projet associatif. Cette montée de compétences ne doit cependant ni devenir un but en soi, ni s'inscrire dans une logique de professionnalisation réservée aux dirigeants. La question de la formation des dirigeants apparaît alors comme essentielle et comme devant se poser à tous les niveaux de la vie associative. Elle doit répondre à une véritable stratégie associative et non seulement à une logique de parcours individuel.

Groupe de travail préparatoire

Présidé par monsieur Philippe Da Costa, le troisième groupe préparatoire thématique a pour objet de réfléchir à la reconnaissance et la valorisation de l'engagement associatif, bénévole et volontaire. Il souligne l'importance de l'organisation d'un travail interassociatif d'identification, de formulation et de mise en valeur des compétences associatives.

Il insiste sur la valorisation de la perception de l'engagement associatif dans le milieu universitaire, en mettant notamment l'accent sur la validation des acquis de l'expérience bénévole. Mettant en lumière les *« poches de compétences non valorisées »*, il souligne également l'importance de travailler sur des passerelles avec l'entreprise, en visant les compétences acquises dans le monde associatif et transférables à tous les projets professionnels et de vie.

L'engagement associatif, le don du temps valorisé

Contribution du CNVA

Le CNVA constate que la reconnaissance de l'engagement bénévole des salariés du secteur privé marchand et du secteur public dans le parcours menant à la Validation des acquis de l'expérience (VAE) est un progrès. Toutefois, il n'abonde pas dans le sens de la proposition d'une période de bénévolat pour les jeunes, ouvrant droit à une formation. Selon lui, cette proposition conduirait à inverser le sens même du bénévolat qui est et doit rester une démarche volontaire et désintéressée. Il encourage toutefois que l'inscription du bénévolat dans un projet de VAE soit facilitée et plus largement accessible. Il insiste également sur le fait que la valorisation est aussi une reconnaissance du temps passé sans toutefois nécessairement engager une démarche de VAE.

Le CNVA remarque enfin que le principe de valorisation financière du bénévolat participe à sa reconnaissance et considère qu'il ne remet pas en cause le principe de gratuité de l'engagement bénévole, dès lors qu'il s'attache à la structure associative et non à la personne bénévole. Cette valorisation a en effet pour objectif de rendre visible l'apport *« économique »* du concours bénévole et ainsi de relativiser la part du fonctionnement acquis par le partenariat passé avec les financeurs publics, extérieur aux bénévoles.

Groupe de travail préparatoire

Réfléchissant à la reconnaissance et la valorisation de l'engagement associatif, bénévole et volontaire, le groupe de travail thématique constate la nécessité de créer des indicateurs qualitatifs et quantitatifs de la réalité associative. Inclus dans les «contributions volontaires», le bénévolat n'est en effet pas valorisé au niveau comptable. Pour montrer l'apport des bénévoles, le groupe indique qu'il faut progresser dans l'identification du temps passé par les bénévoles et dans celle de la valeur du bénévole. Cette quantification du bénévolat aurait alors deux avantages : faire de la comptabilité un outil de promotion de l'image sociale du bénévolat et calculer la valeur de remplacement de l'activité bénévole par une activité non bénévole.

Le groupe avance enfin l'idée que la valorisation du temps passé devrait aussi se faire par la promotion de l'image sociale du bénévolat grâce à une campagne d'image autour de la contribution sociétale du fait associatif. Il constate en effet que la valorisation de l'image sociale positive du bénévolat passe aussi par la représentation du monde associatif et que la valorisation du bénévolat passe également par les bénévoles.

La citoyenneté des jeunes, l'apprentissage du vivre ensemble

Contribution du CNVA

La position du CNVA s'appuie sur la proposition de loi relative au Service civique ainsi que sur la valorisation académique et professionnelle du bénévolat.

Le CNVA considère en effet le Service civique comme un «outil de participation citoyenne» devant *« contribuer à recréer un temps de brassage* social, offrant la possibilité aux jeunes de tous les horizons sociaux et territoriaux de se rencontrer et de partager une expérience commune ». Visant à favoriser l'engagement d'une génération, celui-ci ne peut donc qu'être basé sur le volontariat des jeunes. Mais comme il doit pouvoir être proposé à tous les jeunes, l'État se doit de le rendre accessible à tous et se voit ainsi soumis à une obligation de moyens. Plaidant pour un Service civique long (pour le différencier d'autres formes d'engagement existantes telles que le bénévolat), le CNVA s'oppose à ce qu'il puisse être effectué en entreprise. Constituant un « apprentissage par l'action, la dimension collective du projet et le partage de valeurs », il suppose un maintien de l'engagement dans une structure à but non lucratif. Enfin, si le CNVA approuve le fait que l'effort financier de l'État soit particulière-ment concentré sur le Service civique des jeunes, il s'interroge sur le fait de considérer le Service civique comme universel, s'adressant alors à tous les citoyens, quel que soit leur âge.

Le CNVA encourage la valorisation académique du bénévolat des jeunes et préconise la mise en place d'un livret de compétences dans les collèges et lycées afin de permettre aux élèves d'identifier les aptitudes qu'ils ont pu développer à travers leurs expériences extrascolaires. Le CNVA incite également à la valorisation professionnelle du bénévolat en reconnais-sant que la conduite de projets associatifs permet d'acquérir de nombreux savoir-faire transférables dans le monde de l'entreprise et valorisables dans un parcours d'insertion professionnelle. Le CNVA insiste sur le fait que cette valorisation professionnelle doit concerner tous les bénévoles sans distinction d'âge.

Groupe de travail préparatoire

Dispositif s'adressant à toute personne de plus de 16 ans, le Service civique est « l'occasion d'effectuer une mission d'intérêt général au sein d'une per-sonne morale de droit public ou d'un organisme sans but lucratif qui n'exis-terait pas en l'absence de Service civique ». Celui-ci permet aux jeunes de disposer d'une couverture sociale, d'un statut et d'une indemnisation.

Le groupe de travail thématique s'intéresse tout particulièrement à l'arti-culation entre Service civique et engagement volontaire et à l'articulation Service civique et reconnaissance de l'engagement bénévole. Constatant que les bénévoles pourraient bénéficier de l'attestation Service civique, le groupe note le besoin de clarification de cette attestation dans le but de ne pas porter atteinte à la liberté d'association et s'interroge même sur son utilité.

Avis du CNVA

Le CNVA se prononce en faveur d'un Service civique volontaire désignant un temps d'engagement intense effectué sur une période pouvant aller jusqu'à 24 mois.

Il recommande également un examen précis par les associations des critères d'évaluation entrant en compte dans la constitution d'un livret de compétences. Pour le Conseil, il conviendrait ainsi de parler de *« validation pédagogique des compétences acquises par la pratique associative »* plutôt que de *« validation pédagogique de l'engagement associatif ».* Le CNVA encourage enfin les pouvoirs publics à soutenir les associations dans *« une démarche de conception de différents outils permettant d'accompagner leurs bénévoles dans l'identification et la valorisation des compétences développées via leurs activités associatives ».*

Au-delà de cette valorisation personnelle, pédagogique et professionnelle de l'engagement des jeunes, le Conseil propose de travailler sur *« la valorisation sociale de leurs initiatives solidaires en soulignant leur apport dans la construction d'un vivre ensemble harmonieux ».*

Chapitre 2

La deuxième Conférence de la vie associative

La deuxième Conférence de la vie associative a eu lieu le 17 décembre 2009, ouverte par le Haut Commissaire à la Jeunesse et aux Solidarités actives, monsieur Martin Hirsch, la Présidente du CNVA, madame Édith Arnoult-Brill et Jacques Henrard le Président de la CPCA.

Avant de poser les différents enjeux de cette conférence, le Haut Commissaire à la Jeunesse et aux Solidarités actives expose tout d'abord des problématiques identifiées par les associations parmi lesquelles : les incertitudes juridiques liées au monde associatif (financements, Europe, Code des marchés publics...), les relations entre les associations et les pouvoirs publics, les conditions de financement, les questions liées au bénévolat (renouvellement des bénévoles, accès des jeunes au bénévolat et aux responsabilités associatives...) et la place des associations dans la société.

Il définit ensuite les enjeux fondamentaux de cette conférence :
– les relations entre les pouvoirs publics et les associations ;
– l'indépendance des associations et le développement ;
– le renouvellement des associations.

La présidente du CNVA démontre, dans son discours introductif, l'importance de cette deuxième Conférence qui met en lumière les enjeux déterminants pour l'avenir de l'identité du modèle associatif :
– la question de la reconnaissance et de la valorisation de l'engagement, qui doit garantir la spécificité du contrat d'association ;
– l'évolution des outils disponibles en matière de formation et de validation des acquis de l'expérience ;
– les autres formes d'engagement (volontariat et Service civique) comme support à la participation citoyenne ;
– la participation des associations au dialogue civil et la notion d'intérêt général ;
– la mise en place d'un système d'observation du secteur associatif ;
– la réforme du CNVA en une instance fondant son identité autour de la notion d'expertise.

Le Président de la CPCA, quant à lui se félicite de l'organisation de cette Conférence de la vie associative. Il en souligne les enjeux :
– renforcer la démocratie avec les associations ;
– répondre aux besoins de la population avec les associations ;
– soutenir une société de confiance avec l'engagement associatif.

La conférence a été marquée par la lecture d'un message du Président de la République, pour qui cette conférence « *est une étape sur la voie d'un dialogue renforcé entre les acteurs de la vie associative, État, collectivités* locales, bénévoles et associations » et contribue à « *la construction d'un nouveau pacte entre la Nation et ses associations* ». Dans une période de crise sans précédent, il reconnaît la force des valeurs associatives et la grande contribution que les associations portent au lien social. Il indique enfin qu'à la suite des propositions formulées lors de la conférence, des mesures concrètes seront arrêtées. Elles seront inspirées par les « *trois principes qui constituent la clé de voûte de notre politique associative : sécuriser l'environnement dans lequel évoluent les associations, faciliter leur développement et leurs projets, reconnaître à sa juste valeur l'apport des bénévoles à notre société* ».

Dans un discours prononcé par monsieur Martin Hirsch, François Fillon indique que le Gouvernement souhaite progresser avec le secteur associatif sur les principaux enjeux mis en évidence par les travaux préparatoires à la conférence : « *progresser dans la sécurisation juridique et économique des associations, améliorer la valorisation du temps donné et des compétences acquises dans l'exercice de l'engagement associatif, aider les nouvelles associations à prendre leur essor* ».

Après un panorama faisant un état des lieux de la vie associative en France (chiffres clés, outils de connaissance des associations), la conférence a été rythmée par quatre tables rondes ayant pour thématiques : les associations locales, la place des associations dans le dialogue civil, les relations entre l'État, les collectivités locales et les associations et la reconnaissance et la valorisation de l'engagement bénévole et volontaire.

Les points de sortie de la conférence

La deuxième Conférence de la vie associative a ainsi été le lieu de la formulation d'un certain nombre d'engagements intéressant les acteurs de la vie associative. Afin de s'assurer de leur réalisation, un comité de suivi, présidé par le ministre de la Jeunesse et des Solidarités actives, a pour mission d'animer les travaux préparatoires qui s'y réfèrent et d'en assurer la mise en œuvre. La première réunion de ce comité a eu lieu le 29 juin 2010 et a été l'occasion de rappeler l'attachement à l'existence d'un dialogue régulier et construit entre les pouvoirs publics et les acteurs de la vie associative.

L'enrichissement et le renforcement d'un dialogue entre pouvoirs publics et associations

Afin d'enrichir le dialogue entre les pouvoirs publics et les associations, les débats de la Conférence ont conclu à la nécessité de renforcer les instances de représentation et ainsi de permettre aux associations de mieux se faire entendre.

La transformation du CNVA en Haut Conseil à la vie associative[44]

Centré sur l'expertise, le Haut Conseil devra être obligatoirement consulté par le Gouvernement sur les projets de lois et décrets régissant le fonctionnement des associations. Il pourra également être saisi sur d'autres sujets intéressant les associations.

Placé sous l'autorité du Premier ministre, il sera composé d'une cinquantaine de membres dont environ 30 membres et 16 représentants de l'État et des collectivités locales. La définition de la représentativité étant complexe, monsieur Luc Ferry et le Conseil d'analyse de la société (CAS) qu'il préside, ont été chargés d'une mission de réflexion sur la représentativité du monde associatif dans le dialogue civil. Parmi les propositions de ce rapport rendu en septembre 2010, il faut noter la volonté de :
– *créer des conseils régionaux des associations*, consultés par les préfets de régions et les conseils régionaux sur les mesures touchant les associations ;
– *renforcer la Conférence de la vie associative*, en l'imposant comme lieu privilégié de l'expression du monde associatif et en instaurant un comité permanent de suivi composé d'une dizaine de membres élus en son sein ;
– *désigner un interlocuteur gouvernemental unique*, afin de mieux faire connaître le modèle associatif français au niveau européen.

La création d'une fonction spécifique de médiateur des associations auprès du nouveau défenseur des droits issu de la révision constitutionnelle[45]

Cette fonction dédiée aux associations permettra de faciliter les contacts entre pouvoirs publics et associations en cas de difficultés (sur un dossier d'agrément, de subvention...). Le médiateur des associations aura une triple fonction : interpellation des services ou collectivités concernés, médiation entre acteurs publics et propositions de réformes issues des constats effectués.

Un meilleur accès aux médias[46]

La question de l'accès des associations faisant appel à la générosité du public aux médias et en particulier à l'audiovisuel, a fait polémique ces dernières années. Pour éclairer ce débat, le Conseil supérieur de l'audiovisuel (CSA) a été saisi d'une mission de réflexion sur l'accès des associations

---

44) Discours du Premier ministre, François Fillon – 17 décembre 2009 : « *La première priorité, c'est d'enrichir le dialogue entre les pouvoirs publics et les associations en renforçant les instances de représentation. C'est pour cela que le Conseil national de la vie associative (CNVA) présidé par Madame Édith Arnoult-Brill, sera transformé en Haut Conseil à la vie associative.* »
45) Discours du Premier ministre, François Fillon – 17 décembre 2009 : « *Enrichir le dialogue avec les pouvoirs publics, c'est aussi permettre aux associations de mieux se faire entendre lorsque surgit une difficulté particulière [...]. Sur proposition de Martin Hirsch, j'ai décidé qu'une fonction de médiateur des associations serait créée [...].* »
46) Discours du Premier ministre, François Fillon à l'occasion de la deuxième CVA – 17 décembre 2009 : « *J'ai l'intention de confier au Conseil supérieur de l'audiovisuel une mission sur la façon dont les chaînes publiques relaient les appels à la générosité publique des associations et sur le temps d'antenne qu'il convient d'y consacrer.* »

aux médias audiovisuels et sur la régulation en matière d'accès à l'antenne des grandes causes associatives.

L'évaluation de la charte des engagements réciproques

Signée en 2001, la charte des engagements réciproques a constitué un réel progrès dans les relations entre les pouvoirs publics et les associations. Sa mise en œuvre étant restée en retrait des attentes qu'elle avait pu susciter lors de sa signature, celle-ci sera, à la demande des associations, évaluée dès 2011 par le Haut Conseil à la vie associative en vue d'éventuelles évolutions.

Une meilleure connaissance de la richesse et de la diversité du monde associatif

Force économique majeure, le secteur associatif concerne directement 14,5 millions de bénévoles et 6 millions de ménages donateurs. Sa connaissance est par conséquent un enjeu essentiel. Si des données statistiques, des enquêtes qualitatives et quantitatives existent, elles restent insuffisantes. Un dispositif d'informations statistiques plus performant apparaît donc nécessaire.

La publication annuelle d'un tableau de bord des associations[47]

Ce tableau de bord permettra de rassembler et d'actualiser les principales données relatives au monde associatif. Il rendra ainsi le fait associatif plus visible dans la société. Il sera alimenté par les données déjà existantes ainsi que celles issues de deux nouvelles enquêtes lancées en 2010 auprès des ménages pour mieux mesurer l'offre de bénévolat[48] et auprès des associations pour mieux connaître leurs ressources et le monde du bénévolat[49].

Afin d'accroître la connaissance de la vie associative et la valorisation du bénévolat, six commissions présidées par le Centre national d'informations et de statistiques (CNIS) ont été chargées de formuler des propositions pour permettre l'amélioration de la connaissance du fait associatif. Le CNIS est en effet un lieu de rencontre entre producteurs et utilisateurs de statistiques, ce qui permet à l'Insee et à l'ensemble du système statistique public de répondre à la demande sociale.

Le CNVA a d'ailleurs participé aux travaux du groupe de travail « Connaissance des associations », constitué à cette occasion par le CNIS et qui a débuté

---

47) Discours du Premier ministre, François Fillon à l'occasion de la deuxième CVA – 17 décembre 2009 : « Beaucoup de données et de travaux de qualité existent déjà, mais on manque encore d'un dispositif d'observation et de statistiques spécifiques. [...] Un "tableau de bord" des associations sera désormais publié chaque année [...]. »
48) Enquête confiée à la Direction de la recherche, des études, de l'évaluation et des statistiques (DREES) du ministère du Travail.
49) Enquête confiée à une équipe de recherche du CNRS.

ses travaux en avril 2010. Présidé par Édith Archambault[50], membre du CNVA depuis 2000, assistée de deux rapporteurs Jérôme Accardo (INSEE) et Brahim Laouisset (DJEPVA), ce groupe volontairement restreint à 12 personnes s'est réuni sept fois d'avril à fin novembre. Édith Arnoult-Brill, présidente du CNVA a participé assidûment à ses travaux, suppléée par Monique Gresset, membre du bureau du CNVA. Le groupe de travail a procédé à 35 auditions. Un rapport a été rédigé et présenté au Bureau puis à l'Assemblée plénière du CNIS qui a avalisé ses recommandations.

Ce rapport répond directement à la demande du groupe préparatoire à la 2e Conférence de la vie associative qui avait dégagé cinq priorités pour améliorer la connaissance des associations. Ces priorités constituent le fil directeur de ce rapport brièvement résumé ici :

– *Poursuivre l'élaboration du Répertoire national des associations.* C'est l'objet du premier chapitre qui traite des répertoires existants, le RNA, répertoire exhaustif, mais pauvre en information et contenant des associations mortes mais aussi le fichier SIRENE, constamment à jour et riche en informations mais incomplet. Ce chapitre évoque le problème, crucial pour les répertoires, des nomenclatures d'objet social et d'activité principale.

– *Améliorer les données sur l'emploi associatif.* Au cours de la dernière décennie, les sources statistiques sur l'emploi associatif puis sur les salaires versés se sont multipliées dans un foisonnement peu cohérent. Clarifier et affiner ces données, jauger leurs forces et leurs faiblesses, tel est l'objet du chapitre 2 qui vise à aider les utilisateurs à utiliser chaque source statistique de manière pertinente.

– *Créer un dispositif pérenne d'observation du bénévolat.* La mobilisation de bénévoles est une spécificité associative que le système statistique public n'a analysée qu'une seule fois, en 2002. Le chapitre 3 explore l'intérêt des enquêtes auprès des ménages et des associations pour observer régulièrement cette ressource essentielle pour toutes les associations, et vitale pour les associations sans salarié.

– *Compléter la connaissance des ressources des associations.* La connaissance des ressources des associations dans le système statistique public est très lacunaire. Les sources administratives existent mais sont difficiles à mobiliser. Cependant, les travaux des chercheurs ont montré que des enquêtes auprès des associations sont fructueuses. C'est l'objet du chapitre 4 que de suivre ces pistes.

– *Terminer le compte satellite des Institutions sans but lucratif.* Avec le chapitre 5, qui ne répond pas directement à une priorité de la Conférence de la vie associative, on tente un bouclage par les comptes nationaux permettant la comparaison internationale, on peut envisager de construire un compte satellite complet des ISBL, conforme aux recommandations de l'ONU, et socle d'un système pérenne d'observation des associations.

---

50) Professeur émérite à l'Université de Paris I – Panthéon-Sorbonne, vice-présidente du Comité de la charte de déontologie des associations faisant appel à la générosité publique, membre du CNIS.

– Disposer d'un outil adapté à l'évaluation d'indicateurs sectoriels de plus-value sociale des associations. Le chapitre 6 de ce rapport correspond à une demande forte du milieu associatif. Il inventorie les travaux importants des chercheurs et des praticiens sur la prise en compte multidimensionnelle de l'utilité sociale, en fait une synthèse opérationnelle tout en estimant que le Système statistique public ne peut pas être l'instance qui définit l'utilité sociale des associations.

Le groupe de travail conclut qu'un système pérenne d'observation des associations peut être construit. Un tel dispositif rencontre les préoccupations d'amélioration de la mesure du bien-être et du développement durable, et pourrait s'inscrire parmi les travaux de suivi du **rapport Stiglitz**. Mais un dispositif durable d'observation des associations ne se réalisera pas sans «chef d'orchestre», sans unité statistique dédiée.

Dans cette optique le groupe de travail propose **19 recommandations**. Il a choisi de hiérarchiser ses recommandations, en fonction de leur priorité et de leur faisabilité. Elles sont présentées ici de manière succincte, selon leur ordre de priorité.

Deux recommandations à priorité essentielle :
– créer un pôle chargé de la statistique des associations, doté de moyens suffisants, au sein du système statistique public ;
– réaliser périodiquement une enquête entreprise spécifique auprès des associations et des fondations, avec questionnaire adapté à ce type d'organisations, incluant le bénévolat.

Huit recommandations à priorité d'ordre 1 :
– veiller à la comparabilité internationale des données sur les associations ;
– apparier le Répertoire national des associations (RNA) et le fichier SIRENE ;
– réaliser des enquêtes d'amélioration de la qualité du RNA ;
– affiner les nomenclatures d'associations et réduire au maximum les catégories résiduelles ;
– produire des données sur les caractéristiques des salariés des associations et leurs conditions d'emploi ;
– produire tous les cinq ans une enquête approfondie Vie associative sur la participation et le bénévolat ;
– réaliser dans l'intervalle entre deux enquêtes approfondies des données intermédiaires sur l'évolution du bénévolat issues de compléments à une enquête de taille suffisante ;
– réaliser un compte satellite des Institutions sans but lucratif en base 2005.

Sept recommandations à priorité d'ordre 2 :
– donner l'accès du RNA aux chercheurs, dans le respect du secret statistique et des conventions de la CNIL ;
– publier régulièrement un indicateur de qualité de la classification par secteur d'activité des associations ;
– promouvoir la diffusion de mesures claires et cohérentes de l'emploi associatif et privilégier les données en équivalent temps plein ;
– produire un indicateur avancé de l'évolution de l'emploi associatif ;

- obtenir une double classification des ressources des associations, selon leur nature et leur origine ;
- faire du « Jaune » associatif un document lisible et utilisable ;
- obtenir un échantillon représentatif de collectivités territoriales le classement des subventions versées aux associations.

Deux recommandations à priorité d'ordre 3 :
- réconcilier les diverses sources sur les dons des ménages aux associations ;
- mieux connaître le montant et la destination du mécénat d'entreprise.

Une valorisation comptable mieux adaptée pour les associations[51]

Outil de transparence et de promotion des associations, la valorisation comptable permet de restituer l'apport quantitatif et qualitatif des bénévoles, de mieux informer les donateurs et les acteurs associatifs et d'estimer la contribution des bénévoles à la création de richesses. Il apparaît indispensable que les associations coconstruisent les outils adaptés à cette valorisation et aux spécificités du monde associatif avec les experts. Pour ce faire, un groupe de travail technique a été mis en place. Il associe l'Autorité des normes comptables, la Cour des comptes, la Compagnie des commissaires aux comptes, l'Ordre des experts comptables, la DGFIP, le CNVA, le Comité de la charte, le Secours catholique et la Croix-Rouge. Ses travaux ont été présentés à un large panel d'associations en juin 2010 et la mise en ligne d'un guide pratique est prévue pour fin 2010.

L'organisation du Répertoire national des associations (RNA) à des fins de recherches

Le Répertoire national des associations offre un potentiel d'exploitation et d'études très important. Grâce à lui, la constitution d'échantillons d'associations représentatifs indispensables aux travaux de recherches sera facilitée. Un comité d'usagers sera mis en place pour assurer le suivi de la mise en œuvre du RNA et de son évolution.

La rénovation et la simplification des outils de contractualisation entre associations et pouvoirs publics

Les groupes préparatoires aux travaux de la Conférence ont largement porté sur la nécessité de clarifier le cadre juridique de recours des pouvoirs publics aux associations. Pour cela, il est apparu comme nécessaire la constitution d'outils les plus partagés possibles. C'est pourquoi les associations ont affirmé leur besoin d'instituer une doctrine claire entre l'État, les collectivités locales et elles-mêmes sur le recours aux subventions,

---

51) Discours du Premier ministre, François Fillon à l'occasion de la deuxième CVA – 17 décembre 2009 : *« Il faut aussi progresser en matière de valorisation comptable, notamment pour mieux rendre compte de l'apport quantitatif et qualitatif des bénévoles, et pour améliorer l'information des donateurs. »*

aux procédures de commande publique (dérogation de service public et marché public), appels d'offres et appels à projet.

La création d'un modèle unique de convention de financement (annuelle ou pluriannuelle) et d'un dossier unique de demande de subvention compatibles avec les exigences communautaires[52]

Diffusé par une circulaire du Premier ministre à tous les ministères, ce modèle est aujourd'hui la base des conventions de subventions avec les associations.

La création d'un nouvel outil de demandes de subventions en ligne[53]

Développé par la Direction générale de la modernisation de l'État (DGME), cet outil passant par la plateforme « mon.service-public.fr » a été expérimenté au cours du second semestre 2010.

Simplification des deux agréments[54]

Prévue pour être mise en œuvre en 2010, cette simplification s'appuie sur la création d'un socle de critères communs à tous les ministères. Ce socle est examiné et accordé à la structure par le premier ministère sollicité. Cette simplification des agréments a pour avantage d'éviter aux associations de fournir la même information à chaque demande et à chaque renouvellement d'agrément. En effet, le socle d'agréments est conservé dans le Répertoire national des associations et transféré automatiquement aux ministères concernés à chaque nouvelle demande. La circulaire du Premier ministre en date du 18 janvier 2010 a introduit une disposition de simplification administrative des procédures d'attributions d'agrément au profit des associations régulièrement déclarées.

La mise en place d'une procédure dématérialisée de demande d'agrément[55]

Cette procédure permettra aux demandes d'agréments de se faire en ligne, à partir de données automatiquement récupérées dans le Répertoire

---

52) Discours du Premier ministre, François Fillon à l'occasion de la deuxième CVA – 17 décembre 2009 : « Il faut libérer le monde associatif des carcans inutiles qui entravent son dynamisme et sa créativité. Nous franchissons aujourd'hui un pas important avec le modèle unique de convention de financement qui est assorti d'un modèle de demandes de subventions. »

53) Discours du Premier ministre, François Fillon à l'occasion de la deuxième CVA – 17 décembre 2009 : « Dans le cadre de la simplification des démarches administratives, le Gouvernement a conçu un nouvel outil de demandes de subventions en ligne. »

54) Discours du Premier ministre, François Fillon à l'occasion de la deuxième CVA – 17 décembre 2009 : « En 2010, nous allons aussi mettre en œuvre la simplification des agréments ministériels qui, je le sais, est très attendue par les associations. »

55) Discours du Premier ministre, François Fillon à l'occasion de la deuxième CVA – 17 décembre 2009 : « Cette simplification permettra la mise en place, dans un second temps, d'une procédure dématérialisée de demande d'agrément, avec une procédure en ligne, à partir de données automatiquement récupérées dans le Répertoire national des associations, qui éviteront les doubles saisies. »

national des associations (RNA). Une expérimentation est menée avec le CNDS (Centre national pour le développement du sport) afin de tester la dématérialisation des procédures (subvention et agrément). Elle a vocation à être généralisée dès janvier 2011.

Des actions concrètes pour reconnaître la valeur des bénévoles et favoriser l'engagement

Les travaux préparatoires à la Conférence ont mis en lumière le besoin important en matière de formation des bénévoles. Véritable outil de gestion de compétences, la formation est en effet indispensable pour motiver et fidéliser les bénévoles et pour améliorer la gestion des ressources humaines par les dirigeants bénévoles.

La transformation du Centre de développement de la vie associative (CDVA)[56]

Face à la montée en puissance de la formation des bénévoles, l'État et les associations doivent se doter des outils adéquats. C'est pourquoi le CDVA sera transformé pour lui donner les moyens d'exercer l'intégralité de ses missions aux niveaux national et local en tant que *« comité national du développement associatif »* à vocation de *« centre de ressources dédié à la vie associative »*. Un projet de décret a été établi en septembre 2007 en vue de modifier les compétences du CDVA et pour en élargir ses missions. Celui-ci prévoit également une modification de son nom (Fonds pour le développement de la vie associative) ainsi que des propositions pour diversifier et pérenniser ses financements. Le CNVA a rendu un avis concernant ce projet de décret en décembre 2010[57].

Une augmentation des moyens d'intervention du CDVA[58]

Les moyens d'intervention du CDVA pour financer la formation des bénévoles sont augmentés de 30 % dès 2010, passant de 8,9 millions d'euros en 2009 à 11,7 millions d'euros. Ces moyens s'ajoutent à la mobilisation des financements locaux et à la possibilité, depuis la publication de la loi sur la formation professionnelle, de mobiliser les fonds OPCA pour financer la formation des bénévoles associatifs, dirigeants ou non. Cette augmentation devrait être poursuivie dans les prochaines années.

56) Discours du Premier ministre, François Fillon à l'occasion de la deuxième CVA – 17 décembre 2009 : *« Le monde associatif a besoin de bénévoles formés, de parcours de vie reconnus, de compétences valorisées. Pour améliorer leur formation, il faut que le Centre de développement de la vie associative (CDVA) voie ses missions reconnues et clairement énoncées. »*
57) Conseil national de la vie associative, Avis du CNVA, 2 décembre 2010.
58) Discours du Premier ministre, François Fillon à l'occasion de la deuxième CVA – 17 décembre 2009 : *« Pour améliorer leur formation, il faut que le Centre de développement de la vie associative (CDVA) voie ses missions reconnues et clairement énoncées. Je veillerai à ce que ses moyens d'intervention soient à la hauteur des enjeux. »*

L'établissement d'un référentiel de compétences comme base commune à la reconnaissance de l'engagement associatif[59]

Les travaux préparatoires à la Conférence ont permis de lister les divers outils existants pour tracer le parcours du bénévole au sein d'une association (passeport bénévole, portfolio, livret de vie...). Afin d'établir une base commune à la reconnaissance de l'engagement associatif, un référentiel de compétences sera établi par un groupe de travail interassociatif mis en place par monsieur Martin Hirsch avec le Centre d'études et de recherches sur les qualifications (CEREQ).

La signature d'une charte pour faciliter l'engagement associatif des étudiants[60]

Les travaux préparatoires à la Conférence ont également mis en lumière la question de la valorisation de l'engagement pendant les études. Une charte pour faciliter l'engagement associatif des étudiants est signée entre la conférence des présidents d'université, les institutions représentatives des étudiants et l'État prévoyant, notamment de développer les certificats de compétences.

La mutualisation, au sein des entreprises qui le souhaitent, des journées de RTT au profit de salariés désireux de consacrer du temps à des activités désintéressées

Organisé par un décret du 18 septembre 2008, ce dispositif de mutualisation permet à un salarié, sur sa demande et en accord avec son employeur, de renoncer à certaines journées ou demi-journées de repos afin de financer le maintien de la rémunération d'un ou plusieurs autres salariés de l'entreprise au titre d'un congé pris en vue de la réalisation d'une action pour le compte d'une œuvre ou d'un organisme d'intérêt général. Ce dispositif est applicable jusqu'au 31 décembre 2010.

La reconnaissance de la pleine capacité des mineurs à diriger une association[61]

Les associations de jeunes représentant l'avenir du monde associatif, la pleine capacité juridique des mineurs à diriger une association sera reconnue à travers un décret précisant l'application de la loi de 1901.

---

59) Discours du Premier ministre, François Fillon à l'occasion de la deuxième CVA – 17 décembre 2009 : «S'agissant de l'acquisition par les bénévoles de compétences non formelles, elle doit être reconnue et promue. Le Président de la République y tient tout particulièrement. Il est maintenant urgent de se doter d'un référentiel de compétences transposables. »
60) Discours du Premier ministre, François Fillon à l'occasion de la deuxième CVA – 17 décembre 2009 : «S'agissant de la valorisation de l'engagement bénévole notamment pendant les études, une charte pour faciliter l'engagement des étudiants sera signée [...] entre la conférence des présidents d'université, les institutions représentatives des étudiants et l'État. »
61) Discours du Premier ministre, François Fillon à l'occasion de la deuxième CVA – 17 décembre 2009 : «Enfin, il faut que les associations de jeunes, qui représentent la relève du monde associatif, soient encouragées. Je souhaite donc que la pleine capacité des mineurs à diriger une association soit reconnue [...]. »

L'assouplissement des conditions dans lesquelles les associations de jeunesse peuvent rémunérer leurs dirigeants[62]

Les conditions dans lesquelles les associations de jeunesse peuvent rémunérer leurs dirigeants seront assouplies. En effet, elles devront intégrer les aides publiques à l'intérieur du seuil de 200 000 € de ressources au-delà duquel une association est fiscalement habilitée à rémunérer ses dirigeants. Cet assouplissement des conditions de rémunération des jeunes dirigeants associatifs fait l'objet de travaux préparatoires en lien avec le ministère de l'Économie, des Finances et de l'Industrie.

62) Discours du Premier ministre, François Fillon à l'occasion de la deuxième CVA – 17 décembre 2009 : « [...] *les conditions par lesquelles les associations de jeunesse peuvent rémunérer leurs dirigeants seront assouplies.* »

Troisième partie

Évolution du secteur associatif au cours des cinq dernières années

Chapitre 1

Le développement du secteur associatif

Remarques méthodologiques générales

• Les créations d'associations (à l'exclusion des départements du Haut-Rhin, du Bas-Rhin et de la Moselle) ont été comptabilisées de janvier à décembre à partir des déclarations d'associations au *Journal officiel* (ne sont donc pas comptées les associations de fait). En outre, les rectifications de déclarations, suite à des erreurs dans la première parution, n'ont pas été prises en compte.

• Par souci de simplification, les données relatives aux départements de Haute-Corse et de Corse du Sud ont été regroupées dans une même catégorie dénommée Corse.

• Les créations d'associations dans les départements du Haut-Rhin, Bas-Rhin et de la Moselle ont été comptabilisées à partir des déclarations auprès des tribunaux d'instances. Elles ne sont pas prises en compte pour les comparaisons sur la longue durée et pour les dynamiques sectorielles.

• Les créations d'associations dans les départements d'outre-mer (Guadeloupe, Martinique, Guyane, Réunion) et dans les collectivités territoriales de Saint-Pierre-et-Miquelon et de Mayotte sont comptabilisées depuis 1998. Elles ne sont donc pas utilisées pour les comparaisons sur la longue durée.

• Ne sont donc pas prises en compte les associations créées en Nouvelle-Calédonie, Polynésie française, Walis-et-Futuna – ces territoires français faisant l'objet d'une réglementation spécifique en ce qui concerne les déclarations d'associations – ainsi que les Terres australes et antarctiques françaises (qui hormis les expéditions scientifiques n'ont pas de populations résidentes à proprement parler).

• Toutes les données antérieures à 2001 sont tirées des éditions précédentes du *Bilan de la vie associative* du Conseil national de la vie associative (édition La Documentation française).

Cette première partie se centre sur la présentation et l'analyse des créations d'associations de 2006 à 2009 à partir de la source du *Journal officiel* et celle des tribunaux d'instance pour l'Alsace et la Moselle. Elle nous permettra d'analyser l'implantation des créations sur différents territoires : départements, régions France métropolitaine, territoires d'outre-mer mais aussi d'analyser la dynamique de création sur une période plus longue de 1975 à 2009.

Le premier chapitre présentera les créations d'associations par département ainsi que le taux de création pour 1 000 habitants. Il sera illustré par des tableaux récapitulatifs et des cartes géographiques. Un deuxième chapitre se centrera sur les créations d'associations par région pour comprendre les dynamiques territoriales. Une analyse sur les vingt dernières années permettra de conclure notre travail sur les évolutions à l'œuvre.

L'initiative associative entre 2006 et 2009

Le premier chapitre après une présentation de l'évolution globale des créations d'association est divisé en deux sections qui présentent et analysent, pour l'une, les créations d'associations dans les départements et pour la seconde, les créations dans chacune des régions.

Les créations d'associations relevant de la loi du 1er juillet 1901 enregistrées au *Journal officiel* entre 2006 à 2009

Les associations, sont des groupements de personnes physiques ou morales qui relèvent pour la France métropolitaine ainsi que pour les territoires d'outre-mer de la loi du 1er juillet 1901 et son décret d'application du 16 août 1901.

En moyenne, **63 470** associations ont été créées en France métropolitaine entre 2006 et 2009 (hors Outre-Mer et Alsace-Moselle) avec un minimum de 57 546 en 2006 et un maximum de 66 939 en 2008. Il faut ajouter à ces chiffres, les associations créées dans l'Outre-Mer et dans les collectivités territoriales de Mayotte et Saint-Pierre-et-Miquelon (1 857 par an en moyenne).

Les associations relevant de la Loi du 1er juillet 1901 créées entre 2006 et 2009

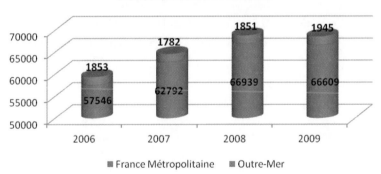

Les créations d'associations relevant du droit local enregistrées dans les tribunaux d'instance entre 2006 et 2009

Cependant la loi 1901 ne s'applique pas aux associations ayant leur siège dans les trois départements : Bas-Rhin, Haut-Rhin et Moselle. Elles sont, quant à elles, régies par le droit local.

Pour ces départements une inscription au registre des associations, tenu par les tribunaux d'instance, conditionne l'obtention de la capacité juridique.

Les chiffres fournis par les tribunaux d'instance de ces départements nous montrent une progression constante entre les années 2006 (1 853 créations) et 2009 (1 945 créations).

La fermeture de certains tribunaux d'instances risque de perturber, dans un premier temps, la collecte des données de créations d'associations pour ces trois départements.

Évolution des créations d'associations de droit local

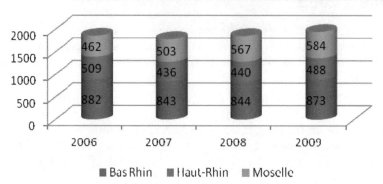

■ Bas Rhin ■ Haut-Rhin ■ Moselle

Les créations globales montrent l'importance que revêt l'initiative associative dans la société. De 2006 à 2009, le nombre de créations enregistrées est de l'ordre de 271 086, soit une moyenne de l'ordre de 67 778 créations par année.

Les créations d'associations poursuivent leur progression amorcée dans les années 1970

Les déclarations au *Journal officiel*, ainsi que les chiffres des tribunaux d'instance montrent que les créations d'associations poursuivent leur progression amorcée dans les années 1970.

Pour la France métropolitaine (hors Outre-Mer et Alsace-Moselle), on observe une très forte progression du nombre de créations depuis les années 1970 jusqu'à la fin des années 1990. Cette progression, qui était à peu près constante, s'est depuis très nettement ralentie : en effet, alors que la natalité associative a progressé de 180 % entre 1975 et 1996, la comparaison des créations de ces 4 dernières années (2006 à 2009) avec les 5 années précédentes (2000 à 2005, qui comptaient 63 000 créations par an en moyenne) fait apparaître une progression de seulement 19,5 % sur 10 ans.

La vitalité associative française reste forte, même si de nombreuses associations ainsi créées avec une durée de vie relativement courte peuvent voir le jour uniquement pour faire face à des contraintes strictement matérielles (organisation de festivals, préparation de campagne électorale par exemple).

Évolution des créations d'activités associatives
France métropolitaine, Alsace-Moselle et Dom-Tom

France métropolitaine

Année	Valeur
1975	23318
1976	23611
1977	32703
1978	32095
1979	30174
1980	29602
1981	33056
1982	39611
1983	45938
1984	46112
1985	47908
1986	49825
1987	53293
1988	51715
1989	58245
1990	58315
1991	56541
1992	61386
1993	60479
1994	62162
1995	62993
1996	65892
1997	60914
1998	59565
1999	56006
2000	58058
2001	65619
2002	55481
2003	67645
2004	62901
2005	64373
2006	57546
2007	62792
2008	66939
2009	66609

Départements d'Outre Mer

Année	Valeur
1998	2161
1999	2184
2000	2324
2001	2492
2002	2062
2003	2493
2004	2215
2005	2440
2006	2201
2007	2433
2008	2625
2009	2510

Alsace et Moselle

Année	Valeur
1995	1925
1996	1886
1997	1983
1998	1736
1999	1729
2000	1726
2001	1887
2002	1808
2003	1777
2004	1776
2005	1844
2006	1853
2007	1782
2008	1851
2009	1945

Plus d'une association créée par chaque année pour 1000 habitants depuis vingt ans

L'observation du taux de création par année en France métropolitaine (hors Alsace-Moselle) pour 1000 habitants nous montre qu'une association est créée chaque année pour 1000 habitants à l'exception des années 2002 et 2006. Ces deux années connaissent un taux de création de 0,98 associations pour 1000 habitants.

Si le nombre d'associations progresse toujours légèrement, leur taux de création rapporté à la population française est en croissance depuis vingt ans. En effet la moyenne des créations entre 1991 et 2009 présente un taux moyen de 1,10 associations pour 1000 habitants.

Taux de création d'association pour 1000 habitants calculé sur des périodes de 5 ans

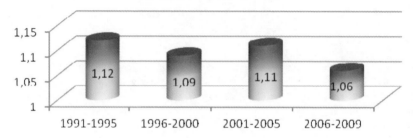

Les dynamiques départementales de créations d'associations entre 2006 et 2009

Répartition des créations d'associations par département de 2006 à 2009

Une hiérarchie géographique relativement stable

Le tableau suivant nous permet de connaître, pour tous les départements, classés par ordre alphabétique, et pour chaque année de 2006 à 2009, le nombre de créations d'associations ainsi que la part des créations annuelles réalisées par rapport au total des créations.

Nous avons isolé dans des sous-totaux les créations réalisées dans les départements et collectivités d'Outre-Mer ainsi que les créations relevant du droit local (Moselle, Bas-Rhin et Haut-Rhin).

Créations d'associations par département en France métropolitaine, département et collectivités d'Outre-Mer ainsi que Moselle et Alsace, de 2006 à 2009

Départements	Total 2006	Répartition des créations	Total 2007	Répartition des créations	Total 2008	Répartition des créations	Total 2009	Répartition des créations
Ain	548	0,95	559	0,89	584	0,87	613	0,92
Aisne	355	0,62	349	0,56	477	0,71	377	0,57
Allier	294	0,51	288	0,46	332	0,50	389	0,58
Alpes de Haute-Provence	235	0,41	262	0,42	293	0,44	258	0,39
Hautes-Alpes	225	0,39	265	0,42	287	0,43	254	0,38
Alpes-Maritimes	1 354	2,35	1 372	2,18	1 419	2,12	1 472	2,21
Ardèche	286	0,50	374	0,60	405	0,61	437	0,66
Ardennes	153	0,27	235	0,37	227	0,34	255	0,38
Ariège	210	0,36	244	0,39	271	0,40	253	0,38
Aube	204	0,35	248	0,39	242	0,36	260	0,39
Aude	435	0,76	483	0,77	519	0,78	523	0,79
Aveyron	268	0,47	325	0,52	368	0,55	365	0,55
Bouches-du-Rhône	2 703	4,70	2 727	4,34	3 012	4,50	2 932	4,40
Calvados	455	0,79	607	0,97	654	0,98	624	0,94
Cantal	132	0,23	142	0,23	147	0,22	167	0,25
Charente	234	0,41	303	0,48	375	0,56	340	0,51
Charente-Maritime	553	0,96	669	1,07	651	0,97	694	1,04
Cher	254	0,44	309	0,49	314	0,47	288	0,43
Corrèze	177	0,31	223	0,36	271	0,40	259	0,39
Corse	461	0,80	526	0,84	583	0,87	534	0,80
Côte-d'Or	463	0,80	600	0,96	543	0,81	587	0,88
Côtes-d'Armor	542	0,94	490	0,78	598	0,89	548	0,82
Creuse	107	0,19	125	0,20	146	0,22	138	0,21
Dordogne	416	0,72	451	0,72	541	0,81	468	0,70
Doubs	405	0,70	464	0,74	535	0,80	497	0,75
Drôme	559	0,97	535	0,85	626	0,94	594	0,89
Eure	335	0,58	404	0,64	444	0,66	473	0,71
Eure-et-Loir	320	0,56	338	0,54	380	0,57	314	0,47
Finistère	761	1,32	881	1,40	865	1,29	812	1,22
Gard	974	1,69	1 062	1,69	1 177	1,76	1 072	1,61
Haute-Garonne	1 714	2,98	1 648	2,62	1 745	2,61	1 648	2,47
Gers	170	0,30	207	0,33	245	0,37	262	0,39
Gironde	1 472	2,56	1 765	2,81	1 839	2,75	1 784	2,68
Hérault	1 569	2,73	2 078	3,31	1 907	2,85	1 816	2,73
Ille-et-Vilaine	952	1,65	1 076	1,71	986	1,47	1 093	1,64
Indre	173	0,30	166	0,26	216	0,32	222	0,33
Indre-et-Loire	556	0,97	526	0,84	616	0,92	622	0,93
Isère	1 262	2,19	1 376	2,19	1 415	2,11	1 306	1,96
Jura	217	0,38	192	0,31	248	0,37	274	0,41
Landes	349	0,61	411	0,65	467	0,70	427	0,64
Loir-et-Cher	241	0,42	290	0,46	284	0,42	275	0,41
Loire	636	1,11	700	1,11	788	1,18	755	1,13
Haute-Loire	240	0,42	276	0,44	316	0,47	275	0,41
Loire-Atlantique	1 305	2,27	1 322	2,11	1 387	2,07	1 549	2,33
Loiret	356	0,62	464	0,74	581	0,87	595	0,89

Départements	Total 2006	Répartition des créations	Total 2007	Répartition des créations	Total 2008	Répartition des créations	Total 2009	Répartition des créations
Lot	230	0,40	200	0,32	260	0,39	273	0,41
Lot-et-Garonne	247	0,43	335	0,53	376	0,56	379	0,57
Lozère	124	0,22	121	0,19	134	0,20	138	0,21
Maine-et-Loire	724	1,26	637	1,01	764	1,14	773	1,16
Manche	333	0,58	417	0,66	440	0,66	418	0,63
Marne	415	0,72	481	0,77	467	0,70	472	0,71
Haute-Marne	124	0,22	125	0,20	182	0,27	161	0,24
Mayenne	239	0,42	257	0,41	311	0,46	279	0,42
Meurthe-et-Moselle	582	1,01	607	0,97	668	1,00	688	1,03
Meuse	165	0,29	117	0,19	124	0,19	162	0,24
Morbihan	690	1,20	756	1,20	644	0,96	766	1,15
Nièvre	191	0,33	180	0,29	226	0,34	221	0,33
Nord	2 257	3,92	2 452	3,90	2 559	3,82	2 429	3,65
Oise	400	0,70	572	0,91	697	1,04	697	1,05
Orne	188	0,33	206	0,33	236	0,35	260	0,39
Pas-de-Calais	847	1,47	968	1,54	1 143	1,71	1 070	1,61
Puy-de-Dôme	612	1,06	708	1,13	686	1,02	719	1,08
Pyrénées-Atlantiques	671	1,17	796	1,27	845	1,26	788	1,18
Hautes-Pyrénées	280	0,49	291	0,46	284	0,42	297	0,45
Pyrénées-Orientales	598	1,04	688	1,10	745	1,11	642	0,96
Rhône	2 010	3,49	2 187	3,48	2 085	3,11	2 192	3,29
Haute-Saône	143	0,25	182	0,29	205	0,31	228	0,34
Saône-et-Loire	500	0,87	442	0,70	590	0,88	603	0,91
Sarthe	327	0,57	399	0,64	449	0,67	480	0,72
Savoie	443	0,77	458	0,73	516	0,77	488	0,73
Haute-Savoie	644	1,12	716	1,14	763	1,14	766	1,15
Paris	4 794	8,33	4 881	7,77	4 643	6,94	5 017	7,53
Seine-Maritime	616	1,07	780	1,24	1 070	1,60	1 160	1,74
Seine-et-Marne	922	1,60	1 006	1,60	1 160	1,73	1 112	1,67
Yvelines	1 130	1,96	1 134	1,81	1 226	1,83	1 236	1,86
Deux-Sèvres	252	0,44	316	0,50	382	0,57	333	0,50
Somme	390	0,68	482	0,77	559	0,84	527	0,79
Tarn	354	0,62	433	0,69	467	0,70	471	0,71
Tarn-et-Garonne	269	0,47	286	0,46	288	0,43	300	0,45
Var	1 198	2,08	1 197	1,91	1 274	1,90	1 283	1,93
Vaucluse	611	1,06	717	1,14	778	1,16	795	1,19
Vendée	492	0,85	565	0,90	588	0,88	634	0,95
Vienne	369	0,64	433	0,69	488	0,73	471	0,71
Haute-Vienne	301	0,52	331	0,53	369	0,55	400	0,60
Vosges	275	0,48	308	0,49	386	0,58	345	0,52
Yonne	284	0,49	287	0,46	355	0,53	360	0,54
Territoire de Belfort	107	0,19	147	0,23	136	0,20	116	0,17
Essonne	984	1,71	1 072	1,71	1 035	1,55	969	1,45
Hauts-de-Seine	1 429	2,48	1 404	2,24	1 439	2,15	1 526	2,29
Seine-St.-Denis	1 167	2,03	1 353	2,15	1 396	2,09	1 339	2,01
Val-de-Marne	1 196	2,08	1 190	1,90	1 196	1,79	1 186	1,78
Val-d'Oise	792	1,38	815	1,30	979	1,46	940	1,41
Sous-total Métropole	*57 546*	*100,00 %*	*62 792*	*100,00 %*	*66 939*	*100,00 %*	*66 609*	*100,00 %*

Départements	Total 2006	Répartition des créations	Total 2007	Répartition des créations	Total 2008	Répartition des créations	Total 2009	Répartition des créations
Guadeloupe	545	24,76	623	25,61	649	24,72	684	27,25
Martinique	404	18,36	394	16,19	483	18,40	425	16,93
Guyane	230	10,45	283	11,63	263	10,02	261	10,40
Réunion	825	37,48	819	33,66	941	35,85	893	35,58
Saint-Pierre-et-Miquelon	13	0,59	13	0,53	16	0,61	9	0,36
Mayotte	184	8,36	301	12,37	273	10,40	238	9,48
Sous-total Outre-Mer	*2201*	*100,00 %*	*2433*	*100,00 %*	*2625*	*100,00 %*	*2510*	*100,00 %*
Total Loi 1901	**59747**		**65225**		**69564**		**69119**	
Haut-Rhin	509	27,47	436	24,47	440	23,77	488	25,09
Bas-Rhin	882	47,60	843	47,31	844	45,60	873	44,88
Moselle	462	24,93	503	28,23	567	30,63	584	30,03
Sous-total droit local	*1853*	*100,00 %*	*1782*	*100,00 %*	*1851*	*100,00 %*	*1945*	*100,00 %*
Total	**61600**		**67007**		**71415**		**71064**	

L'observation du nombre et de la répartition des créations d'associations dans les départements métropolitains, permet de constater la grande disparité des créations selon les départements, allant en 2006 de 107 associations créées dans le Territoire de Belfort, à 5017 sur Paris en 2009.

Dans l'année 2006, 625 associations en moyenne ont été créées par département, 682 dans l'année 2007, 727 dans l'année 2008 et enfin 724 dans l'année 2009.

Si l'on tient compte uniquement de la France métropolitaine cette moyenne est de 700 associations par département : à titre de comparaison, elle était de 631 en 2000, de 685 en 1995, de 615 en 1991.

Les 5 départements où se créent le plus d'associations (Paris, Bouches-du-Rhône, Nord, Rhône et Hérault) regroupent plus de 20 % des associations créées chaque année.

En revanche, les 50 départements où se créent le moins d'associations regroupent à peine plus de 20 % des créations.

Les associations de la France métropolitaine (hors Alsace et Moselle)

Les quatre tableaux ci-dessous présentent les départements par ordre décroissant de créations d'associations. Quatre cartes récapituleront les informations dans les pages suivantes.

En 2006, **57546** créations sont enregistrées au *Journal officiel* pour les départements de France métropolitaine. Les départements de Paris, des Bouches-du-Rhône, du Nord et du Rhône représentent plus de 20 % des créations de l'année, alors que le cumul des créations de 38 départements de l'Eure au Territoire de Belfort pour représenter 20 % (couleur claire).

Tableau des créations d'associations par département pour l'année 2006

Départements	Total 2006	Répartition des créations	Départements	Total 2006	Répartition des créations
Paris	4 794	8,33	Oise	400	0,70
Bouches-du-Rhône	2 703	4,70	Somme	390	0,68
Nord	2 257	3,92	Vienne	369	0,64
Rhône	2 010	3,49	Loiret	356	0,62
Haute-Garonne	1 714	2,98	Aisne	355	0,62
Hérault	1 569	2,73	Tarn	354	0,62
Gironde	1 472	2,56	Landes	349	0,61
Hauts-de-Seine	1 429	2,48	Eure	335	0,58
Alpes-Maritimes	1 354	2,35	Manche	333	0,58
Loire-Atlantique	1 305	2,27	Sarthe	327	0,57
Isère	1 262	2,19	Eure-et-Loir	320	0,56
Var	1 198	2,08	Haute-Vienne	301	0,52
Val-de-Marne	1 196	2,08	Allier	294	0,51
Seine-St.-Denis	1 167	2,03	Ardèche	286	0,50
Yvelines	1 130	1,96	Yonne	284	0,49
Essonne	984	1,71	Hautes-Pyrénées	280	0,49
Gard	974	1,69	Vosges	275	0,48
Ille-et-Vilaine	952	1,65	Tarn-et-Garonne	269	0,47
Seine-et-Marne	922	1,60	Aveyron	268	0,47
Pas-de-Calais	847	1,47	Cher	254	0,44
Val-d'Oise	792	1,38	Deux-Sèvres	252	0,44
Finistère	761	1,32	Lot-et-Garonne	247	0,43
Maine-et-Loire	724	1,26	Loir-et-Cher	241	0,42
Morbihan	690	1,20	Haute-Loire	240	0,42
Pyrénées-Atlantiques	671	1,17	Mayenne	239	0,42
Haute-Savoie	644	1,12	Alpes de Haute-Provence	235	0,41
Loire	636	1,11	Charente	234	0,41
Seine-Maritime	616	1,07	Lot	230	0,40
Puy-de-Dôme	612	1,06	Hautes-Alpes	225	0,39
Vaucluse	611	1,06	Jura	217	0,38
Pyrénées-Orientales	598	1,04	Ariège	210	0,36
Meurthe-et-Moselle	582	1,01	Aube	204	0,35
Drôme	559	0,97	Nièvre	191	0,33
Indre-et-Loire	556	0,97	Orne	188	0,33
Charente-Maritime	553	0,96	Corrèze	177	0,31
Ain	548	0,95	Indre	173	0,30
Côtes-d'Armor	542	0,94	Gers	170	0,30
Saône-et-Loire	500	0,87	Meuse	165	0,29
Vendée	492	0,85	Ardennes	153	0,27
Côte-d'Or	463	0,80	Haute-Saône	143	0,25
Corse	461	0,80	Cantal	132	0,23
Calvados	455	0,79	Lozère	124	0,22
Savoie	443	0,77	Haute-Marne	124	0,22
Aude	435	0,76	Creuse	107	0,19
Dordogne	416	0,72	Territoire de Belfort	107	0,19
Marne	415	0,72			
Doubs	405	0,70	**Total 2006**	**57 546**	

• **En 2007** ce sont **62 792 créations** d'associations dans les départements de France métropolitaine.

Entre 2006 et 2007 les créations ont progressé de 9,1 %.

Le département de Haute-Garonne passe de la cinquième place à la septième avec 1 648 créations, il est devancé par Hérault et la Gironde. Les sept premiers départements totalisent 24,9 % des associations créées.

Tableau des créations d'associations par département pour l'année 2007

Départements	Total 2007	Répartition des créations	Départements	Total 2007	Répartition des créations
Paris	4 881	7,77	Savoie	458	0,73
Bouches-du-Rhône	2 727	4,34	Dordogne	451	0,72
Nord	2 452	3,90	Saône-et-Loire	442	0,70
Rhône	2 187	3,48	Tarn	433	0,69
Hérault	2 078	3,31	Vienne	433	0,69
Gironde	1 765	2,81	Manche	417	0,66
Haute-Garonne	1 648	2,62	Landes	411	0,65
Hauts-de-Seine	1 404	2,24	Eure	404	0,64
Isère	1 376	2,19	Sarthe	399	0,64
Alpes-Maritimes	1 372	2,18	Ardèche	374	0,60
Seine-St.-Denis	1 353	2,15	Aisne	349	0,56
Loire-Atlantique	1 322	2,11	Eure-et-Loir	338	0,54
Var	1 197	1,91	Lot-et-Garonne	335	0,53
Val-de-Marne	1 190	1,90	Haute-Vienne	331	0,53
Yvelines	1 134	1,81	Aveyron	325	0,52
Ille-et-Vilaine	1 076	1,71	Deux-Sèvres	316	0,50
Essonne	1 072	1,71	Cher	309	0,49
Gard	1 062	1,69	Vosges	308	0,49
Seine-et-Marne	1 006	1,60	Charente	303	0,48
Pas-de-Calais	968	1,54	Hautes-Pyrénées	291	0,46
Finistère	881	1,40	Loir-et-Cher	290	0,46
Val-d'Oise	815	1,30	Allier	288	0,46
Pyrénées-Atlantiques	796	1,27	Yonne	287	0,46
Seine-Maritime	780	1,24	Tarn-et-Garonne	286	0,46
Morbihan	756	1,20	Haute-Loire	276	0,44
Vaucluse	717	1,14	Hautes-Alpes	265	0,42
Haute-Savoie	716	1,14	Alpes de Haute-Provence	262	0,42
Puy-de-Dôme	708	1,13	Mayenne	257	0,41
Loire	700	1,11	Aube	248	0,39
Pyrénées-Orientales	688	1,10	Ariège	244	0,39
Charente-Maritime	669	1,07	Ardennes	235	0,37
Maine-et-Loire	637	1,01	Corrèze	223	0,36
Calvados	607	0,97	Gers	207	0,33
Meurthe-et-Moselle	607	0,97	Orne	206	0,33
Côte-d'Or	600	0,96	Lot	200	0,32
Oise	572	0,91	Jura	192	0,31
Vendée	565	0,90	Haute-Saône	182	0,29
Ain	559	0,89	Nièvre	180	0,29
Drôme	535	0,85	Indre	166	0,26
Corse	526	0,84	Territoire de Belfort	147	0,23
Indre-et-Loire	526	0,84	Cantal	142	0,23
Côtes-d'Armor	490	0,78	Creuse	125	0,20
Aude	483	0,77	Haute-Marne	125	0,20
Somme	482	0,77	Lozère	121	0,19
Marne	481	0,77	Meuse	117	0,19
Doubs	464	0,74			
Loiret	464	0,74	**Total 2007**	**62 792**	**100 %**

• **En 2008**, les départements de France métropolitaine ont enregistré **66 939 créations** d'associations.

Avec une augmentation de 4 147 créations de plus qu'en 2007, la progression entre les deux années représente 6,6 %. Cette progression est moins importante qu'entre les années 2006 et 2007.

Les départements en brun représentent 26,6 % des associations créées en 2008. À partir de cette année, les sept départements en tête de liste restent dans le même ordre.

Tableau des créations d'associations par département pour l'année 2008

Départements	Total 2008	Répartition des créations	Départements	Total 2008	Répartition des créations
Paris	4 643	6,94	Aude	519	0,78
Bouches-du-Rhône	3 012	4,50	Savoie	516	0,77
Nord	2 559	3,82	Vienne	488	0,73
Rhône	2 085	3,11	Aisne	477	0,71
Hérault	1 907	2,85	Landes	467	0,70
Gironde	1 839	2,75	Marne	467	0,70
Haute-Garonne	1 745	2,61	Tarn	467	0,70
Hauts-de-Seine	1 439	2,15	Sarthe	449	0,67
Alpes-Maritimes	1 419	2,12	Eure	444	0,66
Isère	1 415	2,11	Manche	440	0,66
Seine-St.-Denis	1 396	2,09	Ardèche	405	0,61
Loire-Atlantique	1 387	2,07	Vosges	386	0,58
Var	1 274	1,90	Deux-Sèvres	382	0,57
Yvelines	1 226	1,83	Eure-et-Loir	380	0,57
Val-de-Marne	1 196	1,79	Lot-et-Garonne	376	0,56
Gard	1 177	1,76	Charente	375	0,56
Seine-et-Marne	1 160	1,73	Haute-Vienne	369	0,55
Pas-de-Calais	1 143	1,71	Aveyron	368	0,55
Seine-Maritime	1 070	1,60	Yonne	355	0,53
Essonne	1 035	1,55	Allier	332	0,50
Ille-et-Vilaine	986	1,47	Haute-Loire	316	0,47
Val-d'Oise	979	1,46	Cher	314	0,47
Finistère	865	1,29	Mayenne	311	0,46
Pyrénées-Atlantiques	845	1,26	Alpes de Haute-Provence	293	0,44
Loire	788	1,18	Tarn-et-Garonne	288	0,43
Vaucluse	778	1,16	Hautes-Alpes	287	0,43
Maine-et-Loire	764	1,14	Loir-et-Cher	284	0,42
Haute-Savoie	763	1,14	Hautes-Pyrénées	284	0,42
Pyrénées-Orientales	745	1,11	Ariège	271	0,40
Oise	697	1,04	Corrèze	271	0,40
Puy-de-Dôme	686	1,02	Lot	260	0,39
Meurthe-et-Moselle	668	1,00	Jura	248	0,37
Calvados	654	0,98	Gers	245	0,37
Charente-Maritime	651	0,97	Aube	242	0,36
Morbihan	644	0,96	Orne	236	0,35
Drôme	626	0,94	Ardennes	227	0,34
Indre-et-Loire	616	0,92	Nièvre	226	0,34
Côtes-d'Armor	598	0,89	Indre	216	0,32
Saône-et-Loire	590	0,88	Haute-Saône	205	0,31
Vendée	588	0,88	Haute-Marne	182	0,27
Ain	584	0,87	Cantal	147	0,22
Corse	583	0,87	Creuse	146	0,22
Loiret	581	0,87	Territoire de Belfort	136	0,20
Somme	559	0,84	Lozère	134	0,20
Côte-d'Or	543	0,81	Meuse	124	0,19
Dordogne	541	0,81			
Doubs	535	0,80	**Total 2008**	**66 939**	**100,00 %**

- **En 2009,** les créations d'associations représentent **66 609 inscriptions** au *Journal officiel.*

Durant l'année 2009, ce sont 330 associations de moins qui ont été enregistrées pour les départements de la France métropolitaine hors Alsace et Moselle.

Durant les quatre années, on peut voir que ce sont toujours les mêmes sept départements qui occupent la tête du tableau. Elles représentent pour l'année 2009 près de 27 % des associations créées en France métropolitaine.

Tableau des créations d'associations par département pour l'année 2009

Départements	Total 2009	Répartition des créations	Départements	Total 2009	Répartition des créations
Paris	5 017	7,53	Savoie	488	0,73
Bouches-du-Rhône	2 932	4,40	Sarthe	480	0,72
Nord	2 429	3,65	Eure	473	0,71
Rhône	2 192	3,29	Marne	472	0,71
Hérault	1 816	2,73	Tarn	471	0,71
Gironde	1 784	2,68	Vienne	471	0,71
Haute-Garonne	1 648	2,47	Dordogne	468	0,70
Loire-Atlantique	1 549	2,33	Ardèche	437	0,66
Hauts-de-Seine	1 526	2,29	Landes	427	0,64
Alpes-Maritimes	1 472	2,21	Manche	418	0,63
Seine-St.-Denis	1 339	2,01	Haute-Vienne	400	0,60
Isère	1 306	1,96	Allier	389	0,58
Var	1 283	1,93	Lot-et-Garonne	379	0,57
Yvelines	1 236	1,86	Aisne	377	0,57
Val-de-Marne	1 186	1,78	Aveyron	365	0,55
Seine-Maritime	1 160	1,74	Yonne	360	0,54
Seine-et-Marne	1 112	1,67	Vosges	345	0,52
Ille-et-Vilaine	1 093	1,64	Charente	340	0,51
Gard	1 072	1,61	Deux-Sèvres	333	0,50
Pas-de-Calais	1 070	1,61	Eure-et-Loir	314	0,47
Essonne	969	1,45	Tarn-et-Garonne	300	0,45
Val-d'Oise	940	1,41	Hautes-Pyrénées	297	0,45
Finistère	812	1,22	Cher	288	0,43
Vaucluse	795	1,19	Mayenne	279	0,42
Pyrénées-Atlantiques	788	1,18	Loir-et-Cher	275	0,41
Maine-et-Loire	773	1,16	Haute-Loire	275	0,41
Morbihan	766	1,15	Jura	274	0,41
Haute-Savoie	766	1,15	Lot	273	0,41
Loire	755	1,13	Gers	262	0,39
Puy-de-Dôme	719	1,08	Aube	260	0,39
Oise	697	1,05	Orne	260	0,39
Charente-Maritime	694	1,04	Corrèze	259	0,39
Meurthe-et-Moselle	688	1,03	Alpes de Haute-Provence	258	0,39
Pyrénées-Orientales	642	0,96	Ardennes	255	0,38
Vendée	634	0,95	Hautes-Alpes	254	0,38
Calvados	624	0,94	Ariège	253	0,38
Indre-et-Loire	622	0,93	Haute-Saône	228	0,34
Ain	613	0,92	Indre	222	0,33
Saône-et-Loire	603	0,91	Nièvre	221	0,33
Loiret	595	0,89	Cantal	167	0,25
Drôme	594	0,89	Meuse	162	0,24
Côte-d'Or	587	0,88	Haute-Marne	161	0,24
Côtes-d'Armor	548	0,82	Creuse	138	0,21
Corse	534	0,80	Lozère	138	0,21
Somme	527	0,79	Territoire de Belfort	116	0,17
Aude	523	0,79			
Doubs	497	0,75	**Total 2009**	**66 609**	**100,00 %**

Les créations d'associations par département métropolitain entre 2006 et 2009
(hors départements Bas-Rhin, Haut-Rhin et Moselle)

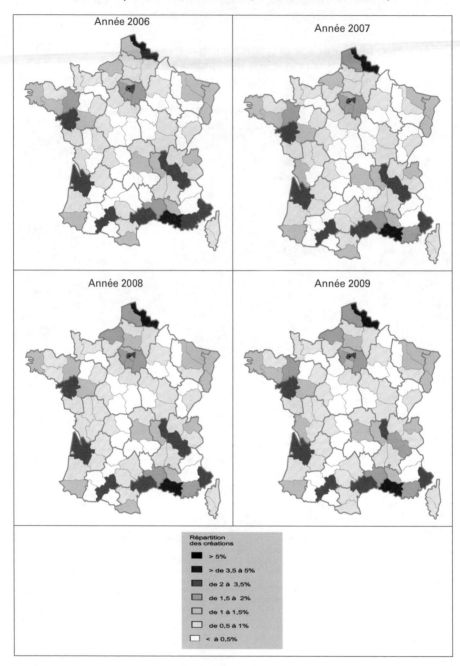

Les associations d'Outre-Mer : un dynamisme associatif particulièrement important

Le tableau ci-après montre des spécificités propres à un ensemble que l'on pourrait intituler «l'Outre-Mer», désignant ainsi les quatre départements d'outre-mer (Guadeloupe, Martinique, Guyane, Réunion) et les collectivités de Saint-Pierre-et-Miquelon et Mayotte.

Les créations d'associations de 2006 à 2009

Départements	Total 2006	Répartition des créations	Total 2007	Répartition des créations	Total 2008	Répartition des créations	Total 2009	Répartition des créations
Guadeloupe	545	24,76	623	25,61	649	24,72	684	27,25
Martinique	404	18,36	394	16,19	483	18,40	425	16,93
Guyane	230	10,45	283	11,63	263	10,02	261	10,40
Réunion	825	37,48	819	33,66	941	35,85	893	35,58
Saint-Pierre-et-Miquelon	13	0,59	13	0,53	16	0,61	9	0,36
Mayotte	184	8,36	301	12,37	273	10,40	238	9,48
Total Outre-Mer	**2 201**	**100,00 %**	**2 433**	**100,00 %**	**2 625**	**100,00 %**	**2 510**	**100,00 %**

Sur la période 2006-2009, ce sont **9 769 créations d'associations** qui ont été enregistrées durant les quatre dernières années, soit une moyenne de 2 442 associations par an et 3,71 % des créations enregistrées au *Journal officiel*.

La Réunion est le département qui enregistre le plus de créations : de 33 % à 37,5 % des créations d'Outre-Mer (soit une moyenne de 870 créations par an).

La Guadeloupe vient ensuite avec une moyenne de 625 créations par an, soit de 24,72 % à 17,25 % des créations d'Outre-Mer.

La Martinique enregistre sur les quatre années une moyenne de 425 associations soit de 16 à plus de 18 % des créations de l'Outre-Mer.

La part des créations d'associations est de 10,5 % en **Guyane** (259 associations par an en moyenne) ; de 8 à 12 % à **Mayotte** et de près de 13 associations par an à **Saint-Pierre-et-Miquelon**.

Cette répartition très inégale entre les différents départements et territoires ne présume pas du dynamisme de ces derniers, le nombre d'habitants de ces territoires étant fort différent, le taux de création d'associations pour 1 000 habitants sera un indicateur complémentaire important.

En utilisant le même code couleur que pour la France métropolitaine, les territoires sont dans le pourcentage le plus élevé à l'exception de Saint-Pierre-et-Miquelon.

Par ailleurs, nous ne présentons qu'une carte par territoire, puisque les pourcentages restent sensiblement les mêmes entre 2006 et 2009 à l'exception de Saint-Pierre-et-Miquelon qui est blanche en 2009.

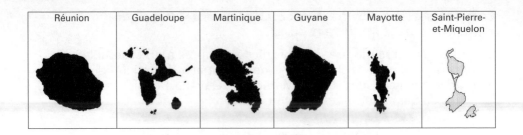

Réunion	Guadeloupe	Martinique	Guyane	Mayotte	Saint-Pierre-et-Miquelon

Évolution des créations d'associations 1998-2009

Depuis 1998, les comptages réalisés sur les départements et territoires d'outre-mer font apparaître que plus de deux mille associations sont créées chaque année, l'année 2008 comptabilise plus de 2 625 créations.

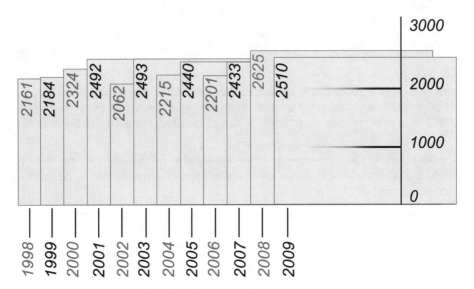

Les associations d'Alsace et de Moselle

Les associations de ces trois départements sont régies par les articles 21 à 79-III du code local entré en vigueur en 1900. Elles doivent mobiliser au moins sept personnes pour se fonder et déposer leurs statuts au tribunal d'instance où le juge les vérifie. La publication de l'inscription se fait dans les pages de publications légales d'un journal local.

Départements	Total 2006	Répartition des créations	Total 2007	Répartition des créations	Total 2008	Répartition des créations	Total 2009	Répartition des créations
Haut-Rhin	509	27,47	436	24,47	440	23,77	488	25,09
Bas-Rhin	882	47,60	843	47,31	844	45,60	873	44,88
Moselle	462	24,93	503	28,23	567	30,63	584	30,03
Sous-total droit local	1 853	100,00 %	1 782	100,00 %	1 851	100,00 %	1 945	100,00 %

Les trois départements relèvent du droit local, ils ont enregistré la création de 7 431 associations soit une moyenne de 860 associations pour le Bas-Rhin, 468 associations pour le Haut-Rhin et 529 associations pour le département de la Moselle.

Le département du Bas-Rhin enregistre à lui seul plus de 44 % des associations sur chacune des années.

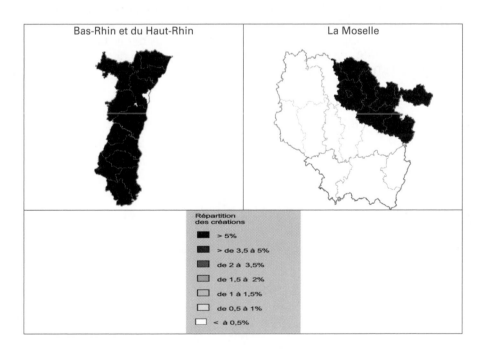

**Stabilité des créations d'association en Alsace et Moselle
entre 1995 et 2009**

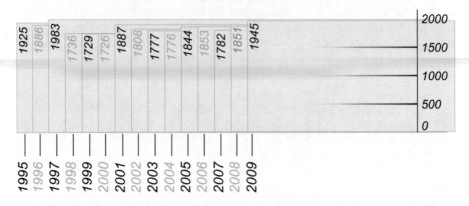

Le graphique des créations d'associations de droit local montre que les créations, entre janvier et décembre, se situent entre 1 736 pour l'année 1998 et 1 983 pour l'année 2007 soit une moyenne de 1 715 associations sur les quinze dernières années.

Les disparités géographiques du taux de créations pour 1 000 habitants

Pour avoir une vision du dynamisme de créations d'associations par département, il est important de rapporter le nombre de créations à la population présente dans chaque département. Ainsi le tableau et les cartes qui suivent, décrivent la diversité géographique des taux de créations pour 1 000 habitants.

En 2006, en moyenne moins d'une création d'association dans les départements de la France métropolitaine (hors Alsace Moselle)

Départements	Total 2006	Taux pour 1 000 habitants	Départements	Total 2006	Taux pour 1 000 habitants
Paris	4 794	2,19	Vienne	369	0,87
Hautes-Alpes	225	1,70	Allier	294	0,86
Lozère	124	1,61	Creuse	107	0,86
Hérault	1 569	1,55	Finistère	761	0,86
Corse	461	1,54	Loire	636	0,86
Alpes de Haute-Provence	235	1,51	Nièvre	191	0,86
Haute-Garonne	1 714	1,42	Meuse	165	0,85
Ariège	210	1,41	Jura	217	0,84
Gard	974	1,41	Yonne	284	0,83
Bouches-du-Rhône	2 703	1,38	Essonne	984	0,82
Pyrénées-Orientales	598	1,37	Cher	254	0,81
Lot	230	1,34	Vendée	492	0,81
Aude	435	1,26	Haute-Vienne	301	0,81
Alpes-Maritimes	1 354	1,25	Meurthe-et-Moselle	582	0,80
Hautes-Pyrénées	280	1,22	Yvelines	1 130	0,80
Rhône	2 010	1,20	Mayenne	239	0,79
Var	1 198	1,20	Doubs	405	0,78
Drôme	559	1,18	Seine-St.-Denis	1 167	0,78
Tarn-et-Garonne	269	1,16	Eure-et-Loir	320	0,76
Vaucluse	611	1,14	Lot-et-Garonne	247	0,76
Haute-Loire	240	1,09	Territoire de Belfort	107	0,75
Savoie	443	1,09	Indre	173	0,74
Isère	1 262	1,07	Loir-et-Cher	241	0,74
Loire-Atlantique	1 305	1,05	Corrèze	177	0,73
Gironde	1 472	1,04	Marne	415	0,73
Pyrénées-Atlantiques	671	1,04	Vosges	275	0,72
Dordogne	416	1,02	Seine-et-Marne	922	0,71
Ille-et-Vilaine	952	1,00	Deux-Sèvres	252	0,69
Aveyron	268	0,98	Somme	390	0,69
Morbihan	690	0,98	Aube	204	0,68
Puy-de-Dôme	612	0,98	Calvados	455	0,68
Tarn	354	0,96	Val-d'Oise	792	0,68
Ain	548	0,95	Charente	234	0,67
Indre-et-Loire	556	0,95	Manche	333	0,67
Landes	349	0,95	Aisne	355	0,66
Côtes-d'Armor	542	0,94	Haute-Marne	124	0,66
Maine-et-Loire	724	0,94	Orne	188	0,64
Gers	170	0,93	Haute-Saône	143	0,60
Hauts-de-Seine	1 429	0,93	Eure	335	0,59
Ardèche	286	0,92	Sarthe	327	0,59
Val-de-Marne	1 196	0,92	Pas-de-Calais	847	0,58
Charente-Maritime	553	0,91	Loiret	356	0,55
Saône-et-Loire	500	0,91	Ardennes	153	0,54
Haute-Savoie	644	0,91	Oise	400	0,50
Cantal	132	0,89	Seine-Maritime	616	0,49
Côte-d'Or	463	0,89			
Nord	2 257	0,88	**Total 2006**	**57 546**	**0,98**

Le taux moyen de création d'association en 2006 est de 0,98 ‰.

Trente-trois départements ont un taux supérieur à la moyenne nationale tandis que trois départements : l'Aveyron, le Morbihan et le Puy-de-Dôme ont un taux égal à 0,98‰.

Année 2007, plus d'une création d'association en moyenne dans les départements de France métropolitaine (hors Alsace et Moselle)

Départements	Total 2007	Taux pour 1 000 habitants	Départements	Total 2007	Taux pour 1 000 habitants
Paris	4 881	2,23	Loire	700	0,95
Hérault	2 078	2,05	Vendée	565	0,93
Hautes-Alpes	265	2,00	Corrèze	223	0,92
Corse	526	1,76	Hauts-de-Seine	1 404	0,91
Alpes de Haute-Provence	262	1,68	Val-de-Marne	1 190	0,91
Ariège	244	1,64	Calvados	607	0,90
Lozère	121	1,57	Indre-et-Loire	526	0,90
Pyrénées-Orientales	688	1,57	Seine-St.-Denis	1 353	0,90
Gard	1 062	1,54	Doubs	464	0,89
Aude	483	1,40	Loir-et-Cher	290	0,89
Bouches-du-Rhône	2 727	1,39	Haute-Vienne	331	0,89
Haute-Garonne	1 648	1,37	Essonne	1 072	0,89
Vaucluse	717	1,33	Charente	303	0,87
Rhône	2 187	1,30	Deux-Sèvres	316	0,87
Alpes-Maritimes	1 372	1,27	Côtes-d'Armor	490	0,85
Hautes-Pyrénées	291	1,27	Marne	481	0,85
Gironde	1 765	1,25	Mayenne	257	0,85
Haute-Loire	276	1,25	Somme	482	0,85
Pyrénées-Atlantiques	796	1,24	Allier	288	0,84
Tarn-et-Garonne	286	1,23	Manche	417	0,84
Ardèche	374	1,21	Meurthe-et-Moselle	607	0,84
Var	1 197	1,20	Yonne	287	0,84
Aveyron	325	1,18	Ardennes	235	0,83
Isère	1 376	1,17	Maine-et-Loire	637	0,83
Lot	200	1,17	Aube	248	0,82
Tarn	433	1,17	Nièvre	180	0,81
Côte-d'Or	600	1,16	Yvelines	1 134	0,81
Drôme	535	1,13	Vosges	308	0,81
Gers	207	1,13	Eure-et-Loir	338	0,80
Ille-et-Vilaine	1 076	1,13	Saône-et-Loire	442	0,80
Puy-de-Dôme	708	1,13	Seine-et-Marne	1 006	0,78
Savoie	458	1,13	Haute-Saône	182	0,77
Landes	411	1,12	Jura	192	0,74
Charente-Maritime	669	1,11	Loiret	464	0,72
Dordogne	451	1,11	Oise	572	0,72
Morbihan	756	1,08	Sarthe	399	0,72
Loire-Atlantique	1 322	1,06	Eure	404	0,71
Lot-et-Garonne	335	1,03	Indre	166	0,71
Vienne	433	1,03	Orne	206	0,70
Territoire de Belfort	147	1,03	Val-d'Oise	815	0,70
Creuse	125	1,01	Haute-Marne	125	0,67
Haute-Savoie	716	1,01	Pas-de-Calais	968	0,66
Finistère	881	0,99	Aisne	349	0,65
Cher	309	0,98	Seine-Maritime	780	0,63
Ain	559	0,97	Meuse	117	0,60
Nord	2 452	0,96			
Cantal	142	0,95	**Total 2007**	**62 792**	**1,07**

Le taux moyen de création d'association en 2007 est de 1,07.

Trente-six départements ont un taux supérieur à la moyenne nationale tandis que les autres ont un taux inférieur allant de 1,06 à 0,6‰.

Année 2008 : plus d'une création d'association en moyenne dans les départements de France métropolitaine (hors Alsace et Moselle)

Départements	Total 2008	Taux pour 1 000 habitants	Départements	Total 2008	Taux pour 1 000 habitants
Hautes-Alpes	287	2,17	Doubs	535	1,03
Paris	4 643	2,12	Ille-et-Vilaine	986	1,03
Corse	583	1,95	Mayenne	311	1,03
Hérault	1 907	1,89	Ain	584	1,02
Alpes de Haute-Provence	293	1,88	Nièvre	226	1,02
Ariège	271	1,82	Vosges	386	1,01
Lozère	134	1,74	Cher	314	1,00
Gard	1 177	1,71	Nord	2 559	1,00
Pyrénées-Orientales	745	1,70	Cantal	147	0,99
Bouches-du-Rhône	3 012	1,54	Maine-et-Loire	764	0,99
Lot	260	1,52	Somme	559	0,99
Aude	519	1,50	Haute-Vienne	369	0,99
Haute-Garonne	1 745	1,45	Finistère	865	0,98
Vaucluse	778	1,45	Allier	332	0,97
Haute-Loire	316	1,43	Calvados	654	0,97
Aveyron	368	1,34	Haute-Marne	182	0,97
Dordogne	541	1,33	Vendée	588	0,97
Gers	245	1,33	Jura	248	0,96
Drôme	626	1,32	Territoire de Belfort	136	0,95
Alpes-Maritimes	1 419	1,31	Indre	216	0,93
Ardèche	405	1,31	Hauts-de-Seine	1 439	0,93
Pyrénées-Atlantiques	845	1,31	Seine-St.-Denis	1 396	0,93
Gironde	1 839	1,30	Meurthe-et-Moselle	668	0,92
Var	1 274	1,28	Morbihan	644	0,92
Landes	467	1,27	Val-de-Marne	1 196	0,92
Savoie	516	1,27	Eure-et-Loir	380	0,90
Tarn	467	1,26	Loiret	581	0,90
Hautes-Pyrénées	284	1,24	Seine-et-Marne	1 160	0,90
Rhône	2 085	1,24	Aisne	477	0,89
Tarn-et-Garonne	288	1,24	Manche	440	0,89
Isère	1 415	1,20	Loir-et-Cher	284	0,87
Creuse	146	1,18	Oise	697	0,87
Lot-et-Garonne	376	1,16	Yvelines	1 226	0,87
Vienne	488	1,16	Haute-Saône	205	0,86
Corrèze	271	1,12	Seine-Maritime	1 070	0,86
Loire-Atlantique	1 387	1,11	Essonne	1 035	0,86
Puy-de-Dôme	686	1,09	Val-d'Oise	979	0,84
Charente-Maritime	651	1,08	Marne	467	0,82
Haute-Savoie	763	1,08	Orne	236	0,81
Charente	375	1,07	Sarthe	449	0,81
Saône-et-Loire	590	1,07	Ardennes	227	0,80
Indre-et-Loire	616	1,06	Aube	242	0,8
Loire	788	1,06	Eure	444	0,78
Côte-d'Or	543	1,05	Pas-de-Calais	1 143	0,78
Deux-Sèvres	382	1,05	Meuse	124	0,64
Côtes-d'Armor	598	1,04			
Yonne	355	1,04	**Sous-total Métropole**	**66 939**	**1,14**

Le taux moyen de création d'association en 2008 est de 1,14 ‰.

Trente-quatre départements ont un taux supérieur à la moyenne nationale tandis que les autres ont un taux inférieur allant de 1,12 à 0,64‰.

Année 2009 : plus d'une création d'association en moyenne dans les départements de France métropolitaine (hors Alsace et Moselle)

Départements	Total 2009	Taux pour 1000 habitants	Départements	Total 2009	Taux pour 1000 habitants
Paris	5 017	2,29	Indre-et-Loire	622	1,07
Hautes-Alpes	254	1,92	Jura	274	1,06
Hérault	1 816	1,80	Yonne	360	1,05
Lozère	138	1,80	Vendée	634	1,04
Corse	534	1,78	Loire	755	1,02
Ariège	253	1,70	Maine-et-Loire	773	1,00
Alpes de Haute-Provence	258	1,65	Nièvre	221	1,00
Lot	273	1,59	Hauts-de-Seine	1 526	0,99
Gard	1 072	1,55	Charente	340	0,97
Aude	523	1,51	Doubs	497	0,96
Bouches-du-Rhône	2 932	1,50	Haute-Saône	228	0,96
Vaucluse	795	1,48	Côtes-d'Armor	548	0,95
Pyrénées-Orientales	642	1,47	Indre	222	0,95
Gers	262	1,43	Meurthe-et-Moselle	688	0,95
Ardèche	437	1,41	Nord	2 429	0,95
Haute-Garonne	1 648	1,37	Calvados	624	0,93
Alpes-Maritimes	1 472	1,36	Mayenne	279	0,93
Aveyron	365	1,33	Seine-Maritime	1 160	0,93
Rhône	2 192	1,31	Somme	527	0,93
Hautes-Pyrénées	297	1,30	Cher	288	0,92
Tarn-et-Garonne	300	1,29	Finistère	812	0,92
Var	1 283	1,29	Loiret	595	0,92
Tarn	471	1,28	Deux-Sèvres	333	0,92
Gironde	1 784	1,27	Vosges	345	0,91
Drôme	594	1,25	Val-de-Marne	1 186	0,91
Haute-Loire	275	1,25	Ardennes	255	0,9
Loire-Atlantique	1 549	1,24	Orne	260	0,89
Pyrénées-Atlantiques	788	1,23	Seine-St.-Denis	1 339	0,89
Savoie	488	1,20	Yvelines	1 236	0,88
Lot-et-Garonne	379	1,17	Oise	697	0,87
Landes	427	1,16	Aube	260	0,86
Charente-Maritime	694	1,15	Haute-Marne	161	0,86
Dordogne	468	1,15	Sarthe	480	0,86
Puy-de-Dôme	719	1,15	Seine-et-Marne	1 112	0,86
Ille-et-Vilaine	1 093	1,14	Loir-et-Cher	275	0,84
Allier	389	1,13	Manche	418	0,84
Côte-d'Or	587	1,13	Meuse	162	0,84
Cantal	167	1,12	Eure	473	0,83
Vienne	471	1,12	Marne	472	0,83
Creuse	138	1,11	Territoire de Belfort	116	0,81
Isère	1 306	1,11	Essonne	969	0,81
Morbihan	766	1,09	Val-d'Oise	940	0,81
Saône-et-Loire	603	1,09	Eure-et-Loir	314	0,74
Haute-Savoie	766	1,08	Pas-de-Calais	1 070	0,73
Haute-Vienne	400	1,08	Aisne	377	0,70
Ain	613	1,07			
Corrèze	259	1,07	**Sous-total Métropole**	**66 609**	**1,13**

Le taux moyen de création d'association en 2009 est de 1,13 ‰.

Trente-cinq départements ont un taux supérieur à la moyenne nationale tandis que deux départements : l'Allier et la Côte-d'Or ont un taux égal à 1,13‰ et que les autres ont des taux allant de 1,12 à 0,7‰.

Évolution des créations d'associations pour 1000 habitants
par département (hors Alsace et Moselle)

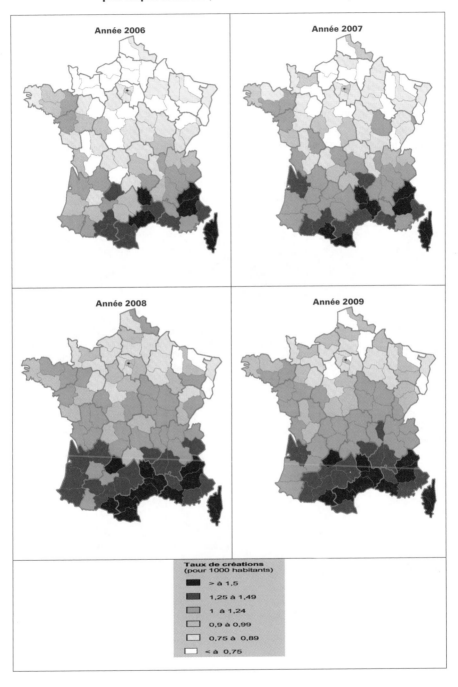

Année 2006

Année 2007

Année 2008

Année 2009

Taux de créations
(pour 1000 habitants)

- > à 1,5
- 1,25 à 1,49
- 1 à 1,24
- 0,9 à 0,99
- 0,75 à 0,89
- < à 0,75

Les créations d'associations par région

Une analyse des créations par région permet une vision plus globale des dynamiques territoriales.

Un poids inégal de créations d'associations dans les régions

Les créations d'associations sont répertoriées dans les vingt-deux régions (dont la région Alsace et la région Lorraine qui comprend le département de Moselle). Nous avons regroupés dans l'item « Outre-Mer » l'ensemble des associations Loi 1901.

La totalité des groupements associatifs représentent de 61 600 associations en 2006 et 71 064 créations en 2009. La progression entre 2006 et 2009 est de 15,36 %.

Régions	Créations en 2006	Répartition 2006	Création en 2007	Répartition 2007	Création en 2008	Répartition 2008	Création en 2009	Répartition 2009
Alsace	1 391	2,26	1 279	1,91	1 284	1,80	1 361	1,92
Aquitaine	3 155	5,12	3 758	5,61	4 068	5,70	3 846	5,41
Auvergne	1 278	2,07	1 414	2,11	1 481	2,07	1 550	2,18
Bourgogne	1 438	2,33	1 509	2,25	1 714	2,40	1 771	2,49
Bretagne	2 945	4,78	3 203	4,78	3 093	4,33	3 219	4,53
Centre	1 900	3,08	2 093	3,12	2 391	3,35	2 316	3,26
Champagne-Ardenne	896	1,45	1 089	1,63	1 118	1,57	1 148	1,62
Corse	461	0,75	526	0,78	583	0,82	534	0,75
Franche-Comté	872	1,42	985	1,47	1 124	1,57	1 115	1,57
Île-de-France	12 414	20,15	12 855	19,18	13 074	18,31	13 325	18,75
Languedoc-Roussillon	3 700	6,01	4 432	6,61	4 482	6,28	4 191	5,90
Limousin	585	0,95	679	1,01	786	1,10	797	1,12
Lorraine	1 484	2,41	1 535	2,29	1 745	2,44	1 779	2,50
Midi-Pyrénées	3 495	5,67	3 634	5,42	3 928	5,50	3 869	5,44
Nord-Pas-de-Calais	3 104	5,04	3 420	5,10	3 702	5,18	3 499	4,92
Basse-Normandie	976	1,58	1 230	1,84	1 330	1,86	1 302	1,83
Haute-Normandie	951	1,54	1 184	1,77	1 514	2,12	1 633	2,30
Pays de la Loire	3 087	5,01	3 180	4,75	3 499	4,90	3 715	5,23
Picardie	1 145	1,86	1 403	2,09	1 733	2,43	1 601	2,25
Poitou-Charentes	1 408	2,29	1 721	2,57	1 896	2,65	1 838	2,59
PACA	6 326	10,27	6 540	9,76	7 063	9,89	6 994	9,84
Rhône-Alpes	6 388	10,37	6 905	10,30	7 182	10,06	7 151	10,06
Outre-Mer	2 201	3,57	2 433	3,63	2 625	3,68	2 510	3,53
Total	61 600	100,00	67 007	100,00	71 415	100,00	71 064	100,00

Encart méthodologique

Les départements d'outre-mer (Guadeloupe, Martinique, Guyane, Réunion) et les collectivités territoriales de Mayotte et Saint-Pierre-et-Miquelon ont été agrégées dans une seule région intitulée de manière générique Outre-Mer. Le suivi des créations d'associations n'y est effectif que depuis 1998.

Les créations d'associations en région de 2006 à 2009

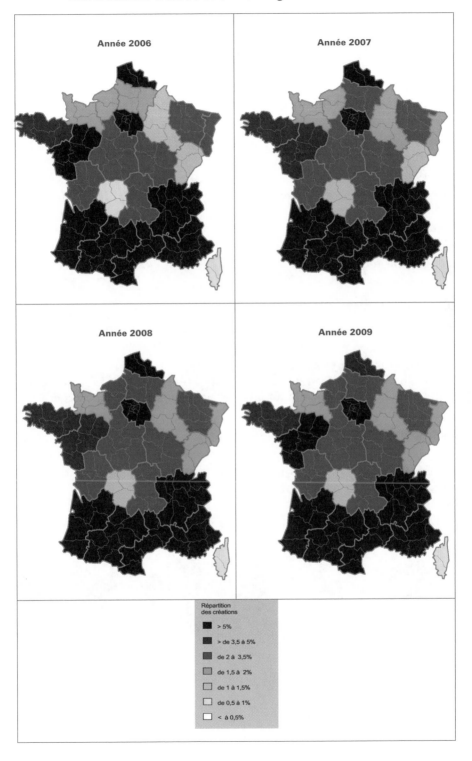

Année 2006

Année 2007

Année 2008

Année 2009

Répartition
des créations

> 5%

> de 3,5 à 5%

de 2 à 3,5%

de 1,5 à 2%

de 1 à 1,5%

de 0,5 à 1%

< à 0,5%

Les régions de la France métropolitaine

La région Île-de-France regroupe à elle seule près de 20 % du total des créations (18,31 % en 2008 et 20,15 % en 2006). Les régions PACA et Rhône-Alpes, chacune plus de 10 %.

À l'opposé, les six régions ayant les plus faibles parts de créations (Corse, Limousin, Franche-Comté, Champagne-Ardenne, Basse-Normandie et Alsace) regroupent (en moyenne) chacune moins de 2 % du total des créations.

Huit régions regroupent entre 2 et 4 % des créations chacune : Auvergne, Picardie, Haute-Normandie, Bourgogne, Lorraine, Poitou-Charentes, Centre, Outre-Mer.

Enfin, six régions regroupent entre 4 et 6 % des créations chacune : Bretagne, Nord-Pas-de-Calais, Pays de la Loire, Aquitaine, Midi-Pyrénées, Languedoc-Roussillon.

Les cartes de la page 109, montrent les répartitions des créations d'associations par région.

Les régions Alsace et Lorraine

Nous avons inclus les créations d'associations réalisées en Alsace et complété la région Lorraine par les créations de la Moselle.

La région Alsace représente entre 1,80 et 2,26 % du total des créations tandis que la région Lorraine enrichie des créations de la Moselle représente de 2,21 à 2,50 % de la totalité des créations sur l'année 2006.

Les régions Alsace et Lorraine sont visibles sur les cartes de la France métropolitaine.

Outre-Mer représente entre 3,53 % et 3,68 % de l'ensemble des créations d'associations

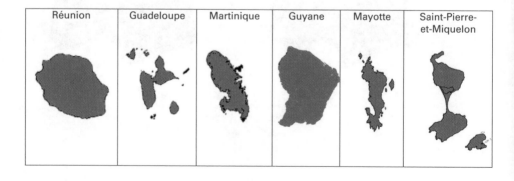

Réunion	Guadeloupe	Martinique	Guyane	Mayotte	Saint-Pierre-et-Miquelon

Le Sud, l'Ouest et l'Île-de-France restent les zones de création les plus dynamiques

Le taux de créations d'associations pour 1 000 habitants en régions entre 2006 et 2009

Régions	Créations en 2006	Taux pour 1 000 habitants	Créations en 2007	Taux pour 1 000 habitants	Créations en 2008	Taux pour 1 000 habitants	Créations en 2009	Taux pour 1 000 habitants
Alsace	1 391	0,76	1 279	0,70	1 284	0,70	1 361	0,74
Aquitaine	3 155	1,01	3 758	1,19	4 068	1,29	3 846	1,22
Auvergne	1 278	0,95	1 414	1,06	1 481	1,11	1 550	1,16
Bourgogne	1 438	0,88	1 509	0,92	1 714	1,05	1 771	1,08
Bretagne	2 945	0,94	3 203	1,03	3 093	0,99	3 219	1,03
Centre	1 900	0,75	2 093	0,83	2 391	0,95	2 316	0,92
Champagne-Ardenne	896	0,67	1 089	0,81	1 118	0,83	1 148	0,86
Corse	461	1,57	526	1,79	583	1,98	534	1,82
Franche-Comté	872	0,73	985	0,82	1 124	0,94	1 115	0,93
Île-de-France	12 414	1,07	12 855	1,11	13 074	1,13	13 325	1,15
Languedoc-Roussillon	3 700	1,45	4 432	1,74	4 482	1,76	4 191	1,64
Limousin	585	0,79	679	0,92	786	1,07	797	1,08
Lorraine	1 484	0,62	1 535	0,64	1 745	0,73	1 779	0,74
Midi-Pyrénées	3 495	1,22	3 634	1,27	3 928	1,37	3 869	1,35
Nord-Pas-de-Calais	3 104	0,77	3 420	0,84	3 702	0,91	3 499	0,86
Basse-Normandie	976	0,67	1 230	0,84	1 330	0,91	1 302	0,89
Haute-Normandie	951	0,51	1 184	0,64	1 514	0,81	1 633	0,88
Pays de la Loire	3 087	0,87	3 180	0,89	3 499	0,98	3 715	1,05
Picardie	1 145	0,61	1 403	0,74	1 733	0,92	1 601	0,85
Poitou-Charentes	1 408	0,81	1 721	0,99	1 896	1,09	1 838	1,06
PACA	6 326	1,30	6 540	1,34	7 063	1,45	6 994	1,44
Rhône-Alpes	6 388	1,05	6 905	1,14	7 182	1,18	7 151	1,18
Outre-Mer	2 201	1,10	2 433	1,22	2 625	1,31	2 510	1,26
Total	**61 600**		**67 007**		**71 415**		**71 064**	

Ce tableau classe les régions par ordre alphabétique, la région la plus active en création reste le sud de la France avec la Corse (1,82 ‰ en 2009), le Languedoc-Roussillon et Midi-Pyrénées et Rhône-Alpes. Ce sont ensuite les régions de l'arc Ouest et enfin l'Île-de-France (de 1,07 à 1,17‰).

Les créations reportées à la population sont moins fortes dans les régions Haute-Normandie, Basse-Normandie, Centre.

Les cartes ci-après détaillent année par année les taux de créations pour 1 000 habitants dans chacune des régions.

Le taux de création d'associations pour 1 000 habitants en région

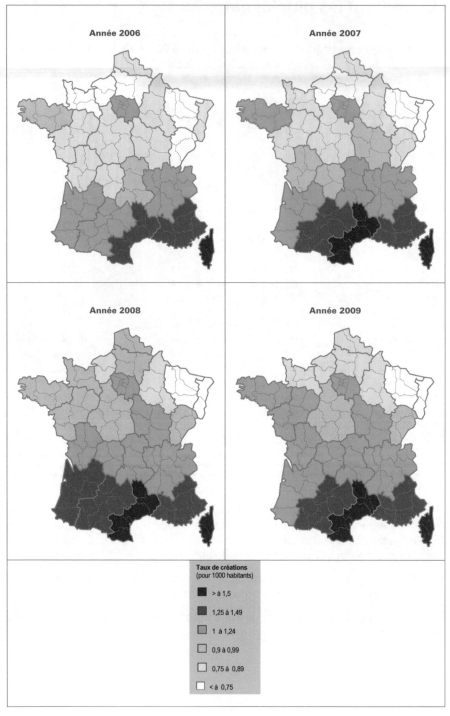

Année 2006

Année 2007

Année 2008

Année 2009

Taux de créations
(pour 1000 habitants)

- > à 1,5
- 1,25 à 1,49
- 1 à 1,24
- 0,9 à 0,99
- 0,75 à 0,89
- < à 0,75

L'évolution territoriale des créations en France métropolitaine depuis dix-neuf ans (1991-2009)

Évolution des créations d'associations entre 1991 et 2009

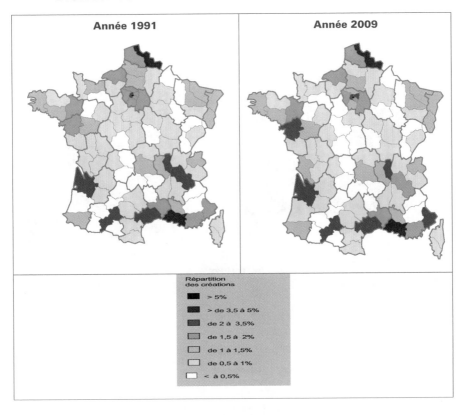

Les deux cartes ci-dessus permettent de constater que la répartition des créations a peu évolué entre 1991 et 2009. Néanmoins, quelques différences peuvent être soulignées : plusieurs zones géographiques ont vu leur part baissée. C'est le cas en particulier de toute la zone située au nord-ouest de la région parisienne, ainsi que d'une zone du centre (Cher et départements environnants), mais également, dans une moindre mesure d'une zone située à l'est (Aube, Vosges, Meurthe-et-Moselle). Dans le sud du pays, le département de l'Isère baisse.

À l'inverse, seuls quatre départements semblent voir leur part augmentée : Loire-Atlantique, Alpes-Maritimes, l'Aquitaine, la Basse-Normandie. Ce faible nombre de départements s'explique par le fait que plusieurs départements représentant déjà une forte part des créations ont renforcé leur position (Haute-Garonne, Seine-Saint-Denis, Bouches-du-Rhône, Val-de-Marne, Gironde).

Évolution des taux de créations d'associations dans les régions entre 1991 et 2009

Les cartes des taux de créations d'association par région pour 1000 habitants

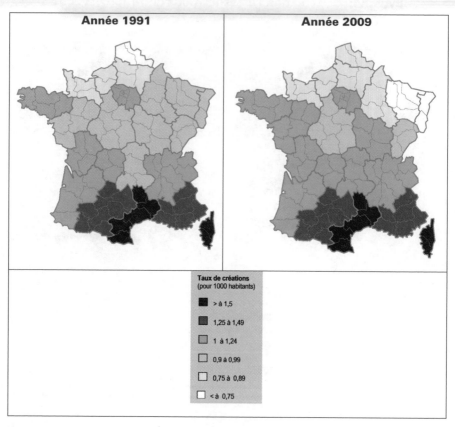

Les deux cartes ci-dessus montrent l'évolution des taux de créations pour 1000 habitants pour la période 1991-2009. L'ensemble de ces données permet de confirmer les observations que l'on a pu faire sur l'évolution de la répartition des créations sur le territoire national.

Le taux de création d'association se confirme à plus d'une création d'association pour 1000 habitants à l'exception de l'œil de la région Centre et de la casquette Nord Est-Ouest.

La région Île-de-France maintient ses spécificités

Tout d'abord, la situation exceptionnelle de la région Île-de-France se confirme, puisqu'elle est à la fois très créatrice d'associations en nombre avec 20,78 % des créations en 1991 contre 18,75 % en 2009 et également la plus dynamique pour la progression du nombre de créations : + 15,94 % en 18 ans. Le taux de créations dans cette région progresse néanmoins plus lentement, puisqu'elle est passée de 1,08‰ à 1,15‰ entre 1991 et 2009.

Les régions de l'arc méditerranéen et Midi-Pyrénées

D'autres régions identifiées comme dynamiques sont également en progression pour le nombre de créations, comme PACA, Midi-Pyrénées et la Corse (21 à 26 % d'associations créées en plus dans la période 1991-2009). En taux de créations, PACA a fortement progressé, passant de 1,38‰ en 1991 à 1,44‰ en 2009, de même que Midi-Pyrénées (de 1,26‰ à 1,35‰) ainsi que la Corse qui présente un taux 1,75‰ en 1991 à 1,82‰ en 2009.

L'arc atlantique associatif progresse dans les terres : Bretagne, Pays de la Loire, Poitou-Charentes, Aquitaine

Ces quatre régions sont moins repérées comme dynamiques du fait de leur nombre ou de leur taux de créations. Elles révèlent néanmoins une progression particulièrement forte du nombre d'associations créées : + 22 % en 18 ans. Leurs taux de créations ont en outre progressé de façons identiques, passant de 0,92‰ à 1,22‰ entre les années 1991 et 2009. La région Pays de la Loire est passée d'un taux de 0,92‰ en 1991 à 1,05‰ en 2009.

La Bourgogne et l'Auvergne voient leur taux de création passer à plus d'une création par an

La région Auvergne comptait 1 273 associations en 1991 contre 1 550 en 2009 avec un taux pour 1 000 habitants qui passe de 0,96 à 1,16‰. Ce sont 290 créations d'associations qui séparent le chiffre de 2009 à celui de 1991, le taux pour 1 000 habitants passe de 0,92‰ à 1,08‰.

La région Nord-Pas-de-Calais retrouve une dynamique de création entre 1991 et 2009

La région comptait 3 101 créations d'associations en 1991 soit 5,61 % des créations de l'année, en 2009 ce sont 3 499 nouvelles associations soit 4,92 %. Par contre le taux de créations passe de 0,86‰ en 2009 alors qu'il était de 0,78‰ en 1991.

Des régions qui stabilisent leur taux de création d'association : Rhône-Alpes

La région Rhône-Alpes représente 10,06 % des nouvelles créations de l'année 2009 elle représentait 10,86 % en 1991. Le taux de création pour 1 000 habitants est de 1,18‰ contre 1,12 en 1991.

Les régions plus faiblement dynamiques

À l'opposé, la plupart des régions faiblement dynamiques connaissent de surcroît une régression du nombre d'associations créées sur leur territoire. Ainsi, la Lorraine, l'Alsace, la Picardie, la Haute-Normandie, mais également le Centre et la Franche-Comté voient toutes leurs créations d'associations baisser. L'évolution des taux de créations entre 1991 et 2009 suit la même tendance pour la Picardie (de 0,87‰ en 1991 à 0,85‰ en 2009), ainsi qu'en Franche-Comté (de 0,88‰ à 0,93‰). Le Centre se maintient au même taux de 0,92 mais est en revanche en légère augmentation pour la Haute-Normandie (de 0,80‰ à 0,88‰) [63].

Ces différentes observations sur le dynamisme des territoires en termes de créations d'associations nous conduisent à une double hypothèse : d'une part, les créations d'associations auraient tendance à suivre les mouvements de population puisque les zones les plus peuplées sont également celles où se créent le plus d'associations ; d'autre part les associations seraient davantage créées dans les zones de dynamisme économique.

63) Du fait de l'absence de données pour les départements du Haut-Rhin, du Bas-Rhin et de la Moselle, les régions Alsace et Lorraine n'ont pas été prises en compte pour l'année 1991.

Chapitre 2

Le développement sectoriel des nouvelles associations

Cette seconde partie propose une analyse des secteurs d'activité dans lesquelles les nouvelles associations souhaitent intervenir. Elle nous permettra de voir la répartition des créations par grands secteurs. Elle est illustrée de nombreux tableaux et graphes.

Le premier chapitre présentera les secteurs d'activité dans lesquelles s'insèrent les nouvelles créations en France métropolitaine, le second se centrera sur les nouvelles activités en Outre-Mer.

Une analyse sur les évolutions des répartitions sectorielles sur près de 35 ans clôturera cette seconde partie.

Les secteurs dans lesquels s'insèrent les nouvelles associations

La répartition des créations d'association de 2006 à 2009 par secteurs d'activité

L'analyse des secteurs d'activité donne un relief supplémentaire à la dynamique des 253 777 créations d'associations de la période. Ce premier tableau organisé par grands secteurs permet une lecture rapide.

Activité principale	Nombre de créations 2006	Répartition 2006	Nombre de créations 2007	Répartition 2007	Nombre de créations 2008	Répartition 2008	Nombre de créations 2009	Répartition 2009
Secteur éducation – formation	4 293	7,46	3 617	5,76	4 072	6,08	4 736	7,11
Secteur santé, action sociale et familiale, personnes âgées	5 420	9,42	4 874	7,76	5 623	8,40	7 282	10,93
Secteur commerce, activités économiques, emploi, consommation	4 406	7,66	6 917	11,02	5 786	8,64	6 093	9,15
Secteur logement, habitat, environnement	3 349	5,82	3 305	5,26	3 985	5,95	5 550	8,33
Secteur chasse – pêche	866	1,50	715	1,14	716	1,07	704	1,06
Secteur culture – tourisme – échanges internationaux	21 185	36,81	21 533	34,29	24 556	36,68	22 362	33,57
Secteur loisirs – jeunesse	6 807	11,83	8 839	14,08	9 154	13,68	7 183	10,78
Secteurs sports	8 231	14,30	9 306	14,82	10 375	15,50	9 892	14,85
Secteur divers vie sociale	2 989	5,19	3 687	5,87	2 672	3,99	2 807	4,21
Total	57 546	100,00	62 793	100,00	66 939	100,00	66 609	100,00

Le graphe ci-dessous permet de situer année par année les secteurs d'activité dans lesquels s'implantent les nouvelles associations.

Évolution des créations d'activités associatives
France métropolitaine, hors Alsace-Moselle

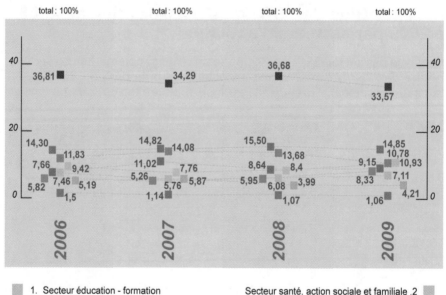

1. Secteur éducation - formation

Secteur santé, action sociale et familiale .2
personnes âgées

3. Secteur commerce, activités économiques, emploi, consommation

Secteur logement, habitat .4
environnement

5. Secteur chasse - pêche

Secteur culture - tourisme - échanges internationaux .6

7. Secteur loisirs - jeunesse

8. Secteur sports

Secteur divers vie sociale .9

Sur les quatre années, on voit que le domaine de la culture et des échanges internationaux représentent près de 37 % des créations sur la période 2006-2009 ; le secteur du sport près de 15 % et le secteur des loisirs et de la jeunesse, environ 12,5 % ; celui des activités économiques 12 %. Le secteur de la santé-action sociale représente un peu plus de 9 % des créations sur la période 2006-2009, tandis que le secteur de l'éducation-formation et celui du logement et de l'environnement représentent plus 6 % chacun, le secteur « divers, vie sociale », un peu moins de 5 % et enfin celui de la chasse et de la pêche, près de 1,4 %.

La lecture du *Bilan de la vie associative* présentée par le CNVA pour les années 2001 à 2005 montre une distribution similaire des nouvelles associations dans les principaux secteurs d'activité.

Pour suivre l'évolution à l'intérieur de chaque grande catégorie, le tableau suivant ventile les créations d'associations de la France métropolitaine durant les 2006 à 2009.

Activité principale	Nombre de créations 2006	Répartition 2006	Nombre de créations 2007	Répartition 2007	Nombre de créations 2008	Répartition 2008	Nombre de créations 2009	Répartition 2009
11. Parents d'élèves	363	0,63	617	0,98	603	0,90	422	0,63
12. Associations périscolaires	164	0,28	213	0,34	361	0,54	204	0,31
13. Étudiants et anciens élèves	1 464	2,54	1 237	1,97	1 455	2,17	1 563	2,35
14. Enseignement privé	36	0,06	96	0,15	10	0,01	86	0,13
15. Formation continue et permanente	1 854	3,22	832	1,32	1 202	1,80	1 654	2,48
16. Organisation des enseignants, amicale du personnel	52	0,09	180	0,29	140	0,21	70	0,11
17. Organisations de financements de voyages, d'études, formations linguistiques	107	0,19	369	0,59	154	0,23	440	0,66
19. Autres associations	253	0,44	73	0,12	147	0,22	297	0,45
1. Secteur éducation – formation	**4 293**	**7,46**	**3 617**	**5,76**	**4 072**	**6,08**	**4 736**	**7,11**
21. Santé	672	1,17	141	0,22	1 953	2,92	1 401	2,10
22. Personnes âgées	606	1,05	132	0,21	390	0,58	462	0,69
23. Action sociale	569	0,99	802	1,28	603	0,90	1 233	1,85
24. Associations familiales	454	0,79	245	0,39	540	0,81	447	0,67
25. Centres sociaux et autres	30	0,05	155	0,25	3	0,00	134	0,20
26. Accompagnement aide aux malades	671	1,17	359	0,57	107	0,16	495	0,74
27. Médecines douces, organisations paramédicales, hygiène et santé	1 540	2,68	2 334	3,72	1 067	1,59	1 859	2,79
28. Établissements, services, accueil pour personnes handicapées	405	0,70	359	0,57	806	1,20	486	0,73
29. Établissements, accueil, protection de la petite enfance	473	0,82	347	0,55	154	0,23	765	1,15
2. Secteur santé, action sociale et familiale, personnes âgées	**5 420**	**9,42**	**4 874**	**7,76**	**5 623**	**8,40**	**7 282**	**10,93**
31. Commerçants et artisans	1 206	2,10	716	1,14	1 162	1,74	1 229	1,85
32. Amicales et associations professionnelles	395	0,69	1 457	2,32	369	0,55	898	1,35
33. Amicales du personnel, associations d'entreprises	385	0,67	666	1,06	1 072	1,60	466	0,70
34. Associations à fonction économique	319	0,55	1 011	1,61	326	0,49	1 197	1,80
35. Consommateurs et usagers	452	0,79	918	1,46	579	0,86	272	0,41
36. Insertion sociale et par l'activité économique	806	1,40	598	0,95	1 003	1,50	583	0,88
37. Aide à la création d'activité, d'entreprise	61	0,11	529	0,84	68	0,10	176	0,26
38. Gestion financière, immobilière	169	0,29	344	0,55	593	0,89	755	1,13
39. Chômeurs, aide aux chômeurs, emploi	613	1,07	678	1,08	614	0,92	517	0,78
3. Secteur commerce, activités économiques, emploi, consommation	**4 406**	**7,66**	**6 917**	**11,02**	**5 786**	**8,64**	**6 093**	**9,15**
41. Locataires, copropriétaires et résidents	785	1,36	719	1,15	558	0,83	845	1,27
42. Écologie et défense de l'environnement	1 788	3,11	1 003	1,60	2 031	3,03	2 088	3,13
43. Associations d'habitants	555	0,96	1 105	1,76	1 196	1,79	1 963	2,95
44. Architecture, urbanisme, habitat social	97	0,17	142	0,23	25	0,04	277	0,42
45. Protection de sites, d'espaces naturels, faune, flore	102	0,18	296	0,47	145	0,22	345	0,52
46. Associations de propriétaires fonciers	22	0,04	40	0,06	30	0,04	32	0,05
4. Secteur logement, habitat, environnement	**3 349**	**5,82**	**3 305**	**5,26**	**3 985**	**5,95**	**5 550**	**8,33**

Activité principale	Nombre de créations 2006	Répartition 2006	Nombre de créations 2007	Répartition 2007	Nombre de créations 2008	Répartition 2008	Nombre de créations 2009	Répartition 2009
51. Chasse	563	0,98	487	0,78	483	0,72	456	0,68
52. Pêche	303	0,53	228	0,36	233	0,35	248	0,37
5. Secteur chasse – pêche	**866**	**1,50**	**715**	**1,14**	**716**	**1,07**	**704**	**1,06**
61. Musique	5 081	8,83	4 774	7,60	6 094	9,10	4 635	6,96
62. Théâtre et danse	3 862	6,71	2 459	3,92	2 866	4,28	5 778	8,67
63. Ciné-clubs, cinémas, audiovisuel, radios libres, TV	2 349	4,08	1 187	1,89	2 329	3,48	2 149	3,23
64. Sauvegarde du patrimoine, sociétés historiques, régionalistes	1 493	2,59	1 058	1,68	2 665	3,98	2 631	3,95
65. Syndicats d'initiative, associations de tourisme	692	1,20	567	0,90	409	0,61	872	1,31
66. Organisations de solidarité internationale	1 829	3,18	2 632	4,19	1 945	2,91	1 850	2,78
67. Association culturelle (pratique, évènement)	3 487	6,06	7 783	12,39	6 726	10,05	2 692	4,04
68. Gestion de bibliothèques, édition, philosophie	1 287	2,24	791	1,26	717	1,07	1 096	1,65
69. Arts plastiques	1 105	1,92	282	0,45	805	1,20	659	0,99
6. Secteur culture – tourisme – échanges internationaux	**21 185**	**36,81**	**21 533**	**34,29**	**24 556**	**36,68**	**22 362**	**33,57**
71. Comités des fêtes	144	0,25	185	0,29	424	0,63	1 036	1,56
73. Associations de loisirs spécialisées	3 871	6,73	5 597	8,91	4 160	6,21	3 383	5,08
74. Associations de loisirs polyvalentes	1 685	2,93	1 701	2,71	3 203	4,78	1 331	2,00
75. Maisons, foyers, clubs de jeunes	42	0,07	188	0,30	85	0,13	97	0,15
76. Mouvements de jeunesse et d'éducation populaire	174	0,30	44	0,07	3	0,00	273	0,41
77. Associations socio-éducatives	116	0,20	423	0,67	74	0,11	376	0,56
79. Associations diverses de jeunesse	430	0,75	105	0,17	717	1,07	162	0,24
7A. Amis ou spécialistes d'animaux	345	0,60	596	0,95	488	0,73	525	0,79
7. Secteur loisirs – jeunesse	**6 807**	**11,83**	**8 839**	**14,08**	**9 154**	**13,68**	**7 183**	**10,78**
81. Associations multisports locales	1 530	2,66	786	1,25	580	0,87	1 625	2,44
82. Associations multisports scolaires ou universitaires	276	0,48	475	0,76	340	0,51	240	0,36
83. Associations multisports d'entreprise	3	0,01	153	0,24	31	0,05	37	0,06
84. Judo, boxe, arts martiaux, sports de tir et de combat	938	1,63	1 072	1,71	1 247	1,86	1 222	1,83
85. Sports de l'eau et de la mer	286	0,50	404	0,64	469	0,70	360	0,54
86. Sports collectifs de ballon	1 425	2,48	1 311	2,09	1 673	2,50	1 674	2,51
87. Sports équestres, tennis, ski, golf, sports aériens	1 043	1,81	864	1,38	1 094	1,63	1 182	1,77
88. Cyclisme, sports mécaniques et automobiles	1 994	3,47	2 569	4,09	2 754	4,11	2 530	3,80
89. Ping-pong, gymnastique et sports divers	477	0,83	1 459	2,32	1 830	2,73	712	1,07
8P. Boule et pétanque	259	0,45	213	0,34	357	0,53	310	0,47
8. Secteur sports	**8 231**	**14,30**	**9 306**	**14,82**	**10 375**	**15,50**	**9 892**	**14,85**
91. Comités des œuvres sociales	24	0,04	24	0,04	6	0,01	6	0,01
92. Amicales de sapeurs pompiers	101	0,18	91	0,14	93	0,14	129	0,19
93. Associations d'anciens combattants et amicales d'une classe	524	0,91	231	0,37	215	0,32	413	0,62
94. Associations et clubs politiques	1 203	2,09	1 746	2,78	1 515	2,26	951	1,43
95. Associations religieuses	911	1,58	672	1,07	486	0,73	885	1,33
96. Associations d'immigrés ou d'aide aux émigrés, défense des droits de l'homme, de rapatriés	226	0,39	923	1,47	357	0,53	423	0,64
9. Secteur divers vie sociale	**2 989**	**5,19**	**3 687**	**5,87**	**2 672**	**3,99**	**2 807**	**4,21**
Total	**57 546**	**100,00**	**62 793**	**100,00**	**66 939**	**100,00**	**66 609**	**100,00**

Une observation plus détaillée pour mieux appréhender la variété des activités

« Culture, tourisme, échanges internationaux »

Le grand secteur « Culturel, tourisme, échanges internationaux » est en progression quasi constante depuis les années 1970 et représente en 2006 jusqu'à une création d'association sur trois.

	Associations en 2006-2009	% des créations secteur culturel	Répartition 2006	Répartition 2007	Répartition 2008	Répartition 2009
61. Musique	20 584	22,96	23,99	22,18	24,82	20,73
62. Théâtre et danse	14 965	16,70	18,23	11,42	11,67	25,83
63. Ciné-clubs, cinémas, audiovisuel, radios libres, TV	8 014	8,94	10,62	5,51	9,48	9,61
67. Association culturelle (pratique, évènement)	20 688	23,08	16,46	36,15	27,39	12,04
68. Gestion de bibliothèques, édition, philosophie	3 891	4,34	6,08	3,67	2,92	4,9
69. Arts plastiques	2 851	3,18	6,08	1,31	3,28	2,95
Sous-total culture	70 993	79,20	81,46	80,24	79,56	76,06
64. Sauvegarde du patrimoine, sociétés historiques, régionalistes	7 847	8,75	7,05	4,91	10,85	11,77
65. Syndicats d'initiative, associations de tourisme	2 540	2,83	3,27	2,63	1,67	3,9
66. Échanges internationaux	8 256	9,21	8,64	12,22	7,92	8,27
6. Secteur culture – tourisme – échanges internationaux	30 029	100,00	100	100,00	100	100,00

Au cours de la période 2006-2009, ce secteur progresse en dents de scie (+6,75 %) alors qu'il avait progressé de +21 % durant la période 2001-2005.

Le sous-secteur « Culture » représente près de 80 % des associations de la rubrique en moyenne durant la période soit près de quatre associations sur cinq.

Le sous-secteur « Sauvegarde du patrimoine » représente plus de 8 % des créations dans la période avec une pointe importante durant l'année 2009.

Le sous-secteur du **«Tourisme»** représente en moyenne moins de 3 % des créations d'association de la période.

Le sous-secteur « Échanges internationaux » représente plus de 9 % des créations. En plus des associations qui proposent des échanges, nous avons classé dans cette rubrique une multitude d'associations qui proposent des coopérations avec un village, une ville, un pays. Ce sont ces associations qui gonflent cette rubrique.

« Loisirs, jeunesse »

Ce secteur représente près de 12 % des créations d'associations dans la période 2006-2009 alors qu'il représentait 15 % dans la période 2001-2005.

Activité principale	Associations en 2006-2009	La moyenne des associations en 2006-2009	Répartition 2006	Répartition 2007	Répartition 2008	Répartition 2009
71. Comités des fêtes	1 789	5,96	2,23	2,24	4,89	15,56
73. Associations de loisirs spécialisées	17 011	56,65	59,90	67,90	48,00	50,81
74. Associations de loisirs polyvalentes	7 920	26,37	26,08	20,64	36,96	19,99
75. Maisons, foyers, clubs de jeunes	412	1,37	0,65	2,28	0,98	1,46
76. Mouvements de jeunesse et d'éducation populaire	494	1,65	2,69	0,53	0,03	4,10
77. Associations socio-éducatives	989	3,29	1,80	5,13	0,85	5,65
79. Associations diverses de jeunesse	1 414	4,71	6,65	1,27	8,27	2,43
7. Secteur loisirs – jeunesse	30 029	100	100	100	100	100

Au sein de ce secteur, les associations de loisirs représentent 83 % des associations du secteur. Les associations proposant des activités spécialisées représentent 57 % des créations d'associations de la période. Les associations dédiées à la jeunesse représentent 11 % des créations.

Les comités des fêtes qui animent les quartiers et les communes représentent près de 6 % des créations de la période. Fait exceptionnel, en 2009, elles arrivent même à représenter 15,5 % des créations de loisirs, jeunesse.

«Amis ou spécialistes d'animaux»

Activité principale	Associations en 2006-2009	La moyenne des associations en 2006-2009	Répartition 2006	Répartition 2007	Répartition 2008	Répartition 2009
7A. Amis ou spécialistes d'animaux	1 954	6,11	5,07	6,74	5,33	7,31

Les associations de ce secteur agissent en faveur des animaux contre toutes les formes de maltraitance. Elles interpellent pour obtenir des textes qui améliorent la condition animale en France, elles informent un large public par de nombreux moyens de communication. De nouvelles associations proposent d'associer l'animal à la prise en charge de public fragile.

«Sports»

Ce sont 37 804 associations nouvelles qui rejoignent le grand secteur sportif. Elles représentent sur la période 2006-2009 14,9 % des créations alors qu'elles représentaient 14,12 % pour la période 2001-2005.

Activité principale	Associations en 2006-2009	Moyenne des associations en 2006-2009	Répartition 2006	Répartition 2007	Répartition 2008	Répartition 2009
81. Associations multisports locales	4 521	11,96	18,59	8,45	5,59	16,43
82. Associations multisports scolaires ou universitaires	1 331	3,52	3,35	5,10	3,28	2,43
83. Associations multisports d'entreprise	224	0,59	0,04	1,64	0,30	0,37
84. Judo, boxe, arts martiaux, sports de tir et de combat	4 479	11,85	11,40	11,52	12,02	12,35
85. Sports de l'eau et de la mer	1 519	4,02	3,47	4,34	4,52	3,64
86. Sports collectifs de ballon	6 083	16,09	17,31	14,09	16,13	16,92
87. Sports équestres, tennis, ski, golf, sports aériens	4 183	11,06	12,67	9,28	10,54	11,95
88. Cyclisme, sports mécaniques et automobiles	9 847	26,05	24,23	27,61	26,54	25,58
89. Ping-pong, gymnastique et sports divers	4 478	11,85	5,80	15,68	17,64	7,20
8P. Boule et pétanque	1 139	3,01	3,15	2,29	3,44	3,13
8. Secteur sports	37 804	100	100	100	100	100

Au sein de ce secteur, les sports mécaniques et cyclistes représentent 26 % des créations et une importante progression depuis maintenant une dizaine d'années. Les associations multisports représentent 16 % des créations avec une forte proportion de création de clubs sportifs locaux.

Les sports collectifs de ballon stagnent autour de 2,4 % des créations d'associations depuis dix ans, ils représentent pourtant plus de 16 % des créations du secteur sportif.

Les sports de boule connaissent un développement continu autour de 3 % du secteur chaque année.

«Commerce, activités économiques, emploi, consommation»

Ce secteur représente en moyenne 10,72 % des créations d'associations sur la période, et une régression de 1,5 points entre 2001 et 2005.

Activité principale	Associations en 2006-2009	Moyenne en 2006-2009	Répartition 2006	Répartition 2007	Répartition 2008	Répartition 2009
31. Commerçants et artisans	4 313	18,59	27,37	10,34	15,79	20,17
32. Amicales et associations professionnelles	3 119	13,44	8,97	21,05	4,99	14,74
33. Amicales du personnel, associations d'entreprises	2 589	11,16	8,74	9,62	14,52	7,65
34. Associations à fonction économique	2 853	12,30	7,24	14,61	4,45	19,65
35. Consommateurs et usagers	2 221	9,57	10,25	13,25	7,80	4,46
36. Insertion sociale et par l'activité économique	2 990	12,89	18,29	8,62	13,61	9,57
37. Aide à la création d'activité, d'entreprise	834	3,59	1,38	7,62	0,91	2,89
38. Gestion financière, immobilière	1 861	8,02	3,84	4,99	8,08	12,39
39. Chômeurs, aide aux chômeurs, emploi	2 422	10,44	13,91	9,80	8,35	8,49
3. Secteur commerce, activités économiques, emploi, consommation	**27 202**	**100**	**100**	**100**	**100**	**100**

On peut découper ce grand secteur en cinq sous-groupes :

– les associations de professionnels (commerçants, artisans, paysans, les amicales) qui représentent 23,19 % des associations du secteur;

– les associations à fonctions économiques ce sont celles qui développent leurs activités sur un marché, elles représentent en moyenne près de 13 % du secteur d'activité;

– les associations d'insertion sociale et professionnelle (insertion, aide à la création, chômage) représentent 26,92 % des créations dans la période;

– les associations d'insertion sociale et d'accompagnement sont fortement représentées dans la période 2006-2009;

– les associations de gestion financière et immobilière occupent en moyenne 8 % des créations de la période. Durant cette période on remarque de nouvelles créations d'associations pour gérer collectivement des locaux.

«Santé, action sociale et famille, personnes âgées»

Les créations de nouvelles associations dans le secteur de la santé et de l'action sociale représentent 9,14 % de la totalité des créations pour les périodes en 2006-2009 alors qu'il représentait 9,22 % en moyenne pendant la période 2001-2005.

Le secteur de la santé qui représente sur la période près de 18 % des associations du grand secteur connaît un développement plus important dans les années 2008 et 2009 avec l'arrivée de nombreuses associations intervenant à domicile. Le secteur de la santé occupait en 2001-2005 30 % des associations du secteur santé/social.

Activité principale	Associations en 2006-2009	Moyenne en 2006-2009	Répartition 2006	Répartition 2007	Répartition 2008	Répartition 2009
21. Santé	4 167	17,96	12,40	2,89	34,73	19,24
22. Personnes âgées	1 590	6,85	11,18	2,71	6,94	6,34
23. Action sociale	3 207	13,82	10,50	16,45	10,72	16,93
24. Associations familiales	1 686	7,27	8,38	5,03	9,6	6,14
25. Centres sociaux et autres	322	1,39	0,55	3,18	0,05	1,84
26. Accompagnement, aide aux malades	1 632	7,03	12,38	7,37	1,90	6,80
27. Médecines douces, organisations paramédicales, hygiène et santé	6 800	29,31	28,41	47,89	18,98	25,53
28. Établissements, services, accueil pour personnes handicapées	2 056	8,86	7,47	7,37	14,33	6,67
29. Établissements, accueil, protection de la petite enfance	1 739	7,50	8,73	7,12	2,74	10,51
2. Secteur santé, action sociale et familiale, personnes âgées	23 199	100	100	100,01	99,99	100

Les associations d'accompagnement et d'aide aux malades représentent 7 % des associations créées.

Nous avons isolé les créations d'associations qui souhaitaient intervenir dans les médecines douces, ainsi que les pratiques alternatives, car elles occupaient une place prédominante dans le secteur santé/action sociale avec 29,31 % des nouvelles associations.

Les établissements et services pour des publics spécifiques (personnes âgées, personnes handicapées, petite enfance et enfance) connaissent également une forte croissance avec des associations du secteur 23,21 % des créations.

Le secteur d'action sociale ainsi découpé rassemble les créations d'associations généralistes. Il représente près de 14 % des créations.

Les associations familiales atteignent plus de 7 % des créations du secteur santé/action sociale.

« Éducation, formation »

Les créations dans le secteur « éducation/formation » occupent près de 6,6 % de l'ensemble des créations de la période, elles représentaient 6,7 % des associations sur la période 2001-2005.

Activité principale	Associations en 2006-2009	Moyenne des associations en 2006-2009	Répartition 2006	Répartition 2007	Répartition 2008	Répartition 2009
11. Parents d'élèves	2 005	11,99	8,46	17,06	14,81	8,91
12. Associations périscolaires	942	5,63	3,82	5,89	8,87	4,31
13. Étudiants et anciens élèves	5 719	34,21	34,1	34,2	35,73	33,00
14. Enseignement privé	228	1,36	0,84	2,65	0,25	1,82
15. Formation continue et permanente	5 542	33,15	43,19	23,00	29,52	34,92
16. Organisation des enseignants, amicale du personnel	442	2,64	1,21	4,98	3,44	1,48
17. Organisations de financements de voyages, d'études, formations linguistiques	1 070	6,40	2,49	10,20	3,78	9,29
19. Autres associations	770	4,61	5,89	2,02	3,61	6,27
1. Secteur éducation – formation	16 718	100	100	100	100,01	100

Les associations d'élèves, mais aussi celles des anciens représentent plus de 34 % des créations de la période. Elles sont talonnées par les associations de formation continue et permanente représente une création sur trois. Ce sont près de 12 % de nouvelles associations de parents et 2,6 % d'associations d'enseignants qui se sont constituées.

Les associations périscolaires ainsi que celles qui proposent des voyages et séjours linguistiques occupent près 12 % des créations.

« Logement, habitat, environnement »

Ce secteur représente 6,38 % des créations entre 2006-2009 alors qu'il représentait 5,79 % en 2001-2005. Au sein de ce secteur, nous allons isoler les associations intervenant dans le secteur de l'environnement (écologie, défense, protection) des associations d'urbanismes, de propriétaires fonciers des associations d'habitants.

Activité principale	Associations en 2006-2009	Moyenne des associations en 2006-2009	Répartition 2006	Répartition 2007	Répartition 2008	Répartition 2009
41. Locataires, copropriétaires et résidents	2 907	17,96	23,44	21,75	14,00	15,23
42. Écologie et défense de l'environnement	6 910	42,68	53,99	30,35	50,97	37,62
43. Associations d'habitants	4 819	29,77	16,57	33,43	30,01	35,37
44. Architecture, urbanisme, habitat social	541	3,34	2,90	4,30	0,63	4,99
45. Protection de sites, d'espaces naturels, faune, flore	888	5,49	3,05	8,96	3,64	6,22
46. Associations de propriétaires fonciers	124	0,77	0,66	1,21	0,75	0,58
4. Secteur logement, habitat, environnement	16 189	100	100	100	100	100

Les associations d'environnement représentent 48,17 % des associations. Tandis que les associations d'habitants (locataire, copropriétaire et habitants) s'élèvent à 48 % des créations.

Les associations des professionnels de l'habitat s'élèvent à 3,34 % des créations. Les propriétaires fonciers sont à eux organisés dans 0,77 % des créations.

«Vie sociale»

Cette rubrique regroupe des associations de citoyens qui s'organisent pour la défense des droits ou encore pour la défense d'intérêts spécifiques. Ces associations représentent 4,8 % des créations entre 2006-2009 contre 5,1 % en 2001-2009.

Activité principale	Associations en 2006-2009	Moyenne des associations en 2006-2009	Répartition 2006	Répartition 2007	Répartition 2008	Répartition 2009
91. Comités des œuvres sociales	60	0,49	0,80	0,65	0,22	0,21
92. Amicales de sapeurs pompiers	414	3,41	3,38	2,47	3,48	4,60
93. Associations d'anciens combattants et amicales d'une classe	1 383	11,38	17,53	6,27	8,05	14,71
94. Associations et clubs politiques	5 415	44,55	40,25	47,36	56,7	33,88
95. Associations religieuses	2 954	24,30	30,48	18,23	18,19	31,53
96. Associations d'immigrés ou d'aide aux émigrés, défense des droits de l'homme, de rapatriés	1 929	15,87	7,56	25,03	13,36	15,07
9. Secteur divers vie sociale	12 155	100	100	100	100	100

Les associations et clubs politiques représentent la majorité des associations créées durant la période, viennent ensuite les associations religieuses.

Les associations de défense des droits de l'Homme approchent de 16 % en 2006-2009 alors qu'elles représentaient 19,5 % entre 2001-2005.

«Chasse et pêche»

En 2006-2009, ce secteur représente 1,2 % des créations totales contre 1,4 % en 2001-2005.

Activité principale	Associations en 2006-2009	Moyenne des associations en 2006-2009	Répartition 2006	Répartition 2007	Répartition 2008	Répartition 2009
51. Chasse	1 989	66,28	65,01	68,11	67,46	64,77
52. Pêche	1 012	33,72	34,99	31,89	32,54	35,23
5. Secteur chasse – pêche	3 001	100	100	100	100	100

Les associations de chasse représentent deux créations sur trois durant la période comme dans la période présente.

Une photographie des nouvelles activités en Outre-Mer

Les éléments ci-après tableaux et graphes apportent un éclairage sur les spécificités relatives aux secteurs d'activité des associations créées dans les départements et territoires d'outre-mer.

Une création sur deux renforce les secteurs « Culture et sport »

Les créations d'association d'Outre-Mer et les secteurs d'activité de 2006 à 2009

Activité principale	Nombre de créations 2006	Répartition par activité 2006	Nombre de créations 2007	Répartition par activité 2007	Nombre de créations 2008	Répartition par activité 2008	Nombre de créations 2009	Répartition par activité 2009
1. Secteur éducation – formation	156	7,09	151	6,21	138	5,26	158	6,29
2. Secteur santé, action sociale et familiale, personnes âgées	182	8,27	217	8,92	241	9,18	337	13,43
3. Secteur commerce, activités économiques, emploi, consommation	209	9,50	338	13,90	300	11,43	280	11,16
4. Secteur logement, habitat, environnement	191	8,68	152	6,25	187	7,12	268	10,68
5. Secteur chasse – pêche	27	1,23	10	0,41	9	0,34	21	0,84
6. Secteur culture – tourisme – échanges internationaux	747	33,94	701	28,82	906	34,51	745	29,68
7. Secteur loisirs – jeunesse	208	9,45	325	13,36	305	11,62	196	7,81
8. Secteur sports	340	15,45	378	15,54	428	16,30	373	14,86
9. Secteur divers vie sociale	141	6,41	160	6,58	111	4,23	132	5,26
Total	**2 201**	**100,00**	**2 432**	**100,00**	**2 625**	**100,00**	**2 510**	**100,00**

Entre 2006 et 2009, ce sont 9 768 associations qui se répartissent comme suit :

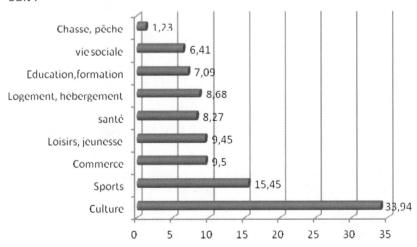

Comme en France métropolitaine, « Culture, tourisme et échanges » et « Sports » sont les deux secteurs le plus confortés par les créations 2006-2009.

Les activités de loisirs en général et celles en direction des jeunes sont enrichies chaque année par près de 9,5 % des créations.

Par ailleurs, la forme associative est largement mobilisée pour créer des organisations qui interviennent dans le commerce, la création d'activités économiques, la création d'emploi ou pour suivre les parcours des personnes sans emploi.

Le secteur du logement devient une préoccupation importante passant devant l'éducation et les autres activités sociales.

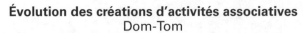

Évolution des créations d'activités associatives
Dom-Tom

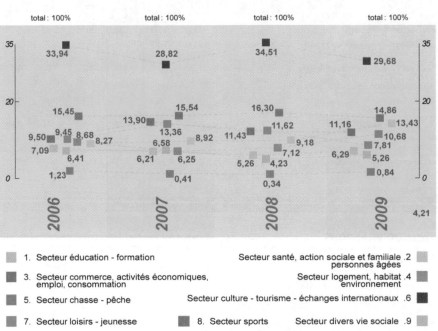

Des secteurs qui s'accroissent entre 2006 et 2009

• **Le secteur « Santé, action sociale, familiale et personnes âgées »** montre une progression constante durant les quatre années passant de 8,92 % en 2006 à 13,43 % en 2009. La mise en place de projets spécifiques dans la santé mais aussi de nouvelles formes de pratiques paramédicales connaissent un fort développement : le nombre de créations double dans la santé, et les nouvelles pratiques s'enrichissent de 20 % de nouveaux acteurs. La prise en charge des publics fragilisés comme les personnes handicapées et les enfants montrent un accroissement important entre 2006 et 2009.

Les associations d'action sociale généraliste continuent également de progresser.

• **Le large secteur du logement, de l'habitat et de l'environnement** progresse de plus de 2 000 créations entre 2006 et 2009.

C'est grâce à une forte mobilisation des habitants que le secteur logement connaît une augmentation dans les années récentes. La protection de sites ainsi que la défense de l'environnement deviennent une préoccupation de plus et plus importante en Outre-Mer avec près de 4 % des créations en 2009.

• **Le secteur « Commerce, création d'activité et d'emploi »** continue de progresser mais avec un rythme beaucoup plus doux que les deux précédents secteurs. Les associations développant des activités économiques proches ou dans le marché, ainsi que les activités de soutien à la création d'entreprises double entre 2006 et 2009 tandis que les activités d'insertion sociale et professionnelle ont tendance à diminuer.

Des secteurs qui se stabilisent ou qui progressent en dents de scie

• **« Culture, tourisme, échanges »**

Ce secteur représente près de 32 % des créations sur la période 2006-2009, la moitié des créations sont faites dans les domaines de musique, de danse et de théâtre. Par ailleurs on note une plus grande préoccupation dans la sauvegarde du patrimoine avec 3,95 % des créations en 2009 contre 2,59 % en 2006. Les organisations de solidarités (1 850 créations en 2009) se stabilisent à ce niveau depuis 2006.

• **« Loisirs, jeunesse »**

Bien que les associations de loisirs spécialisées représentent près de 50 % des créations du secteur, les associations offrant des activités multiples se maintiennent à 18,5 %.

Les associations s'adressant spécifiquement à une population jeune ne représentent que 1 % des créations.

Les associations « Amis et spécialistes des animaux » groupées dans ce secteur représentent entre 0,6 et 1 % des nouvelles associations chaque année.

• **« Sports »**

La pratique sportive continue de solliciter la création de nouvelles associations. Ce sont les clubs mutisport qui progressent le plus rapidement ainsi que les sports de combat et arts martiaux. Le cyclisme, les sports mécaniques représentent une part de plus en plus importante des créations avec près de 4 %.

Des secteurs qui se stabilisent leur développement

Le secteur « Éducation/formation », le secteur « Chasse et pêche », le secteur « Vie sociale » montrent encore une forte vitalité, mais leurs taux de création se stabilisent entre 2006 et 2009.

1998-2009 : regards sur dix ans d'initiative associative en Outre-Mer

Depuis maintenant dix ans, nous nous proposons d'observer les spécificités du développement associatif en Outre-Mer.

- **« Culture – tourisme – échanges internationaux »**

La part des créations dans ce secteur a beaucoup augmenté entre 2006-2009 et 2001-2005 (+29 %) mais reste inférieure à la moyenne nationale pour la période 2006-2009.

La progression touche tous les domaines du secteur, à l'exception notoire des associations de diffusion culturelles (– 48 %), de tourisme (-21 %), de solidarités internationales (-16,5 %).

Par rapport à la moyenne nationale, tous les domaines représentent donc des parts plus faibles sauf les associations de tourisme.

- **« Loisirs, jeunesse »**

La part des créations dans ce secteur est passée pour la première fois au-dessous de la moyenne nationale (12,6 %) et a baissé de 46 % entre les périodes 2001-2005 et 2006-2009.

Depuis la période 1998-2000, en moyenne, la part des créations d'associations de loisirs spécialisés ou polyvalents a baissé fortement, ainsi que les associations qui s'adressent plus spécifiquement à la jeunesse (mouvements de jeunesse et éducation populaire, divers jeunesse) de même que les associations socio-éducatives.

De même, par rapport à la moyenne nationale, la part des créations d'associations de loisirs est inférieure (10,589 %) contre 12,60 %.

La part des associations « Amis et spécialistes des animaux » accuse également une baisse de 33 % entre 2006-2009 et 2001-2005 alors que dans les autres périodes cette rubrique était largement supérieure à la moyenne nationale (0,77 %).

- **« Le secteur sportif »**

La part des créations dans ce secteur a également baissé de près de 11 % entre les périodes 2001-2005 et 2006-2009, mais elle reste supérieure à la moyenne nationale (0,66 % de plus).

Les associations multisports voient leur part progresser tandis que les sports de l'eau et de la mer baissent, et que les sports collectifs de ballon et la gymnastique stagnent. Les sports de combat, le tennis ainsi que les boules et pétanque baissent entre 2001-2005 et 2006-2009.

Tableau détaillé des secteurs d'activité des nouvelles associations d'Outre-Mer, de 1998 à 2009

Activité principale	Nombre de créations 2006-2009	Répartition Outre-Mer 2006-2009	Répartition Outre-Mer 2001-2005	Répartition Outre-Mer 1998-2000	Répartition en France 2006-2009
11. Parents d'élèves	89	0,91	1,29	0,95	0,79
12. Associations périscolaires	61	0,62	2,40	1,65	0,37
13. Étudiants et anciens élèves	121	1,24	1,30	2,49	2,25
14. Enseignement privé	13	0,13	0,15	0,20	0,09
15. Formation continue et permanente	234	2,40	0,62	0,92	2,18
16. Organisation des enseignants, amicale du personnel	26	0,27			0,17
17. Organisations de financements de voyages, d'études, formations linguistiques	35	0,36			0,42
19. Autres associations	24	0,25	1,29	1,39	0,30
1. Secteur éducation – formation	**603**	**6,17**	**7,05**	**7,61**	**6,58**
21. Santé	154	1,58	2,26	3,91	1,64
22. Personnes âgées	111	1,14	0,82	0,94	0,63
23. Action sociale	185	1,89	7,37	2,26	1,26
24. Associations familiales	106	1,09	1,52	2,54	0,66
25. Centres sociaux et autres	17	0,17	0,52	0,24	0,13
26. Accompagnement, aide aux malades	39	0,40			0,64
27. Médecines douces, organisations paramédicales, hygiène et santé	161	1,65			2,68
28. Établissements, services, accueil pour personnes handicapées	107	1,10			0,81
29. Établissements, accueil, protection de la petite enfance	97	0,99			0,68
2. Secteur santé, action sociale et familiale, personnes âgées	**977**	**10**	**12,50**	**9,89**	**9,14**
31. Commerçants et artisans	220	2,25	0,91	1,19	1,70
32. Amicales et associations professionnelles	117	1,20	3,10	4,45	1,23
33. Amicales du personnel, associations d'entreprises	88	0,90	1,56	2,13	1,02
34. Associations à fonction économique	98	1	4,59	1,80	1,12
35. Consommateurs et usagers	69	0,71	1,38	0,79	0,87
36. Insertion sociale et par l'activité économique	357	3,65			1,18
37. Aide à la création d'activité, d'entreprise	49	0,50			0,33
38. Gestion financière, immobilière	50	0,51			0,73
39. Chômeurs, aide aux chômeurs, emploi	79	0,81	1,97	1,43	0,92
3. Secteur commerce, activités économiques, emploi, consommation	**1 127**	**11,54**	**13,52**	**11,79**	**9,14**
41. Locataires, copropriétaires et résidents	153	1,57	1,86	1,06	1,14
42. Écologie et défense de l'environnement	397	4,06	1,84	1,82	2,72
43. Associations d'habitants	176	1,80	3,36	0,89	1,90
44. Architecture, urbanisme, habitat social	14	0,14	0,32	0,87	0,21
45. Protection de sites, d'espaces naturels, faune, flore	38	0,39			0,35
46. Associations de propriétaires fonciers	20	0,20	0,11	0,35	0,05
4. Secteur logement, habitat, environnement	**798**	**8,17**	**7,49**	**4,98**	**6,38**

Activité principale	Nombre de créations 2006-2009	Répartition Outre-Mer 2006-2009	Répartition Outre-Mer 2001-2005	Répartition Outre-Mer 1998-2000	Répartition en France 2006-2009
51. Chasse	7	0,07	0,15	0,99	0,78
52. Pêche	60	0,61	0,32	0,43	0,40
5. Secteur chasse – pêche	**67**	**0,69**	**0,48**	**1,43**	**1,18**
61. Musique	708	7,25	4,85	6,20	8,11
62. Théâtre et danse	475	4,86	3,26	4,85	5,89
63. Ciné-clubs, cinémas, audiovisuel, radios libres, TV	214	2,19	3,56	4,52	3,16
64. Sauvegarde du patrimoine, sociétés historiques, régionalistes	296	3,03	2,86	3,21	3,09
65. Syndicats d'initiative, associations de tourisme	155	1,59	1,69	1,26	1
66. Organisations de solidarité internationale	198	2,03	2,03	3,29	3,25
67. Association culturelle (pratique, évènement)	890	9,11			8,15
68. Gestion de bibliothèques, édition, philosophie	112	1,15	2,34	4,77	1,53
69. Arts plastiques	51	0,52			1,12
6. Secteur culture – tourisme – échanges internationaux	**3 099**	**31,73**	**20,59**	**28,10**	**35,31**
71. Comités des fêtes	19	0,19	0,26	0,73	0,70
73. Associations de loisirs spécialisées	393	4,02	4,29	7,66	6,70
74. Associations de loisirs polyvalentes	373	3,82	4,90	4,14	3,12
75. Maisons, foyers, clubs de jeunes	20	0,20	0,29	0,93	0,16
76. Mouvements de jeunesse et d'éducation populaire	25	0,26	2,04	0,10	0,19
77. Associations socio-éducatives	87	0,89	2,76	1,13	0,39
79. Associations diverses de jeunesse	82	0,84	1,59	0,44	0,56
7A. Amis ou spécialistes d'animaux	35	0,36	0,45	0,99	0,77
7. Secteur loisirs – jeunesse	**1 034**	**10,59**	**16,58**	**16,11**	**12,60**
81. Associations multisports locales	286	2,93	1,45	1,28	1,78
82. Associations multisports scolaires ou universitaires	87	0,89	0,85	0,74	0,52
83. Associations multisports d'entreprise	10	0,10	0,20	0,51	0,09
84. Judo, boxe, arts martiaux, sports de tir et de combat	261	2,67	2,97	1,91	1,76
85. Sports de l'eau et de la mer	102	1,04	1,47	0,67	0,60
86. Sports collectifs de ballon	289	2,96	2,47	1,72	2,40
87. Sports équestres, tennis, ski, golf, sports aériens	77	0,79	0,80	1,05	1,65
88. Cyclisme, sports mécaniques et automobiles	178	1,82	2,01	1,64	3,88
89. Ping-pong, gymnastique et sports divers	183	1,87	1,71	2,45	1,76
8P. Boule et pétanque	46	0,47	0,63	0,47	0,45
8. Secteur sports	**1 519**	**15,55**	**14,55**	**12,44**	**14,89**
91. Comités des œuvres sociales	4	0,04	0,21	0,21	0,02
92. Amicales de sapeurs pompiers	13	0,13	0,15	0,31	0,16
93. Associations d'anciens combattants et amicales d'une classe	13	0,13	0,22	1,37	0,54
94. Associations et clubs politiques	151	1,55	1,41	2,71	2,13
95. Associations religieuses	303	3,10	4,67	1,44	1,16
96. Associations d'immigrés ou d'aide aux émigrés, défense des droits de l'Homme, de rapatriés	60	0,61	0,57	1,08	0,76
9. Secteur divers vie sociale	**544**	**5,57**	**7,24**	**7,11**	**4,79**
Secteur indéterminé	*0*	*0*	*0,01*	*0,53*	*0*
Total	**9 768**	**100**	**100**	**100**	**100**

Par rapport à la moyenne nationale, la plupart des domaines représentent une plus forte part des créations à l'exception des sports d'entreprise, les sports équestres, tennis, ski, golf, sports aériens, des sports mécaniques et cyclistes et des associations de ping-pong, gymnastique et sports divers.

- **«Commerce, activités économiques, emploi, consommation»**

Ce secteur est également en baisse (- 28 %) et représente une part des créations plus forte que la moyenne nationale (11,54 % contre 9,14 en Métropole).

La part des créations d'associations de commerçants, de salariés, de professionnels et d'entreprise a baissé, tandis que celles des associations à fonction économique, et celles liées à l'emploi ont augmenté.

Par rapport à la moyenne nationale, la plupart des domaines représentent des parts similaires de créations, à l'exception des associations liées à l'emploi (insertion sociale et professionnelle, création d'entreprises et aides aux chômeurs) qui représentent une part près de 2,5 fois plus importante.

**Répartition des créations par secteurs d'activité
sur les dix dernières années 1998-2009**

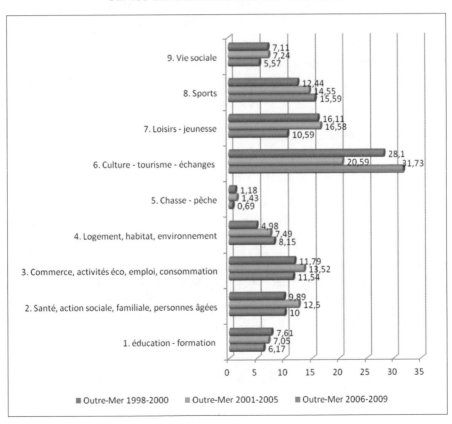

135

- « Santé, action sociale et familiale, personnes âgées »

Le secteur a baissé (+26 %) entre 2000-2005 et 2006-2009 et représente de ce fait une part des créations plus importante que la moyenne nationale (10 % au lieu de 9,14 %).

Les domaines dont la part a progressé sont les associations qui prennent en charge les personnes âgées, tandis que la part des créations d'associations dans les domaines de la santé, de l'action familiale et de la santé a régressé.

Tous les domaines représentent des parts de créations supérieures à la moyenne nationale, à l'exception de la santé.

- « Logement, habitat, environnement »

La part du secteur a fortement augmenté entre 1998-2000 et 2001-2005 et 2006-2009 (passant de 4,98 % à 8,17 % des créations) et est également nettement plus importante que la moyenne nationale 6,38 %.

C'est la part des associations d'habitants qui a le plus augmenté puisqu'elle est près de 3 fois plus importante en 2001-2005 qu'en 1998-2000.

La part des associations de protection et de défense de l'environnement a également fortement progressé entre les deux dernières périodes (+84 % d'associations).

Tous les domaines représentent des parts de créations supérieures à la moyenne nationale, en particulier les associations de locataires, copropriétaires et résidents, à l'exception des associations d'architecture, urbanisme et habitat social.

- « Divers, vie sociale »

La part du secteur a baissé entre 1998-2000 et 2006-2009 passant de 7,11 % à 5,57 %. Elle est nettement supérieure à la moyenne nationale.

Au sein de ce secteur, néanmoins, tous les domaines ont vu leur part régressée entre 2001-2005 et 2006-2009, à l'exception des clubs politiques. La progression des associations religieuses cesse également dans cette dernière période. De même, les créations d'associations religieuses représentent une part supérieure de plus de deux fois à la moyenne nationale, et les comités d'œuvres sociales une part deux fois supérieure. Les créations dans tous les autres domaines du secteur se font dans des proportions inférieures à la moyenne nationale à l'exception des amicales de classe et des associations d'anciens combattants.

- « Éducation, formation »

La part des créations dans ce secteur a baissé de 7,61 % en 1998-2000 à 6,17 % en 2006-2009, mais devient légèrement inférieure à la moyenne nationale.

Tous les domaines de ce secteur voient leur part baisser entre 1998-2000 et 2006-2009, à l'exception des créations d'associations liées à la formation continue et permanente.

Tous les domaines ont en revanche une part supérieure à la moyenne nationale, sauf les associations d'étudiants et d'anciens élèves, dont la part est près d'1,5 fois moins importante.

• « Chasse, pêche »

La part de ce secteur a fortement baissé entre 1998-2000 et 2006-2009 et est de ce fait largement inférieure à la moyenne nationale (0,69 % contre 1,18 en Métropole).

C'est surtout la chasse qui a vu sa part baissée : de plus de 80 % entre 1998-2000 et 2001-2005 et entre 2000-2005 et 2006-2009.

La part des créations d'associations de chasse est de 0,07 en Outre-Mer contre 0,78 % en Métropole, tandis que la part des créations d'associations de pêche est supérieure (0,61 % en Outre-Mer contre 0,40 % en Métropole).

L'intervention des créations d'associations dans les secteurs d'activité au cours des trente-quatre dernières années (1975-2009)

L'observation de l'évolution des secteurs d'activité sur les trente-quatre dernières années permet de distinguer les tendances de fond dans l'évolution des créations d'associations et de corriger ainsi des évolutions de court terme parfois fluctuantes.

L'explosion des créations d'associations entre 1975 et 1994

La progression du nombre de création d'associations est de 75 % en trente-quatre ans. Cette progression très forte entre 1975 et 1994 avec 59 % va ralentir pour tomber à 8,16 % entre 1994 et 2005, puis à 2,1 % dans la dernière période. Cela produira dans les années 2000 un émiettement associatif sur l'ensemble du territoire.

Les créations d'associations et l'évolution des secteurs d'activité entre 1975 et 2006
(France métropolitaine hors Alsace-Moselle)

Activité principale	Moyenne de créations de 1975-1986	Moyenne de créations de 1987-1994	Moyenne de créations de 1995-2005	Moyenne de créations de 2006-2009
1. Secteur éducation – formation	2 599	4 667	4 580	4 180
2. Secteur santé, action sociale et familiale, personnes âgées	4 817	5 593	5 666	5 800
3. Secteur commerce, activités économiques, emploi, consommation	3 805	7 486	7 589	5 800
4. Secteur logement, habitat, environnement	2 458	3 218	3 450	4 047
5. Secteur chasse – pêche	1 067	1 048	926	750
6. Secteur culture – tourisme – échanges internationaux	5 701	13 019	17 221	22 409
7. Secteur loisirs – jeunesse	4 760	6 357	9 274	7 996
8. Secteur sports	6 948	11 016	8 818	9 451
9. Secteur divers vie sociale	2 696	4 085	3 934	3 039
0. Secteur indéterminé	1 408	1 010	731	0
Total	36 259	57 499	62 189	63 472

Encart méthodologique

Pour la période 1975-1986, seule une moyenne des créations d'associations classées par activité principale est disponible. Afin d'harmoniser les données pour l'étude de l'évolution depuis 1975, quatre grandes périodes ont donc été définies : 1975-1986, 1987-1994, 1995-2005 et 2006-2009.

La ventilation par secteur reste globalement la même entre 1975 et 2009

Prédominance du secteur de la culture avec de 15 à 35 % des créations, suivi par le secteur sportif de 19 à 15 %.

Les secteurs « Santé, action sociale », « Commerce, activités économiques » « Loisirs, jeunesse » représentent entre 14,9 % et 11,1 %.

Enfin les secteurs « Éducation, formation » et « Logement, environnement » et « Vie sociale » se partagent entre 4,8 % et 8,10 % des créations. Enfin, le secteur « Chasse et pêche » varie entre 1,20 % et 2,90 %

Ainsi des deux tableaux ci-dessus et du graphique ci-après se dégagent plusieurs tendances.

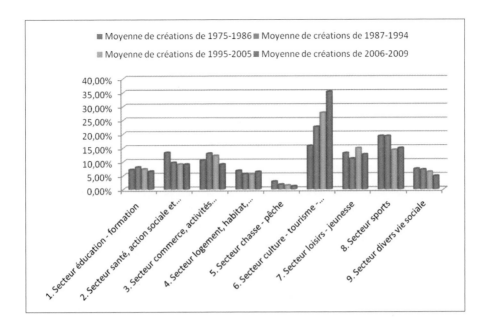

Les secteurs en forte progression

«Culture, tourisme, échanges internationaux», le nombre de créations s'est multiplié par 4 sur 34 ans :

Le nombre de créations dans ce secteur a en effet été multiplié par 3 entre les périodes 1975-1986 et 1995-2005, et par 4 entre 1975 et 2009 avec toutefois un infléchissement certain de l'augmentation sur la dernière période. Ce secteur est devenu le premier créateur d'associations dès la fin des années 1980 et regroupe aujourd'hui le tiers des créations repoussant le secteur sportif au deuxième rang.

Les associations culturelles ont elles aussi augmenté très fortement puisque le nombre de créations s'est multiplié par 3,9, suivies de près par les activités artistiques dont le nombre de créations a été multiplié par 3,5. Notons en ce qui concerne les activités culturelles, que les associations «philosophiques et d'ésotérisme» se sont fortement développées : ces activités centrées sur l'individu et le bien-être représentent un engouement récent.

En revanche, les «radios libres» ont connu une baisse des créations depuis la période 1986-1994, ce qui s'explique par l'encadrement de cette activité par les pouvoirs publics.

Le domaine des «échanges internationaux» qui s'est multiplié par 4 en 30 ans voit une baisse rapide de ses créations entre 2006-2009 (635 créations) et se retrouve au même nombre que dans les années 1975-1986 (613 créations).

«Sports», une évolution en dents de scie :

Ce secteur fait également partie des secteurs qui ont connu une baisse importante des créations depuis 30 ans, mais qui dans la dernière période retrouve un second souffle avec 9 451 créations. Cependant, ce secteur présente une configuration particulière puisque la baisse des créations n'est intervenue que lors de la période récente (- 20 % de créations entre 1987-1994 et 1995-2005), alors que la période précédente était une période de progression (près de 60 % entre 1975-1986 et 1987-1994). Le secteur est donc passé de la première position pour les créations dans les années 1975-1986 à la deuxième position dans les années récentes.

La plupart des domaines d'activité ont suivi cette tendance de progression/régression, à l'exception d'une part des associations sportives d'entreprises et des associations de «boules et pétanque» qui ont été en baisse permanente, et d'autre part, des associations de «sports mécaniques et cyclistes», ainsi que des «sports individuels de combat» qui tendent nettement à augmenter (environ 100 % d'augmentation du nombre de créations).

Ainsi, il semblerait qu'on assiste là à une mutation des centres d'intérêt vers des types de sports relativement nouveaux, en particulier les sports individuels et les sports de contact.

«Logement, habitat, environnement», un secteur stable :

Le secteur connaît une progression continue mais légèrement plus faible que la progression générale des créations. Il reste ainsi l'avant-dernier pour la part de créations : 7 % dans les années 1975-1986 et 5,5 % en 1995-2005 et 6,40 % en 2006-2009.

Là encore, il faut distinguer les domaines qui progressent comme ceux des associations d'habitants et de défense d'intérêts des habitants qui ont augmenté de 65 % en trente-quatre ans de ceux qui régressent (- 20 % de créations environ pour les «associations d'architecte, urbanisme et logement social», ainsi que pour celles de «propriétaires fonciers»).

On peut noter par ailleurs que le domaine de l'«écologie et défense de l'environnement», qui avait progressé dans la première période est entré dans la période 1995-2005 en phase de légère régression (- 11 % entre 1987-1994 et 1995-2005). Cette activité retrouve un nouveau souffle avec près de 2 000 associations nouvelles sur la dernière période.

Les secteurs en régression

«Commerce, activités économiques, emploi, consommation», une forte augmentation qui s'est ralentie à partir de la période 2005-2009 :

Le secteur présente une augmentation moyenne de près de 100 % entre les années 1975-1986 et 1995-2005, mais la forte augmentation, qui avait eu lieu dans la première période et qui avait placé ce secteur en troisième position pour les créations d'associations, s'est très fortement tassée au cours de la deuxième période (+ 1,4 % entre 1986-1994 et 1995-2005). Le secteur est ainsi redescendu au cinquième rang des secteurs créateurs d'associations en 2006-2009.

Sur 34 ans, deux domaines d'activité ont en fait progressé de façon exceptionnelle : le nombre de créations a été multiplié par plus de 6 pour les « associations de consommateurs et d'usagers » ainsi que pour les « associations de chômeurs, aide aux chômeurs et emploi », les « associations d'insertion sociale et professionnelle ».

Les « associations de commerçants et d'artisans », dont le nombre de créations a tendance à augmenter, le nombre de créations d'associations de professionnels et d'entreprises a lui aussi nettement baissé. Enfin, le nombre de créations d'« associations à fonction économique » qui avait beaucoup augmenté dans la période 1975-1986 à 1987-1994 a largement baissé dans les périodes suivantes.

« Chasse, pêche », le nombre de créations baisse :

Ce secteur est le seul dont le nombre de créations est en baisse : - 30 % sur l'ensemble de la période, avec une baisse continue depuis les années 1975-1986, notamment dans le domaine de la chasse que dans celui de la pêche les associations stagnent. Cela s'explique en partie par le fait que le secteur est très encadré par la loi et que le territoire est aujourd'hui largement couvert par ce type d'associations. Ce secteur reste en dernière position pour le nombre de créations d'associations.

« Divers, vie sociale », des logiques contrastées :

Ce secteur a eu une progression + 13 % entre 1975 et 2009. Mais alors qu'il représentait 7,40 % des créations dans la première période, il n'a cessé de diminuer pour atteindre 4,8 % des créations en 2006-2009 et se classe à l'avant-dernière position.

Il est important de noter, que, davantage encore que pour les autres secteurs, celui-ci est composé de domaines d'activité ayant des logiques très indépendantes les unes des autres : ainsi, les créations d'« associations politiques » et celles d'« associations religieuses » présentent curieusement des profils d'évolution similaires : une augmentation d'environ 130 % entre les années 1975-1986 et 1987-1994 suivie d'une baisse de 13 % environ dans la période suivant. Mais tandis que les associations et clubs politiques continus leur progression, les associations religieuses décroissent.

Quatre domaines sont en forte baisse : les « comités d'œuvres sociales » et les « amicales de sapeurs-pompiers », les « associations d'anciens combattants et amicales de classes » fléchissent dans la période récente après une progression de 16 % entre 1987-1994 et 1995-2005 et que les créations d'« associations liées à l'immigration et aux droits de l'homme » diminuent fortement dans la dernière période.

Les secteurs qui se maintiennent

«Santé, action sociale et familiale, personnes âgées», le nombre de créations augmente lentement :

Ce secteur a lui aussi fortement régressé par rapport à l'ensemble des créations depuis 30 ans. On note une légère augmentation dans la dernière période avec +2,3 % de nouvelles créations. En effet, si le nombre de créations dans ce secteur a augmenté de 20,5 % environ en 34 ans, cette augmentation est en fait inférieure à l'augmentation générale du nombre de créations : la part du secteur par rapport à l'ensemble des créations a de ce fait baissé (de 13 % des créations en 1975-1986 à 9 % en 2006-2009), et alors qu'il était le troisième secteur pour le nombre de créations d'associations en 1975-1986, il est passé en quatrième position depuis.

Néanmoins, le nombre de créations dans le domaine des «médecines douces, paramédicales, hygiène» est de plus en plus important et nous avons choisi sur cette dernière période de les isoler pour mieux comprendre leur évolution.

C'est en fait dans le domaine des «personnes âgées» que le nombre de créations a tout particulièrement baissé passant de 1 838 créations d'associations en 1975 à 397 en 2006-2009. Ceci s'explique par le fait que de nombreuses associations exercent déjà dans ce domaine soit pour proposer un hébergement, soit pour des services à la personne. Les associations déjà en activité qui diversifient leur panier de service ne sont pas enregistrées comme des créations.

«Loisirs, jeunesse», ce secteur est devenu le deuxième pour le nombre de créations :

Ce secteur a connu lui aussi une croissance importante : le nombre de créations a quasiment été multiplié par 2 entre les périodes 1975-1986 et 1995-2005 (+95 %), mais l'augmentation décélère dans la dernière période si bien que ce secteur qui n'était que le sixième pour les créations d'associations auparavant, remonte en troisième position dans les années 2006-2009.

Ce sont les activités de loisirs qui ont le plus contribué à la progression de ce secteur : en effet le nombre d'associations créées dans les «loisirs spécialisés», «loisirs polyvalents», ainsi que les associations liées aux animaux a été multiplié par 4 en 34 ans.

Parmi les associations dédiées à la jeunesse, la progression des créations reste stable pour les associations «socio-éducatives» (le nombre de créations a également été multiplié par 2,4 de 1975 à 2005), tandis que les créations d'autres associations de jeunesse ont progressé nettement moins vite.

«Éducation, formation», une lente progression :

Ce secteur a gardé une part relativement stable des créations depuis 34 ans (6,6 à 8 % de l'ensemble), se situant en septième position pour les créations dans les années 1975-1986 et en sixième position depuis.

L'évolution est en fait plus diversifiée qu'il n'y paraît au sein des divers domaines d'activité qui composent ce secteur : en effet, alors que d'une part, le nombre de créations d'« associations d'étudiants et d'anciens élèves » a été multiplié par 3,5. On assiste ainsi à une transformation de la configuration du secteur : le monde étudiant utilise de plus en plus le mode associatif, à la fois pour la défense et l'expression, et également pour mettre en œuvre des savoir-faire durant les périodes de formation.

D'autre part, les créations d'« associations de parents d'élèves » et d'« associations liées à l'enseignement privé » ont baissé respectivement de 28 % et 67 % sur l'ensemble de la période. On enregistre également, dans la dernière période un recul fort de création d'associations intervenant dans la formation avec une baisse de 45 % entre 1992-2005 et la dernière période.

Conclusion

Notre propos était d'examiner les créations d'associations entre les années 2006 et 2009 afin d'analyser les mutations qui s'opèrent. Notre travail est basé sur une démarche de comptage et de codification à partir des publications au *Journal officiel* pour les associations enregistrées Loi 1901 et de récolter auprès des tribunaux d'instance les associations créées sous droit local.

Le rapport présente deux parties :

La première partie consiste à faire le point sur le nombre de créations enregistré dans les départements et dans les régions en France métropolitaine et dans l'Outre-Mer.

• Une affirmation de la recomposition territoriale dessinée dès les années 2000

En moyenne 63 470 créations d'associations en France métropolitaine et 1 857 en Outre-Mer pour la période 2006-2009 soit 1,06 associations pour 1 000 habitants.

Si le bilan de la vie associative 1991-1992 montrait une France coupée entre un sud relativement plus dynamique et un nord relativement plus faible, on voit se confirmer dans ces quatre dernières années la place de nouvelles régions porteuses en termes de créations d'associations (Grand Ouest et Outre-Mer). Si d'autres confirment leur déclin (Lorraine, Centre) certaines connaissent une reprise importante sur les dernières années étudiées (Nord-Pas-de-Calais).

La seconde partie analyse les secteurs d'activité dans lesquels les nouvelles associations souhaitent œuvrer.

• Une affirmation de la recomposition sectorielle amorcée dans les années 2000

Le secteur «Culture, tourisme, échanges» affirme sa prédominance avec 30 % des créations d'associations. À l'inverse le «Sport» et le secteur «Loisirs, jeunesse» et «Activités économiques» qui avait connu un important dynamisme dans la première partie des années 1990 sont en régression.

• Un regard porté sur les 34 années de créations d'associations (de 1975 à 2009) permet d'enregistrer que le secteur du sport qui était le premier secteur de création a été détrôné par le secteur culturel. Par contre, le secteur du logement et de l'habitat et environnement est lui en constante progression. Trois secteurs sont en régression : «Commerce et activités économiques», «Vie sociale» et «Chasse et pêche». Trois secteurs maintiennent leur développement «Santé, action sociale», «Loisirs jeunesse» et «Éducation, formation».

La natalité associative est de plus en plus centrée sur l'accomplissement personnel avec un recul des associations d'intérêt général à l'exception du dynamisme des associations de défense de l'environnement, des associations de santé et des clubs politiques.

Quatrième partie

La contribution des associations aux travaux du CESE

Chapitre 1

La désignation des représentants associatifs

Les associations ont fait leur entrée en 1984 au Conseil économique et social (CES), troisième assemblée constitutionnelle devenue, en juillet 2008, Conseil économique, social et environnemental (CESE). Instance représentative de la société civile, le CESE fait aujourd'hui une place plus large aux associations qui assument des fonctions sociales et civiques essentielles. On constate en effet une meilleure participation associative au sein de ce lieu de concertation, d'échanges et de rencontres avec les institutions, une implication des associatifs qui y ont pris des responsabilités importantes et la montée d'une parole collective dans les différents lieux d'expression de la vie associative (CPCA, CNVA et groupe des associations aux CESE).

Le groupe des associations comportait jusqu'en 2010 cinq membres nommés par décret du Premier ministre, sur proposition du CNVA. Aujourd'hui le groupe des associations est constitué de huit membres : 4 désignés par le Premier ministre, sur proposition du CNVA, 3 désignés par le ministre en charge de la vie associative et un représentant de la Fondation de France choisi par celle-ci. Ils sont nommés pour un mandat de 5 ans. Toutefois, la mandature qui s'est achevée en 2010 a duré six ans, une prolongation d'un an ayant été décidée pour permettre au législateur d'adopter la loi organique nécessaire pour réformer le CES, dans la continuité de la réforme constitutionnelle de l'été 2008.

Réforme du Conseil économique, social et environnemental

La réforme constitutionnelle de 2008 a apporté des évolutions substantielles quant au rôle du Conseil économique, social et environnemental dans la République française. Avant 2008, seul le Gouvernement pouvait saisir le Conseil économique et social ; aujourd'hui ce pouvoir est partagé avec le Parlement d'une part mais également avec les citoyens puisque le Conseil économique, social et environnemental peut désormais être saisi par voie de pétition. Avant 2008 toujours, le Conseil économique et social était appelé à donner son avis « sur les projets de loi, d'ordonnance ou de décret » qui lui étaient soumis, sans qu'aucune obligation ne soit faite de soumettre effectivement au Conseil ces textes législatifs et réglementaires. Aujourd'hui, « tout plan ou tout projet de loi de programmation à caractère économique, social ou environnemental lui est soumis pour avis » – ce qui signifie que le Conseil économique, social et environnemental est obligatoirement saisi dans les cas précisés par la Constitution. L'évolution majeure apportée pour le Conseil économique et social par la réforme constitutionnelle de 2008 reste cependant l'apport de la compétence environnementale au diptyque économique et social en vigueur jusqu'alors.

La mise en œuvre de cette réforme en profondeur du rôle du Conseil économique, social et environnemental a amené à une phase de réflexion entre 2008 et 2010 sur la traduction de ces évolutions de fond en réformes du fonctionnement du Conseil lui-même. La loi organique du 28 juin 2010 relative au Conseil économique, social et environnemental est venue entériner les dispositions finales.

Le groupe des associations au Conseil économique, social et environnemental a été moteur dans ce processus – en travaillant de manière conjointe avec le CNVA et la CPCA pour proposer des modifications internes permettant de dynamiser la parole du Conseil dans l'espace publique et d'améliorer la dimension représentative de la société civile organisée.

Cette expression commune est une réelle avancée à porter au crédit du mouvement associatif organisé qui a fait ici la preuve de sa cohésion et de sa complémentarité. La loi organique telle qu'elle a été adoptée présente plusieurs avancées sérieuses qui avaient été proposées collectivement par les instances de la vie associative. Citons par exemple la parité, le renforcement du nombre de représentants associatifs, le rajeunissement – même si le groupe des associations avait plutôt milité pour que chaque groupe fasse de la place pour accueillir des jeunes plutôt que de constituer un « groupe de jeunes », la limitation des mandats, et même la création des pôles[64] qui permettra peut-être au CESE d'être davantage la maison du dialogue civil en ne se centrant pas uniquement sur les partenaires sociaux.

Les cinq conseillers du groupe des associations pour la mandature 2004-2010 ont été élus par le CNVA le 22 juin 2004 et désignés officiellement au Conseil par décret du 3 septembre 2004. Leurs titres et fonctions au sein du CESE sont présentés dans le tableau ci-dessous :

Conseiller(-ère)	Titres et fonctions au CESE
Édith Arnoult-Brill	Secrétaire générale de la Fédération unie des auberges de jeunesses (FUAJ), Présidente du CNVA, membre du Bureau.
Jean-Marc Roirant	Secrétaire général de la Ligue de l'enseignement, Président du Forum civique européen, Président du groupe.
Frédéric Pascal	Administrateur de l'UNIOPSS.
Philippe Da Costa	Président du Comité mondial du scoutisme.
André Leclerc	Président de l'Académie olympique, Vice-président du CNOSF.

Pour le mandat qui s'achève, les cinq représentants du monde associatif au CESE venaient des secteurs du sport, du social, de l'éducation populaire et de la jeunesse. Attachés à représenter l'ensemble de la vie associative dans sa communauté de valeurs, on constate toutefois que des

---

64) « Vie économique et du dialogue social », « Cohésion sociale et territoriale et de la vie associative », « Protection de la nature et de l'environnement ».

pans entiers de l'engagement associatif ne sont pas encore présents au CESE : solidarité internationale, droits de l'Homme, associations féminines et féministes, lutte contre la précarité, culture...

Pour le mandat 2010-2015, parmi les huit représentants du monde associatif et des fondations (présentés dans le tableau ci-dessous) nommés par décret du 28 octobre 2010, quatre ont été élus par le CNVA et trois désignés par le ministre chargé de la Vie associative, le huitième étant désigné par la Fondation de France.

Conseiller(-ère)	Titres et fonctions au CESE
Édith Arnoult-Brill	Secrétaire générale de la Fédération unie des auberges de jeunesses (FUAJ), Présidente du CNVA, 3e Vice-présidente du CESE.
Jean-Marc Roirant	Secrétaire général de la Ligue de l'enseignement, Président du Forum civique européen, Président du groupe.
Francis Charhon	Directeur général de la Fondation de France, Président du Centre français des fondations.
Philippe Da Costa	Président de l'Institut national de la jeunesse et de l'éducation populaire, Directeur de la vie associative à la Croix-Rouge française.
Mélanie Gratacos	Déléguée générale d'Animafac.
André Leclerc	Vice-président du CNOSF.
Frédéric Pascal	Administrateur de l'UNIOPSS.
Christel Prado	Présidente de l'UNAPEI.

Afin d'entretenir la consultation des associations sur les travaux du CESE, le groupe réalise une lettre trimestrielle adressée au CNVA, à la CPCA et aux CESR. Ce bulletin est l'occasion, pour le groupe des associations, de rendre compte de son activité au sein du Conseil et des initiatives de ses homologues des CESR. Cette lettre permet un véritable échange. En effet, il y présente succinctement les positions prises sur les avis soumis au vote de l'assemblée plénière et y annonce les éventuelles communications et les saisines en cours. Les représentants associatifs des différents CESR y font également part des travaux qu'ils ont pu mener dans leurs conseils respectifs.

Enfin, le groupe fait appel à contribution directement auprès des associations les plus concernées par les saisines gouvernementales et autosaisines venant en débat à l'assemblée plénière. Il rend compte régulièrement de la vie du CESE et de ses interventions dans le cadre des réunions du CNVA et de la CPCA.

Rapports et avis confiés aux représentants du Groupe des associations

Outre la participation à l'élaboration de textes et à la réflexion de l'ensemble des sujets soumis aux diverses formations de travail, les membres du groupe des associations ont été rapporteurs d'avis ou de communications. On peut notamment citer :

Frédéric Pascal, « Évaluation relative à la mise en œuvre du droit au logement opposable » – Avis adopté en septembre 2010

Frédéric Pascal a corapporté cet avis avec Henri Feltz, président du groupe des Français établis hors de France, de l'épargne et du logement. Ensemble, ils ont dressé un constat très contrasté de la mise en œuvre du droit au logement opposable et ont présenté 18 propositions pour faciliter son application effective, dont par exemple la mise en place de dispositifs spécifiques dans les zones dites tendues. Le projet d'avis a été adopté par 144 voix contre 17 et 7 abstentions.

Frédéric Pascal, « Quel cadre juridique européen pour les SSIG ? » – Avis adopté en avril 2008
Section des affaires sociales

Dans le cadre de la Présidence française de l'UE, l'avis avance des propositions pour sécuriser les services sociaux d'intérêt général, tant au niveau français qu'européen. L'avis entend mobiliser la société civile, le Parlement et le Gouvernement sur ces services dont la sauvegarde est indispensable au maintien de la cohésion sociale et au renforcement de la solidarité.

Philippe Da Costa, « Sécurité routière et circulation, la responsabilité des différents acteurs » – Avis adopté en juin 2007
Section des économies régionales et de l'aménagement du territoire

La route est en passe de devenir la seconde cause de mortalité au monde. Malgré de nettes améliorations [65], en France, les accidents de la route entraînent chaque jour la mort de 13 personnes. Chez les jeunes, entre 14 et 18 ans, un décès sur trois leur est imputable. L'avis appelle de ses vœux le principe d'une route comme espace socialisé où il serait possible de se déplacer en toute sécurité, dans le respect de chacun, quel que soit le mode de locomotion utilisé et évoluant au sein d'un domaine redéfini par le concept plus large de mobilité durable.

---

65) Depuis 10 ans le nombre de tués sur les routes françaises a diminué de plus de 40 % passant sous la barre des 5 000 victimes.

Édith Arnoult-Brill, « La sécurisation des parcours professionnels » – Avis adopté en juin 2007
Section du travail

Dans une économie mondialisée marquée par le chômage, la précarité et les difficultés à maîtriser l'avenir, l'avis se saisit de la question de la sécurisation des parcours professionnels en retenant une approche ambitieuse centrée sur la personne. Il ne s'agit pas seulement de chercher à gérer et réparer les situations de rupture, mais bien de prendre en compte la globalité des situations professionnelles, inscrites dans une trajectoire de vie. Dans cet objectif, l'avis propose des pistes pour bâtir un nouveau système visant à promouvoir des parcours professionnels maîtrisés et favorisant, pour les salariés, les entreprises et le service public, une nouvelle relation de confiance.

André Leclercq, « Le sport au service de la vie sociale » – Avis adopté en avril 2007
Section du cadre de vie

L'avis s'interroge sur la compatibilité entre enjeu éducatif, enjeu politique et enjeu économique du sport alors que son contexte a profondément évolué. Il souligne la confirmation du mouvement associatif sportif, la croissance de son audience, l'élargissement de ses missions et son rôle dans l'implantation de l'égalité des chances. Il constate également que si la pratique sportive s'est autonomisée et que son offre s'est élargie par l'apport du secteur commercial, tout le monde ne peut pas accéder encore au sport, devenu pourtant un véritable phénomène de société.

Coordination du CESE et des CESR

Convaincu de l'intérêt de favoriser les échanges entre les représentants associatifs des conseils économiques et sociaux régionaux (CESR) et du Conseil économique et social national, le groupe des associations a organisé deux rencontres au cours de cette mandature.

La première s'est tenue en 2005 au palais d'Iéna. Elle a été l'occasion d'échanger sur les actualités associatives et faire un tour d'horizon des activités des associatifs des CESR. C'est ainsi par exemple que le CESR Midi-Pyrénées a pu, à cette occasion, présenter son travail sur les lieux du dialogue civil.

La seconde a été accueillie par le CESR Rhône-Alpes, à Lyon. Elle a eu lieu en 2007, à la veille de la troisième Convention nationale des conseils économiques et sociaux de France, consacrée alors à la question des jeunes. Le groupe des associations a également profité de la tenue de la deuxième Conférence de la vie associative le 17 décembre 2009, pour organiser la veille, à Paris, un temps d'échange entre les différents représentants associatifs des CESR.

La dernière rencontre a eu lieu le 3 mars 2011 au Palais d'Iéna. Pour cette nouvelle mandature, elle était co-organisée avec le groupe Environnement et Nature nouvellement créé au CESE et rassemblant les associations environnementales. Elle a réuni près de 70 participants représentants 18 des 22 CESER métropolitains.

Les travaux

L'implication du groupe des associations dans la vie du CESE

Pour le CNVA, la société civile organisée doit contribuer à l'élaboration de la décision publique. Il souligne notamment le rôle important du CESE au niveau national et des CESR dans les régions. Il apparaît donc nécessaire que le groupe des associations soit impliqué dans la vie du CESE.

La participation au Bureau du Conseil

Chaque groupe constitué doit être représenté au Bureau du CESE. Garant de la bonne marche du Conseil et de ses travaux, le Bureau arrête l'ordre du jour des assemblées plénières, reçoit les saisines gouvernementales et les projets de saisines présentés par les sections et répartit les travaux entre les sections. En plus de cette fonction d'organe d'enregistrement, il produit de la réflexion sur le fonctionnement du Conseil et la représentation de la société civile. Il est également à l'initiative de la création d'instances comme la délégation aux droits des femmes et à l'égalité des chances entre hommes et femmes.

Élue pour représenter les associations, Édith Arnoult-Brill prend part activement à ces activités. Elle participe aux réunions bimensuelles et aux séminaires annuels, elle a été membre du Comité du rapport[66], membre permanent du Comité de la réforme[67] et membre du Comité opérationnel « Institutions et représentativité des acteurs »[68] du Grenelle de l'environnement.

En 2010 et pour la mandature courant jusqu'en 2015, Édith Arnoult-Brill a été élue 3e Vice-présidente du Conseil économique, social et environnemental. Elle cogère donc l'institution avec ses collègues au nom de l'intérêt supérieur du Conseil.

La présence dans les sections et les délégations

Le groupe des associations exprime la parole associative dans tous les travaux du CESE qu'ils concernent ou non directement le rôle des associations. Il

66) Créé en 2004 pour rénover le rapport annuel en l'enrichissant d'une réflexion globale sur la pensée du Conseil à propos de questions économiques et sociales.
67) Constitué fin 2007 pour élaborer des propositions tant sur les méthodes de travail que sur la composition de l'assemblée.
68) Créé en 2008, dirigé par Bertrand Pancher et destiné à déterminer des critères de représentativité des acteurs environnementaux.

s'agit pour lui d'apporter un « regard associatif » sur l'ensemble des questions d'intérêt économique, social ou environnemental qui déterminent l'évolution de la société française. Le groupe des associations a donc été représenté dans l'ensemble des formations de travail[69] et a participé à des commissions temporaires et groupes de travail concernant l'insertion des jeunes issus de l'enseignement supérieur, les objectifs de développement du millénaire, la consolidation du dialogue social, l'environnement et le développement durable, les mutations de la société et les activités dominicales, les OGM, les attentes des Français établis hors de France, les indicateurs du développement durable et l'empreinte écologique.

Les membres présidents et vice-présidents

Au-delà de la simple participation aux travaux des différentes formations de travail du Conseil, le groupe des associations a pu, durant la mandature 2004-2010, assurer la responsabilité de la Présidence ou de la Vice-présidence de deux commissions temporaires (Édith Arnoult-Brill et Philippe Da Costa), d'une section (Philippe Da Costa) et d'une délégation (Jean-Marc Roirant).

Dans la mandature 2010-2015, la présence institutionnelle du groupe des associations s'est encore renforcée : Philippe Da Costa préside la section de l'Éducation, de la Culture et de la Communication tandis qu'André Leclercq a été élu Vice-président de la section des Activités économiques.

La représentation du Conseil au sein d'organismes extérieurs

Plusieurs membres du groupe des associations ont assuré la représentation du Conseil au sein d'organismes extérieurs dans la mandature 2004-2010 :
• Philippe Da Costa, au Comité national du programme européen jeunesse, au Groupe de réflexion sur les droits économiques et sociaux, à la commission Concertation jeunesse – génération active ;
• Jean-Marc Roirant, à l'Institut national de recherche pédagogique ;
• Frédéric Pascal, au Comité de suivi du Plan de cohésion sociale ;
• Édith Arnoult-Brill, au Conseil supérieur de l'économie sociale et au comité Éducation & formation de la Commission nationale de l'UNESCO.

Pour la mandature 2010-2015, les représentants des associations ont également pu accéder à plusieurs responsabilités externes, en lien avec leur activité au Conseil :
• Mélanie Gratacos, au Comité national du programme européen jeunesse ;
• Christel Prado, au Conseil supérieur pour le reclassement professionnel et social des travailleurs handicapés ;

---

69) Activités productives, recherche et technologie ; Affaires sociales ; Agriculture et alimentation ; Cadre de vie ; Économies régionales et aménagement du territoire ; Finances ; Questions économiques générales et conjoncture ; Relations extérieures ; Travail ; Délégation droit des femmes et égalité des chances ; Délégation pour l'Union européenne.

- Frédéric Pascal, au Conseil supérieur de l'administration pénitentiaire ;
- André Leclercq, à la Commission nationale des compétences et des talents.

Participation et contribution du groupe dans certains avis

Au cours de la période examinée, plus de cinquante dossiers différents ont été traités dans les sections sous la forme de rapports et avis, de communication ou d'études. Dans les sections et dans les séances plénières, les membres du groupe des associations apportent la contribution spécifique de la vie associative et la Lettre du groupe des associations au CESE en rend compte régulièrement.

« Réunifier et réconcilier la ville : constat et propositions » – 8-9 janvier 2008
Section cadre de vie

Le groupe des associations a voté cet avis, rendu sur saisine gouvernementale. Le groupe constate qu'il faut tenter de réunifier la ville par le décloisonnement et réconcilier la ville par le rapprochement des populations. Il souhaite promouvoir une meilleure mutualisation des moyens de l'État dans le cadre d'une gouvernance rénovée, notamment sur la signature de conventions cadres avec les réseaux associatifs. Celles-ci permettraient d'assurer la pérennité des actions et de soutenir plus efficacement les associations locales. Il souligne également que si la richesse associative a toute sa place ici, les associations ne doivent pas être instrumentalisées et exécuter des missions relevant davantage de la solidarité. Il insiste enfin sur le rôle structurant des associations sportives, culturelles et d'éducation populaire et sur la capacité du mouvement associatif à revitaliser la politique de la ville par une dynamisation de l'intelligence sociale.

« Le luxe : production et services » – 12-13 février 2008
Section des activités productives, de la recherche et de la technologie

Le groupe des associations a voté cet avis qui rappelle que le luxe est un véritable secteur économique qu'il faut préserver et développer pour assurer la pérennité de l'emploi de milliers de professionnels. Toutefois, le groupe, soucieux de la préservation et de la promotion des savoirs et savoir-faire aurait souhaité que la relation entre les délocalisations et l'emploi soit plus approfondie.

« L'avenir de la médecine du travail » – 26-27 février 2008
Section du travail

Le groupe des associations a voté cet avis proposant des voies visant à sortir rapidement de la situation préjudiciable dans laquelle se trouve la santé au travail. Ceci suppose de réfléchir sur une culture de prévention, sur la place et la pluridisciplinarité du médecin du travail et de son public cible. Le groupe insiste tout particulièrement sur la nécessité de définir rapidement les missions des services de santé au travail et de réapprécier le rôle du médecin du travail, pour le valoriser et le rendre plus efficace.

«Aménagement du territoire, enseignement supérieur et recherche : entre proximité et excellence» – 26-27 février 2008
Section des économies régionales et de l'aménagement du territoire

Le groupe des associations a voté cet avis qui propose un nouvel équilibre pour le système de recherche et d'enseignement supérieur en explorant le lien qui l'unit au territoire. Selon le groupe, l'enjeu le plus important est celui de l'orientation. Il est en effet indispensable que chaque étudiant ait des informations précises sur les métiers et les perspectives d'emploi auxquelles mène sa formation. Le groupe souligne également l'importante question des conditions de la vie étudiante et de la vie associative étudiante, vecteur idéal de lien entre campus et territoire et qui apporte aux étudiants de multiples compétences complémentaires à leurs formations.

«Dynamiser l'investissement productif en France» – 11-12 mars 2008
Section des questions économiques générales et de la conjoncture

Le groupe des associations a voté cet avis qui expose les causes et les conséquences du faible dynamisme de l'investissement productif français et qui avance des propositions pour y remédier. Le groupe encourage d'élargir le concept d'investissement en y intégrant les nouvelles technologies, la formation, l'innovation et la recherche. Une dynamique pourrait alors être enclenchée en centrant les investissements publics sur l'utilité sociale et en accompagnant une meilleure participation des salariés. Il considère également qu'une responsabilité sociale devrait s'ajouter aux objectifs économiques pour mieux prendre en compte les considérations sociétales, le développement durable, l'évolution démographique et les nouvelles préoccupations relatives au travail comme moyens de dynamiser l'investissement.

«Projet de loi de programme pour le développement économique et la promotion de l'excellence Outre-Mer» – 25-26 mars 2008
Section des économies régionales et de l'aménagement du territoire

Le groupe des associations a voté cet avis qui considère ce projet de loi-programme comme un outil devant entraîner la mise en œuvre d'une politique renouvelée plaçant l'Outre-Mer au cœur d'une politique plus globale faisant davantage place aux initiatives locales. Le groupe indique que la défiscalisation et les exonérations de charges sociales sont nécessaires pour atténuer les handicaps structurels que connaissent les économies de ces territoires. Il regrette toutefois que l'on privilégie une logique d'optimisation fiscale plutôt qu'une logique économique de développement. Pour le groupe, il s'agit de prôner de nouveaux modes de création de richesse et de valeur ajoutée.

« Quel cadre juridique européen pour les services sociaux d'intérêt général ? » – 8-9 avril 2008
Section des affaires sociales

Le groupe des associations a voté cet avis en rappelant que ce sujet est au cœur des préoccupations quotidiennes des Français. Il souligne en effet que chacun sollicite, utilise, produit ou consomme des services sociaux d'intérêt général qui s'inscrivent dans un espace difficilement délimité entre les services publics fournis par l'État et les productions économiques du secteur marchand classique. Il insiste également sur la nécessité de définir de façon claire la notion d'« intérêt général » qui, selon lui, doit s'apprécier en fonction de la nature du projet, des publics touchés, de l'action elle-même et de son impact.

« Quelles solidarités européennes faut-il renforcer face aux défis de la mondialisation ? » – 8-9 avril 2008
Section des relations extérieures

Le groupe des associations a voté cet avis qui entend conférer un élan renouvelé à l'Union européenne en promouvant une mobilisation de toutes les énergies autour d'un projet collectif, plus ambitieux et solidaire. Le groupe souligne que pour donner un souffle nouveau à l'espace économique, social et démocratique qu'est l'Union européenne, il est nécessaire de revisiter les fondamentaux et de favoriser les synergies dans le cadre d'un nouveau « contrat de confiance ». Il insiste sur le fait que les efforts entrepris par les réseaux associatifs, de l'éducation, de la culture, du social, de l'environnement, du sport ou de la consommation sont nécessaires à la définition de l'identité européenne et du « vivre ensemble » européen. Selon lui, ces démarches collectives sont essentielles car elles humanisent la construction européenne et démontrent que l'Europe n'est pas qu'un marché.

« Les enjeux de la gestion des déchets ménagers et assimilés en France en 2008 » – 22-23 avril 2008
Section cadre de vie

Le groupe des associations a voté l'avis qu'il considère comme éclairant les préoccupations du CESE (alors encore CES) pour les questions d'environnement. Il insiste sur le principe de coresponsabilité des différents acteurs pour renforcer une prise de conscience citoyenne et collective. Le groupe soutient particulièrement les propositions relatives à la régulation et au rôle de l'État (notamment, sur l'émergence d'une nouvelle « loi déchets »). Il s'exprime enfin en faveur du lancement d'un débat public qui pourrait renforcer la concertation avec les associations engagées dans le champ de l'environnement et de la consommation.

« Comment mobiliser l'épargne des migrants en faveur du codéveloppement » – 13-14 mai 2008
Section des finances

Le groupe des associations a voté cet avis faisant suite à une saisine gouvernementale. Toutes les propositions de cet avis visent à faire des migrants de véritables agents économiques ayant compris l'utilisation et les risques des produits bancaires. Il constate cependant que les comportements des migrants sont fluctuants et qu'il faudrait que le secteur bancaire mette en place une pédagogie pour les accompagner. Le groupe retient particulièrement les méthodes proposées pour démultiplier les flux financiers envoyés par les migrants et destinés au développement local. Le groupe regrette toutefois que cet avis n'ait pas approfondi davantage les relations économiques et financières entre migrants, pays d'accueil et pays d'origine.

« L'obligation alimentaire : des formes de solidarité à réinventer ? » – 13-14 mai 2008
Section des affaires sociales

Le groupe a voté cet avis qui expose l'actuel système de l'obligation alimentaire et recommande une série de réformes pour mieux articuler aide sociale et solidarité familiale. Créée par le Code civil de 1804, l'obligation alimentaire a fondé la solidarité familiale et a soumis les relations familiales au contrôle des pouvoirs publics. Le groupe constate que la généralisation de la protection sociale ayant créé une solidarité collective coexistant avec la solidarité familiale, leur articulation devient délicate. L'avis met ainsi en évidence les incertitudes de la régulation juridique entre solidarité familiale et solidarité collective.

« Projet de loi relatif à la mise en œuvre du Grenelle de l'environnement » – 27-28 mai 2008
Section du cadre de vie

Le groupe des associations a voté cet avis qui, tout en s'inscrivant dans la dynamique du processus du Grenelle formule une série d'observations critiques à propos du projet de loi. Le groupe insiste sur l'épineuse question de la répartition des coûts. Cet avis rappelle que tous les secteurs de l'éducation sont indispensables à une prise de conscience environnementale : l'éducation formelle (école, famille), non formelle (associations) et informelle (médias). Le groupe constate que le Grenelle de l'environnement a scellé un consensus de la société française et se félicite qu'il valorise le rôle joué par la société civile organisée.

« La conjoncture économique et sociale en 2008 » – 27-28 mai 2008
Section des questions économiques générales et de la conjoncture

Le groupe des associations a voté cet avis qui appelle, face à la crise à soutenir l'innovation, véritable moteur de la croissance. Le groupe soutient les préconisations visant au renforcement de l'articulation entre recherche, innovation et industrialisation mais regrette que l'avis n'ait pas davantage pris en compte l'enjeu environnemental susceptible d'améliorer la croissance. Le groupe souligne toutefois que les acteurs les plus fragilisés par la crise devront être accompagnés pour profiter de ces innovations.

« La vigne, le vin : un atout pour la France » – 10-11 juin 2008
Section de l'agriculture et de l'alimentation

Cet avis formule des préconisations pour une politique viticole plus compétitive. N'étant pas alors représenté dans la section de l'agriculture, le groupe des associations s'est abstenu de voter sur cet avis. Il a toutefois déposé un amendement mettant en lumière le besoin d'instaurer une hiérarchisation des vins plus lisible pour le consommateur mais qui n'a pas été retenu. Le groupe a également déposé une déclaration insistant sur la nécessité d'encadrer strictement la publicité pour le vin sur internet, qui n'a pas non plus été suivi d'effet.

« Les conséquences pour l'économie française de l'application de la directive services » – 10-11 juin 2008
Section des questions économiques générales et de la conjoncture

Le groupe des associations a voté cet avis qui souligne l'importance de la transposition de la directive « services », au regard des bouleversements profonds qu'elle est susceptible de causer dans la réglementation des 5 000 activités de services françaises. Le groupe des associations constate toutefois que le législateur français devra mettre en œuvre un long cheminement pour inscrire l'ensemble des lois et décrets en correspondance avec le droit et la jurisprudence communautaires.

« Les nanotechnologies » – 24-25 juin 2008
Section des activités productives, de la recherche et de la technologie

Le groupe des associations a voté cet avis qui constate que le développement des nanotechnologies est un enjeu pour l'avenir, tout en rappelant les risques liés à la technologie. Le groupe apprécie le fait que l'avis pose clairement la question du rapport entre la recherche scientifique et la société civile. Le groupe insiste particulièrement sur le fait que la question de l'évolution des connaissances en la matière est liée à des enjeux démocratiques, ce qui constitue une condition indispensable du soutien de l'effort de recherche.

« Une agriculture productive soucieuse de prévenir les risques sanitaires et environnementaux » – 24-25 juin 2008
Section de l'agriculture et de l'alimentation

Le groupe des associations a voté cet avis qui cherche les modalités d'une conciliation des enjeux alimentaires, sociaux, environnementaux, économiques et territoriaux. Il a mis en lumière la délicate position de l'agriculture française prise dans un triple contexte réglementaire : national, européen et international. Le groupe des associations a déposé une déclaration écrite s'appuyant sur les travaux de plusieurs secteurs associatifs et concernant la question des résidus, l'accompagnement des consommateurs par différentes démarches de qualité et les biotechnologies. Le groupe regrette que la question de l'eau n'ait pas été plus approfondie et appelle de ses vœux une politique agricole volontariste pour enrayer la dégradation des nappes phréatiques. Il a rappelé enfin que l'implication de l'ensemble des acteurs de la société civile est indispensable sur ces questions.

« Les pôles de compétitivité : faire converger performance et dynamique territoriale » – 8-9 juillet 2008
Section des économies régionales et de l'aménagement du territoire

Le groupe des associations a voté cet avis qui porte un regard nuancé sur la politique des pôles de compétitivité mis en place en 2005. Le groupe apprécie la coopération croissante entre acteurs et la création de passerelles entre universités, laboratoires et entreprises qui témoignent d'un nouveau dynamisme. Le groupe insiste également sur l'importance, dans une économie fondée sur la connaissance, de l'investissement dans le capital humain. En effet, cet investissement offre aux entreprises et aux centres de recherches un vivier d'expertises ainsi que la possibilité d'élever le niveau de qualification des salariés en développant l'attractivité de la recherche.

« L'emploi des jeunes des quartiers populaires » – 8-9 juillet 2008
Section du travail

Le groupe a voté cet avis proposant une série de pistes pour réduire les inégalités face à l'emploi des jeunes des quartiers populaires. Le groupe rappelle en effet que le taux de chômage des jeunes des quartiers populaires est deux fois supérieur à celui des autres jeunes et se double de discriminations de différentes natures. Il se félicite de l'importance donnée par cet avis aux associations, acteurs de premier plan dans la lutte contre les discriminations. Il constate que forte de ses principes républicains d'égalité et de fraternité, la société française doit être capable de garantir l'égalité d'accès à l'emploi et de se doter d'outils de mesures pertinentes de la diversité dans le respect des individus et des libertés fondamentales.

« Programme national de requalification des quartiers anciens dégradés » – 8-9 juillet 2008
Section du cadre de vie

Le groupe a voté cet avis qui répond à une saisine gouvernementale sollicitant l'avis du CESE sur l'article 12 du projet de loi de mobilisation pour le logement et la lutte contre l'exclusion. Le groupe se félicite de retrouver dans le texte de loi une prise en compte de l'avis du CESE « Réunifier et réconcilier la ville, constats et propositions ». L'avis insiste sur la nécessité de requalifier des quartiers anciens dégradés et sur le rôle essentiel des associations locales dans ce programme. Il met en garde contre les effets d'aubaines qui feraient profiter des populations privilégiées des bénéfices de ces quartiers rénovés. Soucieux d'inscrire ce programme dans une démarche de mixité durable, le groupe souligne l'importance de bien articuler les différentes approches.

« Le développement des entreprises de taille intermédiaire » – septembre-décembre 2008
Section des activités productives, de la recherche et de la technologie

Le groupe des associations a voté cet avis sollicité par saisine gouvernementale pour développer les entreprises de taille intermédiaire. Le groupe souligne qu'aujourd'hui c'est un plan de sauvetage dont le Gouvernement aurait besoin pour limiter les dégâts de la crise économique et sociale induite par l'actuelle crise financière. Le groupe des associations souscrit ainsi largement aux orientations de l'avis visant à favoriser l'environnement de ces petites entreprises, à soutenir un capitalisme entrepreneurial face aux ravages du capitalisme financier.

« Les activités économiques dans le monde liées à l'eau » – septembre-décembre 2008
Section des activités productives, de la recherche et de la technologie

Le groupe des associations a voté cet avis qui expose que si l'eau est un bien public, son traitement et sa distribution génèrent un marché. Ce marché d'un bien public est, en France, majoritairement délégué au secteur privé. Il est donc important d'édicter des règles équitables et de réaffirmer que l'autorité publique doit rester le garant de l'intérêt général. Le groupe des associations souligne l'intérêt de l'expertise des associations de protection de l'environnement et de solidarité. Le débat pourrait ainsi s'enrichir de leur expertise et il serait possible d'instaurer, conformément aux dispositions de la loi du 20 octobre 2008 sur la mise en œuvre du Grenelle de l'environnement et de la directive cadre européenne sur l'eau, de nouvelles formes de gouvernance favorisant la participation de la société civile.

« 25 ans de politique d'insertion des jeunes, quel bilan ? » – septembre-décembre 2008
Section des affaires sociales

Le groupe des associations a voté cet avis qui propose des mesures pour redresser un bilan en demi-teinte tout en partageant ses réserves. Il considère en effet que la question nécessiterait une réelle réflexion des pouvoirs publics et des financements maintenus ou augmentés. Le groupe des associations rappelle l'urgence de construire un véritable service public de l'orientation individualisée, intégrant le secteur éducatif et ouvert à l'entreprise et au marché de l'emploi. Il fait ainsi écho à l'avis sur la sécurisation des parcours professionnel émis par Édith Arnoult-Brill. L'insertion ne peut se résumer à la stricte dimension professionnelle et comprend nécessairement la citoyenneté, l'accès à la culture, aux loisirs, à la santé et donc à l'inscription et à l'investissement dans la cité.

« Les services à la personne » – septembre-décembre 2008
Section des affaires sociales

Le groupe des associations a voté cet avis de suite destiné à dresser le bilan du plan Borloo de 2005 qui visait à dynamiser ce secteur très prometteur en termes de création d'emplois. Au-delà de rappeler l'implication du secteur associatif au service des plus fragiles et de la cohésion sociale, il note son exemplarité, notamment au plan de la formation. Le groupe des associations souhaite concentrer les efforts sur la professionnalisation et la qualité de l'emploi créé par des modes d'organisation innovants, comme les groupements d'employeurs qui permettent de favoriser des parcours professionnels plus dynamiques.

« Une nouvelle dynamique pour les politiques de conservation du patrimoine monumental » – septembre-décembre 2008
Section du cadre de vie

Le groupe des associations a voté cet avis qui rappelle les besoins en matière de formation des professionnels et des bénévoles du métier du patrimoine. Il plaide pour une meilleure reconnaissance du rôle des associations en les intégrant au processus de prise de décisions et d'orientations par les instances publiques.

«Évaluation et suivi des relations financières entre État et collectivités locales – septembre-décembre 2008
Section des finances

Le groupe des associations a voté cet avis et en a particulièrement retenu trois propositions. La première, destinée à pallier la grande disparité des sources d'information vise à faire établir une base de données par la Direction générale des finances publiques. La seconde consiste à inscrire la réforme des relations financières entre acteurs publics dans la durée afin d'en définir les objectifs, d'en évaluer l'impact et d'ajuster les changements entrepris. La troisième vise à favoriser le succès de la Conférence nationale des exécutifs en désignant un chef de projet, garant du calendrier de travail et du rendu des travaux. Le groupe des associations rappelle que la logique de concertation et de transparence qui y est prônée s'inscrit dans la ligne de l'article 14 de la Déclaration des droits de l'Homme et du Citoyen, selon lequel chaque citoyen a le droit de savoir comment s'établissent les finances publiques et quelles sont leurs finalités.

«Le marché des matières premières, évolution récente des prix et conséquence sur la conjoncture économique et sociale» – septembre-décembre 2008
Section des questions économiques générales et de la conjoncture

Le groupe des associations a voté cet avis constatant que l'indispensable remise en cause de nos choix énergétiques suppose la démarche participative des citoyens et des corps intermédiaires. Cet avis insiste sur la nécessité pour les pouvoirs publics de trouver un équilibre entre le développement économique et la préservation de l'environnement et de donner à l'innovation et à la recherche des financements à la hauteur.

«Pour une vision réaliste et plurielle de la mondialisation» – septembre-décembre 2008
Section des relations extérieures

Le groupe des associations partage le désir exprimé dans cet avis de favoriser une meilleure appropriation des politiques publiques par les citoyens. Toutefois, il diverge sur la méthode à mettre en œuvre et privilégie le renforcement d'un dialogue civil participatif. Il constate également qu'une vision réaliste et plurielle de la mondialisation ne peut se centrer sur la seule dimension économique et doit nécessairement prendre en compte des aspects sociaux et culturels. C'est pourquoi le groupe s'est abstenu de voter sur cet avis.

«Les entreprises dans les zones franches urbaines (ZFU)»
Section des activités productives, de la recherche
et de la technologie

Le groupe des associations a voté cet avis en rappelant qu'une politique volontariste de dynamisation économique des zones urbaines sensibles relève de la cohésion sociale et territoriale. En effet, cet avis propose des mesures relatives à la sécurisation des parcours professionnels, à l'objectif de lutte contre les discriminations à l'embauche des habitants des ZFU, à l'accompagnement spécifique des femmes de ces quartiers.

«L'industrie, les technologies et les services de
l'information et de la communication au cours de l'avenir»
Section des activités productives, de la recherche
et de la technologie

Le groupe des associations a voté le projet d'avis. Il constate en effet l'importance du développement des technologies de l'information et de la communication (TIC) tout en insistant sur ses enjeux, en termes sociétal et éducatif (lutte contre la fracture numérique notamment).

«Semences et recherches : des voies du progrès»
Section de l'agriculture et de l'alimentation

Le groupe des associations partage certains des constats de cet avis concernant la dynamisation de la recherche française, ses orientations favorables aux OGM et à l'augmentation des rendements agricoles. Il a cependant voté contre ce projet d'avis en rappelant la nécessité de changer au plus vite et en profondeur le modèle agricole actuel.

«Défense deuxième chance»
Section du travail

Le groupe des associations a voté cet avis et a réaffirmé sa conviction de l'utilité tant sociale qu'économique de ce dispositif. Le groupe des associations attend des pouvoirs publics une volonté politique forte pour pérenniser cette démarche originale, porteuse de cohésion sociale et de solidarité.

«Seniors et cité»
Section du cadre de vie

Le groupe des associations a voté cet avis qui souligne le poids grandissant des seniors dans le développement social et économique des territoires. Il rappelle l'importance d'associer les associations au dialogue civil pour l'élaboration de politiques publiques. Sur l'importante mobilisation des seniors dans les instances dirigeantes, le groupe des associations insiste sur l'indispensable formation des bénévoles et sur la facilitation de l'accès de tous (plus particulièrement des femmes et des jeunes) aux responsabilités.

« Crise bancaire et régulation financière »
Section des finances

Le groupe des associations a voté cet avis dont l'objectif est de réinvestir quelques principes fondamentaux pour les marchés : solidarité des revenus du capital et du travail, primauté du long terme, et plus globalement, remise en cause de la manière de partager les richesses. Le groupe des associations insiste sur quelques points clés : taxer les montages de prix dérivés, contraindre les fonds spéculatifs à des obligations d'enregistrement et de transparence, organiser une régulation financière au niveau européen.

« Conditions pour le développement numérique des territoires »
Section des économies régionales et de l'aménagement du territoire

Le groupe des associations a voté cet avis suite à une saisine gouvernementale du CESE pour mettre en lumière les enjeux du développement numérique des territoires. Le groupe des associations rappelle le rôle primordial des collectivités territoriales. Il regrette également que le plan « France numérique 2012 » ne prenne pas parti sur la nécessaire répartition des rôles entre opérateurs et puissance publique et souligne les principaux enjeux mis en lumière par cet avis : résorber les fractures numériques sociales et territoriales, favoriser une meilleure gouvernance de l'action publique en matière d'aménagement numérique des territoires.

« Les modalités de formation des prix alimentaires : du producteur au consommateur »
Section de l'agriculture et de l'alimentation

Le groupe des associations a voté pour ce projet d'avis en considérant la nécessité de refonder un système basé sur des rapports de force déséquilibrés entre les différents acteurs de la chaîne agroalimentaire. Il rappelle également, dans une déclaration écrite, que les consommateurs ont droit à des informations fiables et complètes sur les prix des produits alimentaires et que l'intervention publique est indispensable pour garantir des règles collectives justes et claires en matière de prix.

« Réalité et avenir du dialogue social territorial »
Section du travail

Le groupe des associations a voté pour cet avis. Il rappelle l'importance de la nécessaire construction du dialogue social territorial et de son attachement à la question centrale de la juste mesure de la représentativité de toutes les composantes de la société civile. Celle-ci a en effet vocation à s'engager dans les processus de concertation, de consultation, voire de négociation sur les territoires.

«Les usages domestiques de l'eau»
Section du cadre de vie

Le groupe des associations a voté cet avis en rappelant que les usagers du service de l'eau ont besoin de transparence sur sa qualité. Cela suppose que les élus reprennent la main sur les contrats passés entre les collectivités locales et les entreprises de l'eau mais cela rappelle surtout la place fondamentale que les associations, notamment familiales et de consommateurs, ont à jouer dans le nécessaire débat public sur la gouvernance de l'eau.

«L'assurance-vie : protection individuelle
du développement économique»
Section des finances

Le groupe des associations a voté cet avis dans lequel est évoqué le rôle de l'assurance-vie dans le domaine des investissements socialement responsables. Le groupe des associations rappelle que les fonds éthiques ne sont pas plus risqués que les fonds ordinaires. C'est pourquoi les épargnants cherchant, au-delà du profit, une nouvelle citoyenneté devraient privilégier des entreprises qui adoptent des politiques sociales et environnementales exemplaires.

«Les indicateurs du développement durable et l'empreinte écologique»
Commission *ad hoc*

Saisi par le Gouvernement, le CESE a eu pour mission de s'exprimer sur la pertinence d'utiliser l'empreinte écologique comme indicateur complémentaire du PIB. Le groupe des associations insiste particulièrement sur l'importance d'associer étroitement les citoyens et la société civile aux choix des critères et à l'évaluation de leur évolution au sein de structures consultatives telles que le CESE ou le CESR.

«L'Union européenne et ses relations de voisinage»
Section des relations extérieures

Le groupe des associations a voté ce projet des avis et rappelle que, face à la grave désaffection civique dont souffre l'Europe, les associations doivent asseoir leur rôle pour impliquer les citoyens dans la mise en œuvre des politiques européennes et concourir à une appropriation civique et populaire de la construction européenne.

«Le message culturel de la France et la vocation interculturelle de la francophonie» Section des relations extérieures

Le groupe des associations a voté cet avis et souligne le rôle des acteurs associatifs, en France et à l'étranger, dans la promotion de la diversité culturelle et du dialogue interculturel. En effet, pour le groupe, les associations culturelles, les ONG de développement et de solidarité internationale, les réseaux associatifs (notamment sportifs et éducatifs) sont des relais naturels et des vecteurs efficaces du message culturel français.

«La conjoncture économique et sociale en 2009» Section des questions économiques générales et de la conjoncture

Le groupe des associations a voté cet avis. Au regard du contexte économique particulier en 2009 il insiste sur deux enjeux : la situation des jeunes et les phénomènes de précarisation. Favoriser l'autonomie des jeunes, leur insertion sociale et professionnelle est une priorité et mettre en œuvre de véritables programmes sociaux établissant une aide alimentaire pour les plus précaires est une urgence sociale. Pour le groupe des associations, un nouveau modèle de croissance doit émerger de la crise et les valeurs portées par les entreprises de l'économie sociale doivent y trouver leur place.

«L'éducation civique à l'école» Section des affaires sociales

Le groupe des associations a voté cet avis et souligne l'importance d'une pédagogie transversale ne résumant pas l'éducation civique à un enseignement *sui generis* et fondée sur des méthodes actives pour favoriser l'implication des élèves et l'appropriation des principes du «vivre ensemble». Le groupe rappelle le rôle primordial de l'éducation non formelle et des associations éducatives, complémentaires de l'enseignement public dans la formation des futurs citoyens.

«L'offre de soins dans les collectivités ultramarines» Section des affaires sociales

Le groupe des associations a voté cet avis en regrettant que le droit constitutionnel d'accès aux soins de tous les citoyens quel que soit leur lieu de résidence se heurte à une certaine désorganisation de la politique de santé en Outre-Mer. Le groupe insiste particulièrement sur les propositions relatives à la prévention et à l'éducation pour la santé et sur le rôle prépondérant de l'Éducation nationale en matière de prévention.

« Fiscalité écologique et financement des politiques environnementales » – Septembre / Décembre 2009
Section des finances

Le groupe des associations a voté cet avis qui, selon lui, pose clairement l'enjeu de dépassement d'un modèle productiviste vers un autre modèle de développement. Le groupe se félicite de la volonté affichée d'associer la société civile aux réflexions en cours et d'ouvrir le débat sur la question du financement du développement durable. Il regrette toutefois l'insuffisance du « signal-prix » de la tonne de carbone et insiste sur la nécessité d'établir une véritable pédagogie en la matière.

« De l'assiette aux champs » – septembre-décembre 2009
Section du cadre de vie et Section de l'agriculture et de l'alimentation

Le groupe des associations a voté cet avis en soulignant le rôle des associations pour rapprocher les produits agricoles des consommateurs, assurer une information fiable et lisible et participer à l'effort d'éducation et de promotion de la santé. Il considère en effet que les associations sont chargées une fois encore d'une véritable mission civique car inscrites dans une démarche écologiquement saine, socialement équitable et économiquement viable. Elles sont également soucieuses de mettre l'industrie agroalimentaire face à ses responsabilités, notamment auprès des jeunes.

« Infrastructures et développement durable des territoires » – septembre-décembre 2009
Section des économies régionales et de l'aménagement du territoire

Le groupe des associations a voté cet avis en insistant sur la nécessaire concertation entre les pouvoirs publics et la société civile organisée en matière de politique des infrastructures. Il considère en effet que la concertation permet d'améliorer la gouvernance de l'espace public, de faciliter l'appropriation locale des projets et d'améliorer leur qualité globale en exposant les enjeux et en permettant leur discussion.

« Rapport du Comité pour la réforme des collectivités territoriales » – septembre-décembre 2009
Section des économies régionales et de l'aménagement du territoire

Le groupe des associations a voté cet avis tout en regrettant les limites auxquelles cette réforme semble confrontée : la suppression des clauses générales de compétences permettant aux collectivités de répondre, au nom de l'intérêt local, aux nouveaux besoins de leurs populations et l'insuffisante réflexion sur la place des associations comme modalité d'expression collective dans le maillage territorial.

« L'avenir des industries mécaniques » – septembre-décembre 2009
Section des activités productives, de la recherche et de la technologie

Le groupe des associations a voté cet avis en insistant sur le facteur humain, premier fondement de la compétitivité et sur la nécessité de valoriser l'image des sciences et techniques pour attirer les jeunes dans des filières présentant de réelles perspectives d'emplois de plus en plus qualifiés. Il rappelle également, exemple à l'appui, l'importance du sport comme média particulièrement intéressant de la culture scientifique.

« La pédopsychiatrie, prévention et prise en charge » – janvier-mars 2010
Section des affaires sociales

Le groupe des associations a voté cet avis qui, selon lui, mesure la souffrance des malades et de leurs familles sans toutefois verser dans la tentation démagogique du repérage de potentiels comportements de délinquants. Il insiste sur la situation précaire des instituts médico-éducatifs, pour la plupart associatifs, qui assument la responsabilité de l'accueil de nombreux enfants et ce malgré la faiblesse des moyens qui leur sont consacrés.

« La conjoncture économique, sociale et environnementale en 2010 » – janvier-mars 2010
Section des questions économiques générales et de la conjoncture

Le groupe des associations a voté cet avis rappelant la nécessité de repenser nos modèles économiques, d'inventer des outils efficaces de régulation de la mondialisation. Il rappelle le caractère prioritaire d'une lutte nationale, européenne et internationale contre la pauvreté. Il regrette que les questions environnementales ne bénéficient pas des mesures contraignantes les plaçant au cœur de l'ensemble des politiques publiques.

« La stratégie nationale de développement durable 2009 – 2013 » – janvier-mars 2010
Commission *ad hoc*

Cette saisine gouvernementale a sollicité l'avis du Conseil sur la Stratégie nationale de développement durable. Le groupe des associations a voté cet avis qui, selon lui, s'attache à définir, pour le futur, les conditions d'efficacité d'une véritable stratégie du développement durable. Le groupe revient ainsi sur la nécessité d'anticiper et d'accompagner les mutations professionnelles à venir, notamment pour protéger les personnels les moins qualifiés. Il souligne enfin l'enjeu de rassembler les citoyens autour d'un projet collectif qui implique d'assumer collectivement les conséquences sociales des transformations nécessaires.

Annexes

Décret n° 2007-142 du 1er février 2007, modifiant le décret n° 2003-1100 du 20 novembre 2003

JO du 3 février 2007
texte n° 42

Décret n° 2007-142 du 1er février 2007 relatif au Conseil national de la vie associative

NOR : MJSK0770033D

Le Premier ministre,
Sur le rapport du ministre de la jeunesse, des sports et de la vie associative,
Vu le décret n° 2003-1100 du 20 novembre 2003 relatif au Conseil national de la vie associative,
Décrète :

Article 1

L'article 3 du décret du 20 novembre 2003 susvisé est modifié comme suit :
I. – Au premier alinéa, les mots : « soixante-seize » sont remplacés par les mots : « quatre-vingts »
II. – Au deuxième alinéa, les mots : « Soixante-six » sont remplacés par les mots : « Soixante-dix ».

Article 2

Au 1° de l'article 6 du même décret, les mots : « de la vie associative, » sont insérés après les mots : « Les représentants des ministres chargés ».

Article 3

Au sixième alinéa de l'article 8 du même décret, les mots : « des ministres chargés de l'économie sociale, de la jeunesse et des sports » sont remplacés par les mots : « du ministre chargé de la vie associative ».

Article 4

À l'article 11 du même décret, les mots : « conjointement par les ministres chargés de l'économie sociale, de la jeunesse et des sports » sont remplacés par les mots : « par le ministre chargé de la vie associative ».

Article 5

Le ministre de la jeunesse, des sports et de la vie associative est chargé de l'exécution du présent décret, qui sera publié au *Journal officiel de la République française.*

Fait à Paris, le 1er février 2007.

DOMINIQUE DE VILLEPIN
Par le Premier ministre :

*Le ministre de la jeunesse, des sports
et de la vie associative,*

JEAN-FRANÇOIS LAMOUR

Arrêté du 14 mars 2007, relatif à la composition du CNVA

Le Premier ministre,

Sur proposition du ministre d'État, ministre de l'intérieur et de l'aménagement du territoire, du ministre de la défense, du ministre des affaires étrangères, du ministre de l'emploi, de la cohésion sociale et du logement, du ministre de l'économie, des finances et de l'industrie, du ministre de l'éducation nationale, de l'enseignement supérieur et de la recherche, du garde des sceaux, ministre de la justice, du ministre des transports, de l'équipement, du tourisme et de la mer, du ministre de la santé et des solidarités, du ministre de l'agriculture et de la pêche, du ministre de la fonction publique, du ministre de la culture et de la communication, du ministre de l'écologie et du développement durable, du ministre de l'outre-mer, du ministre des petites et moyennes entreprises, du commerce, de l'artisanat et des professions libérales, du ministre de la jeunesse, des sports et de la vie associative et du ministre délégué à la promotion de l'égalité des chances,

Vu le décret n° 2003-1100 du 20 novembre 2003 relatif au Conseil national de la vie associative, notamment son article 4, modifié par le décret n° 2007-142 du 1er février 2007,

Arrête :

Art. 1er. – En application du 1° de l'article 3 du décret du 20 novembre 2003 susvisé, sont nommées au Conseil national de la vie associative les associations suivantes :

Titulaire : Association française d'astronomie (AFA) ;
Suppléant : Centre inter-associatif de conseils et de services (CICOS) ;
Titulaire : Association française des trésoriers et des responsables d'associations (AFTA) ;
Suppléant : Union des fédérations et syndicats nationaux d'employeurs sans but lucratif du secteur sanitaire, médico-social et social (UNIFED) ;
Titulaire : Accueil des villes françaises (AVF) ;
Suppléant : Boxing-club des Flandres ;
Titulaire : Agence du volontariat étudiant (AVE) ;
Suppléant : Voiture and Co ;
Titulaire : AIDES ;
Suppléant : Association des paralysés de France (APF) ;
Titulaire : Anima fac ;
Suppléant : Scoutisme français. – Fédération des associations scoutes françaises ;
Titulaire : Association 4 D (dossiers et débats pour le développement durable) ;
Suppléant : La Fonda ;

Titulaire : Association de la fondation étudiante pour la ville (AFEV) ;

Suppléant : Gouvernance et certification ;

Titulaire : Association nationale des conseils d'enfants et de jeunes (ANACEJ) ;

Suppléant : Association pour le Parlement européen des jeunes-France (APJ-France) ;

Titulaire : Association nationale des visiteurs des prisons (ANVP) ;

Suppléant : Groupement étudiant national d'enseignement aux personnes incarcérées (GENEPI) ;

Titulaire : Centre d'entraînement aux méthodes d'éducation active (CEMEA) ;

Suppléant : Francas (les) ;

Titulaire : Centre national d'information sur les droits des femmes et des familles ;

Suppléant : Conseil national des femmes françaises ;

Titulaire : Citoyens et justice ;

Suppléant : Fédération nationale des victimes d'accidents collectifs ;

Titulaire : CNAJEP ;

Suppléant : Les Restos du cœur ;

Titulaire : Collectif inter-associatif enfance et médias (CIEM) ;

Suppléant : Croix-Rouge française ;

Titulaire : Comité catholique contre la faim et pour le développement (CCFD) ;

Suppléant : Association française des volontaires du progrès (AFVP) ;

Titulaire : Comité d'étude et de liaison des associations à vocation agricole et rurale (CELAVAR) ;

Suppléant : Association des jardiniers de France ;

Titulaire : Comité national olympique et sportif français (CNOSF) ;

Suppléant : Académie nationale olympique française (ANOF) ;

Titulaire : Comité régional olympique et sportif de Côte d'Azur ;

Suppléant : Comité départemental olympique et sportif de l'Isère ;

Titulaire : Confédération de la consommation, du logement et du cadre de vie (CLCV) ;

Suppléant : Croissance plus ;

Titulaire : Confédération des fédérations et associations culturelles (COFAC) ;

Suppléant : Association enfance et musique ;

Titulaire : Confédération générale des œuvres laïques, Ligue française de l'enseignement et de l'éducation permanente (CGO-LFEEP) ;

Suppléant : Office central de coopération à l'école ;

Titulaire : Congrès interprofessionnel de l'art contemporain (CIPAC) ;

Suppléant : Fédération des réseaux et associations d'artistes plasticiens ;

Titulaire : Fédération de l'Arche en France ;

Suppléant : Coordination pour le travail volontaire des jeunes (Co-travaux) ;

Titulaire : Fédération des associations pour la promotion et l'insertion par le logement (FAPIL) ;

Suppléant : Confédération nationale des radios associatives (CNRA) ;

Titulaire : Fédération des clubs sportifs artistiques de la défense ;

Suppléant : Association pour le développement des œuvres d'entraide dans l'armée ;

Titulaire : Fédération des maisons des jeunes et de la culture ;

Suppléant : Passerelles et compétences ;

Titulaire : Fédération familles rurales ;

Suppléant : Union nationale des associations d'aide à domicile en milieu rural (ADMR) ;

Titulaire : Fédération française de course d'orientation ;

Suppléant : Fédération française de randonnée pédestre ;

Titulaire : Fédération française de lutte ;

Suppléant : Fédération française d'escrime ;

Titulaire : Fédération française d'entraînement physique dans le monde moderne ;

Suppléant : Fédération française de sport adapté ;

Titulaire : Fédération française handisport ;

Suppléant : Fédération française des carnavals et festivités ;

Titulaire : Fédération nationale des associations d'accueil et de réinsertion sociale (FNARS) ;

Suppléant : Mouvement français pour le planning familial ;

Titulaire : Fédération nationale des associations de conjoints et de travailleurs indépendants ;

Suppléant : Association ouvrière des compagnons du devoir du tour de France ;

Titulaire : Fédération nationale des associations de retraités ;

Suppléant : l'association le SAS ;

Titulaire : Fédération nationale des associations de sauvegarde des sites et ensembles monumentaux ;

Suppléant : Fédération des conseils d'architecture, d'urbanisme et d'environnement ;

Titulaire : Fédération pour l'enseignement aux malades à domicile et à l'hôpital ;

Suppléant : Jets d'encre ;

Titulaire : Fédération protestante ;

Suppléant : Espace bénévolat ;

Titulaire : Fédération unie des auberges de jeunesse (FUAJ) ;

Suppléant : Union nationale des foyers et services pour jeunes travailleurs (UFJT) ;

Titulaire : Fondation du bénévolat ;

Suppléant : Réseau école et nature ;

Titulaire : Fonds français pour la nature et l'environnement (FFNE) ;

Suppléant : Association jeunesse, culture, loisirs et techniques (JCLT) ;

Titulaire : Forum réfugiés ;

Suppléant : Association nationale des directeurs et cadres de la fonction personnel ;

Titulaire : France bénévolat ;

Suppléant : Fédération française du bénévolat ;

Titulaire : France nature environnement (FNE) ;

Suppléant : Ligue de protection des oiseaux ;

Titulaire : Institut de formation, d'animation et de conseil (IFAC) ;

Suppléant : Raid aventure ;

Titulaire : Institut du mécénat de solidarité (IMS) ;

Suppléant : Association pour le développement du mécénat industriel et commercial (ADMICAL) ;

Titulaire : Institut national de l'aide aux victimes et de médiation (INAVEM) ;

Suppléant : Fédération nationale de la médiation familiale ;

Titulaire : Jeunesse au plein air (JPA) ;

Suppléant : ATD quart-monde ;

Titulaire : Ligue contre la violence routière ;

Suppléant : FACS-UNETO (Union nationale des exploitants de chemins de fer touristiques et de musées) ;

Titulaire : Ligue française des auberges de jeunesse (LFAJ) ;

Suppléant : Banlieues sans frontières ;

Titulaire : Ligue internationale contre le racisme et l'antisémitisme (LICRA) ;

Suppléant : Fond social juif unifié ;

Titulaire : Ligue nationale contre le cancer ;

Suppléant : Le Lien ;

Titulaire : Médecins du monde ;

Suppléant : Délégation catholique pour la coopération ;

Titulaire : Scout unitaire de France (SUF) ;

Suppléant : Jeunes décideurs, Europe Young Leaders ;

Titulaire : Secours catholique ;

Suppléant : Conseil national des employeurs associatifs (CNEA) ;

Titulaire : Secours populaire ;

Suppléant : Les Mousquetaires murois ;

Titulaire : Société nationale de sauvetage en mer ;

Suppléant : Association des amis de la fondation du patrimoine maritime et fluvial ;

Titulaire : Union nationale des associations de parents et amis de personnes handicapées (UNAPEI) ;

Suppléant : Coordination française pour le lobby européen des femmes (CLEF) ;

Titulaire : Union fédérale d'intervention des structures culturelles (UFISC) ;

Suppléant : Confédération musicale de France ;

Titulaire : Union féminine civique et sociale (UFCS) ;

Suppléant : France générosités ;

Titulaire : Union française des associations de combattants et de victimes de guerre (UFAC);

Suppléant : Fondation de la Résistance;

Titulaire : Union française des centres de vacances et de loisirs (UFCV);

Suppléant : Union nationale des centres sportifs de plein air (UCPA);

Titulaire : Union nationale de l'outre-mer français (UDOM);

Suppléant : Association sport et loisirs (ASEL);

Titulaire : Union nationale des associations de sauvegarde de l'enfance, de l'adolescence et des adultes (UNASEA);

Suppléant : Mouvement rural pour la jeunesse chrétienne (MRJC);

Titulaire : Union nationale des associations de tourisme et de plein air (UNAT);

Suppléant : J'aime ma banlieue;

Titulaire : Union nationale des associations familiales (UNAF);

Suppléant : Groupement des éditeurs en ligne;

Titulaire : Union nationale du sport scolaire (UNSS);

Suppléant : Union sportive de l'enseignement du premier degré;

Titulaire : Uniopss;

Suppléant : Association « Débarquement jeunes »;

Titulaire : Unis-cités;

Suppléant : Association pour favoriser l'intégration professionnelle des jeunes diplômés;

Titulaire : Zy'Va;

Suppléant : Association des femmes africaines du Val-d'Oise (AFAVO).

Art. 2. – L'arrêté du 18 janvier 2007 relatif à la composition du Conseil national de la vie associative est abrogé.

Art. 3. – Le présent arrêté sera publié au *Journal officiel de la République française*.

Fait à Paris, le 14 mars 2007.

DOMINIQUE DE VILLEPIN

Arrêté du 23 avril 2007, portant nomination au CNVA

Par arrêté du Premier ministre en date du 23 avril 2007 :

Sont nommés membres du Conseil national de la vie associative en qualité de représentants des associations, en application du 1° de l'article 4 du décret n° 2003-1100 du 20 novembre 2003 :

Titulaire :
Association française d'astronomie : M. Olivier Las Vergnas.
Suppléant :
Centre interassociatif de conseil et de service (CICOS) : Mme Chantal Ganne.
Titulaire :
Association française des trésoriers et des responsables d'associations (AFTA) : M. Daniel Voillereau.
Suppléant :
Union des fédérations et syndicats nationaux d'employeurs sans but lucratif du secteur sanitaire, médicosocial et social (UNIFED) : M. Alain Carree.
Titulaire :
Accueil des villes françaises : Mme Annie Coutin.
Suppléant :
Boxing-club des Flandres : M. Farad Rakem.
Titulaire :
Agence du volontariat étudiant : Mme Audrey Yvert.
Suppléant :
Voiture and Co : M. Ludovic Bu.
Titulaire :
AIDES : M. Vincent Pelletier.
Suppléant :
Association des paralysés de France : Mme Sylvie Mouchard.
Titulaire :
Animafac : Mme Mélanie Gratacos.
Suppléant :
Scoutisme français-Fédération des associations scoutes françaises : M. Daniel Robinson.
Titulaire :
Association 4 D (dossiers et débats pour le développement durable) : Mme Monique Gresset.
Suppléant :
La Fonda : M. Thierry Guillois.
Titulaire :
Association de la Fondation étudiante pour la ville (AFEV) : M. Nicolas Delesque.
Suppléant :
Gouvernance et certification : M. Pierre-Patrick Kaltenbach.

Titulaire :

Association nationale des conseils d'enfants et de jeunes (ANACEJ) : Mme Muriel Parcelier.

Suppléant :

Association pour le Parlement européen des jeunes-France : M. François Guliana.

Titulaire :

Association nationale des visiteurs des prisons : Mme Marie-Paule Heraud.

Suppléant :

Groupement étudiant national d'enseignement aux personnes incarcé-rées (GENEPI) : M. Quentin Duru.

Titulaire :

Centre d'entraînement aux méthodes d'éducation active (CEMEA). : M. Jean-François Magnin.

Suppléant :

Francas (les) : M. Philippe Deplanque.

Titulaire :

Centre national d'information sur le droit des femmes et des familles : Mme Jacqueline Perker.

Suppléant :

Conseil national des femmes françaises : Mme Françoise Delamour.

Titulaire :

Citoyens et justice : M. Thierry Lebehot.

Suppléant :

Fédération nationale des victimes d'accidents collectifs : M. Jacques Bresson.

Titulaire :

CNAJEP : M. Dominique Girard.

Titulaire :

Collectif interassociatif enfance et médias (CIEM) : Mme Christine Menzaghi.

Suppléant :

Croix-Rouge française : Mme Françoise Fromageau.

Titulaire :

Comité catholique contre la faim et pour le développement (CCFD) : M. Joël Thomas.

Suppléant :

Association française des volontaires du progrès (AFVP) : M. Dante Monferrer.

Titulaire :

Comité d'étude et de liaison des associations à vocation agricole et rurale (CELAVAR) : M. Denis Maïer.

Suppléant :

Association des jardiniers de France : M. Xavier de Buyer.

Titulaire :

Comité national olympique et sportif français (CNOSF) : M. Jean-François Angles.

Suppléant :
Académie nationale olympique française (ANOF) : M. André Leclercq.
Titulaire :
Comité régional olympique et sportif de Côte d'Azur : M. Pierre Cambreal.
Suppléant :
Comité départemental olympique et sportif de l'Isère : M. Pierre Belin.
Titulaire :
Confédération de la consommation, du logement et du cadre de vie (CLCV) : M. Thierry Saniez.
Suppléant :
Croissance plus : Mme Édith Henrion d'Aubert.
Titulaire :
Coordination des fédérations et associations culturelles (COFAC) : M. Jean-Michel Raingeard.
Suppléant :
Association enfance et musique : M. Marc Caillard.
Titulaire :
Confédération générale des œuvres laïques – Ligue française de l'enseignement et de l'éducation permanente : M. Jean-Marc Roirant.
Suppléant :
Office central de coopération à l'école : M. Jean-François Vincent.
Titulaire :
Congrès interprofessionnel de l'art contemporain (CIPAC) : M. Christophe Domino.
Suppléant :
Fédération des réseaux et associations d'artistes plasticiens : M. Laurent Moszkowicz.
Titulaire :
Fédération de l'Arche en France : M. Dominique Balmary.
Suppléant :
Coordination pour le travail volontaire des jeunes (Co-travaux) : M. Charles Fournier.
Titulaire :
Fédération des associations pour la promotion et l'insertion par le logement (FAPIL) : Mme Hélène Bernard.
Suppléant :
Confédération nationale des radios associatives (CNRA) : M. Hugues de Levezou de Vesins.
Titulaire :
Fédération des clubs sportifs artistiques de la défense : M. Bernard Behoteguy.
Suppléant :
Association pour le développement des œuvres d'entraide dans l'armée : M. Gilles Goachet.
Titulaire :
Fédération des maisons des jeunes et de la culture : Mme Claire Vapillon.

Suppléant :
Passerelles et compétences : M. Patrick Bertrand.

Titulaire :
Fédération nationale Familles rurales : Mme Claudine Rémy.

Suppléant :
Aide à domicile en milieu rural (ADMR) : M. Philippe Alpy.

Titulaire :
Fédération française de course d'orientation : Mme Marie-France Charles.

Suppléant :
Fédération française de randonnée pédestre : Mme Paule Villalon.

Titulaire :
Fédération française de lutte : M. Jean-Michel Brun.

Suppléant :
Fédération française d'escrime : M. Frédéric Pietruszka.

Titulaire :
Fédération française d'entraînement physique dans le monde moderne : Mme Françoise Got.

Suppléant :
Fédération française de sport adapté : M. Yves Foucault.

Titulaire :
Fédération française handisport : M. Gérard Masson.

Suppléant :
Fédération française des carnavals et festivités : M. Jean-Yves Le Louët.

Titulaire :
Fédération nationale des associations d'accueil et de réinsertion sociale (FNARS) : M. Jean-Pierre Gille.

Suppléant :
Mouvement français pour le planning familial : Mme Françoise Laurant.

Titulaire :
Fédération nationale des associations de conjoints de travailleurs indépendants : Mme Monique Lettre.

Suppléant :
Association ouvrière des compagnons du devoir du tour de France : M. Bertrand Nauleau.

Titulaire :
Fédération nationale des associations de retraités : M. Gabriel Pages.

Suppléant :
Le Sas : Mme Catherine Bergeret.

Titulaire :
Fédération nationale des associations de sauvegarde des sites et ensembles monumentaux : M. Henri de Lepinay.

Suppléant :
Fédération des conseils d'architecture, d'urbanisme et d'environnement : M. Christian Gaudin.

Titulaire :
Fédération pour l'enseignement aux malades à domicile et à l'hôpital : Mme Anne Brezillon.
Suppléant :
Jets d'encre : M. Olivier Bourhis.
Titulaire :
Fédération protestante : M. Jean-Daniel Roque.
Suppléant :
Espace bénévolat : Mme Isabelle Persoz.
Titulaire :
Fédération unie des auberges de jeunesse (FUAJ) : Mme Édith Arnoult-Brill.
Suppléant :
Union nationale pour l'habitat des jeunes (UNHAJ) : Mme Nadine Dussert.
Titulaire :
Fondation du bénévolat : Mme Line Pierne.
Suppléant :
Réseau école et nature : M. Jean-Marcel Vuillamier.
Titulaire :
Fonds français pour la nature et l'environnement (FFNE) : Mme Christine Archambault.
Suppléant :
Association jeunesse, culture, loisirs et techniques (JCLT) : M. Antoine Rouille d'Orfeuil.
Titulaire :
Forum réfugiés : M. Olivier Brachet.
Suppléant :
Association nationale des directeurs et cadres de la fonction personnel : M. Pierre-Yves Poulain.
Titulaire :
France Bénévolat : M. Michel de Tapol.
Suppléant :
Fédération française du bénévolat associatif : M. Paul Mumbach.
Titulaire :
France nature environnement (FNE) : Mme José Cambou.
Suppléant :
Ligue de protection des oiseaux : Mme Marie Laure Demaegdt.
Titulaire :
Institut de formation, d'animation et de conseil (IFAC) : M. Gérard Angot.
Suppléant :
Raid aventure : Mme Stéphanie Anton.
Titulaire :
Institut du mécénat de solidarité (IMS) : M. Henri de Reboul.
Suppléant :
Association pour le développement du mécénat industriel et commercial (ADMICAL) : Mme Marianne Eshet.

Titulaire :
Institut national de l'aide aux victimes et de médiation (INAVEM) : M. Hubert Bonin.

Suppléant :
Fédération nationale de la médiation familiale : Mme Claire Leconte.

Titulaire :
Jeunesse au plein air : Mme Anne Carayon.

Suppléant :
ATD Quart-Monde : M. Guy Baduel d'Oustrac.

Titulaire :
Ligue contre la violence routière : Mme Chantal Perrichon.

Suppléant :
Union nationale des exploitants de chemins de fer touristiques et de musées (UNECTO) : M. Louis Poix.

Titulaire :
Ligue française des auberges de jeunesse (LFAJ) : Mme Annaïg Calvez.

Suppléant :
Banlieues sans frontières : M. Jérôme Ragenard.

Titulaire :
Ligue internationale contre le racisme et l'antisémitisme (LICRA) : M. Pierre Bernheim.

Suppléant :
Fonds social juif unifié (FSJU) : M. Gérard Fredj.

Titulaire :
Ligue nationale contre le cancer : Mme Anne-Sophie Bouttier-Ory.

Suppléant :
Le lien : Mme Claude Leger.

Titulaire :
Médecins du monde : M. François Rubio.

Suppléant :
Délégation catholique pour la coopération : M. François Laballe.

Titulaire :
Scouts unitaires de France (SUF) : Mme Pauline Rocher.

Suppléant :
Jeunes Décideurs Europe Young Leaders : M. Thierry Ragu.

Titulaire :
Secours catholique : M. Vincent Blyweert.

Suppléant :
Conseil national des employeurs associatifs (CNEA) : M. Henri Borentin.

Titulaire :
Secours populaire : Mme Joëlle Bottalico.

Titulaire :
Société nationale de sauvetage en mer : M. Bertrand Massonneau.

Titulaire :

Union nationale des associations des parents et amis de personnes handicapées : Mme Élisabeth Chancerel.

Suppléant :

Coordination française pour le lobby européen des femmes (CLEF) : Mme Michèle Vianes.

Titulaire :

Union fédérale d'intervention des structures culturelles (UFISC) : M. Louis Joinet.

Suppléant :

Confédération musicale de France : M. Michel Pierrot.

Titulaire :

Union féminine civique et sociale (UFCS) : Mme Chantal Jannet.

Suppléant :

France Générosités : M. André Hochberg.

Titulaire :

Union française des associations de combattants et de victimes de guerre (UFAC) : M. Yves Doury.

Suppléant :

Fondation de la Résistance : M. Victor Convert.

Titulaire :

Union française des centres de vacances et de loisirs (UFCV) : M. Michel Le Direach.

Suppléant :

Union nationale des centres sportifs de plein air (UCPA) : M. Olivier Hindermeyer.

Titulaire :

Union nationale de l'outre-mer français (UNOM) : M. Roger Anglo.

Suppléant :

Association sport et loisirs (ASEL) : M. Victor Baringthon.

Titulaire :

Union nationale des associations de sauvegarde de l'enfance, de l'adolescence et des adultes (UNASEA) : M. Claude Thibault.

Suppléant :

Mouvement rural pour la jeunesse chrétienne (MRJC) : Mme Marie-Pierre Cattet.

Titulaire :

Union nationale des associations de tourisme et de plein air (UNAT) : M. Philippe-Henri Dutheil.

Suppléant :

J'aime ma banlieue : M. Nourredine Nachite.

Titulaire :

Union nationale des associations familiales (UNAF) : M. Alain Feretti.

Titulaire :

Union nationale du sport scolaire (UNSS) : M. Jean-Louis Boujon.

Suppléant :
Union sportive de l'enseignement du 1er degré : M. Jean-Michel Sautreau.
Titulaire :
Union nationale interfédérale des œuvres et organismes privés sanitaires et sociaux (UNIOPSS) : Mme Séverine Demoustiers.
Suppléant :
Association Débarquement jeunes : M. Yvan Henry.
Titulaire :
Unis-cités : M. Stephen Cazade.
Suppléant :
Association pour favoriser l'intégration professionnelle des jeunes diplômés : Mme Carole Da Silva.
Titulaire :
Zy'Va : M. Hafid Rahmouni.
Suppléant :
Association des femmes africaines du Val-d'Oise (AFAVO) : Mme Aïssatou Sissoko.

Sont nommés membres du Conseil national de la vie associative en qualité de personnalités qualifiées, en application du 2° de l'article 4 du même décret :

Abdel Aïssou ;
Édith Archambault ;
Francis Charhon ;
Philippe Da Costa ;
Jacques Henrard ;
Daniel Lamar ;
Bernard Marie ;
Akima Milati ;
Isabelle de Rambuteau ;
Antoine Vaccaro.

Composition du Bureau du CNVA élu par l'assemblée plénière tenue le 13 décembre 2007 et 28 janvier 2008

- **Présidente**

Madame Édith ARNOULT-BRILL, Fédération unie des auberges de jeunesse

- **Vice-présidents**

Monsieur Philippe-Henri DUTHEIL, Union nationale des associations de tourisme

Monsieur Jean-François ANGLES, Comité national olympique et sportif français

- **Membres**

Madame Joëlle BOTTALICO, Secours populaire, Présidente du groupe « Bénévolat »

Madame Anne CARAYON, Jeunesse au Plein Air

Monsieur Francis CHARHON, Fondation de France

Monsieur Alain FERETTI, Union nationale des associations familiales

Monsieur Jean-Pierre GILLE, Fédération nationale des associations d'accueil et de réinsertion sociale

Mademoiselle Mélanie GRATACOS, Animafac, Présidente du groupe « Volontariat »

Madame Monique GRESSET, Association 4D

Monsieur Jacques HENRARD

Monsieur Thierry LEBEHOT, Citoyens et Justice, Président du groupe « Juridique et Fiscal »

Monsieur Jean-François MAGNIN, Centre d'entraînement aux méthodes d'éducation active

Madame Jacqueline PERKER, Centre national d'information sur le droit des femmes et des familles

Monsieur Jean-Marc ROIRANT, La ligue de l'enseignement, Président du groupe « Associations et Europe »

Discours de madame Roselyne Bachelot-Narquin, ministre de la Santé, de la Jeunesse, des Sports et de la Vie associative, lors de l'installation du CNVA le 13 décembre 2007

La vitalité de la vie associative est, avec l'implication civique, un des signes qui manifeste la bonne santé d'une société démocratique. Elle constitue même le meilleur indice de la prévalence, sur les penchants individualistes, de l'exigence de solidarité. Nos démocraties, en effet, ne se réduisent pas à des sociétés de marché, marquées par le primat absolu des rapports économiques.

S'il est possible d'admettre que l'État ne peut pas tout et ne saurait constituer, en aucun cas, la seule instance régulatrice du corps social, il faut, en même temps, reconnaître que l'échange marchand ne suffit pas à harmoniser les rapports individuels.

L'engagement associatif atteste clairement du fait que la vie sociale n'est pas entièrement gouvernée par la loi de l'intérêt réciproque.

Nos concitoyens qui ne croient pas à l'omnipotence de la puissance publique, mais qui aspirent à vivre dans une **société de confiance** régie par d'autres valeurs que celles de l'argent, sont ainsi de plus en plus nombreux à vouloir consacrer leur temps à des activités associatives.

Cet engagement, sans conteste, procède d'un **choix éthique**. Il traduit la volonté d'échapper à la frénésie consumériste. Il manifeste surtout leur attachement aux principes consubstantiellement liés de solidarité et de responsabilité individuelle. Ainsi, le temps consacré à la vie associative est à proprement parlé du **temps retrouvé** pour soi et pour les autres, non pas du temps dépensé dans le culte narcissique de soi qui n'exprime qu'un désir de reconnaissance sociale, mais plutôt le temps de l'échange affranchi de la contrainte marchande.

J'ai été, en ce sens, très émue, lors d'une visite récente à la Croix-Rouge française par les paroles d'un récipiendaire à qui je devais remettre un trophée, qui a parfaitement résumé à cette occasion **le sens de son engagement** : «tout ce qui n'est pas donné est perdu».

Voilà, en peu de mots, clairement désigné le fondement même de tout projet associatif : le but non lucratif.

À cet égard, notre pays qui compte près de 15 millions de bénévoles, engagés dans plus d'un million d'associations, fait preuve de son attachement à **cette culture du don** enracinée dans la tradition des sociétés hospitalières.

Cette extraordinaire vitalité du bénévolat renvoie l'image d'une France solidaire et généreuse, d'une France au service des autres.

Chaque année, plus de 70 000 associations nouvelles enrichissent notre tissu associatif. Chaque jour, 190 associations se créent. Par ailleurs, dans notre pays, l'emploi associatif augmente deux fois plus vite que celui du secteur marchand.

C'est ainsi que **l'esprit de fraternité s'incarne au quotidien, par des actions concrètes**. Portés par le seul souci de faire œuvre utile, tous ceux qui participent au grand mouvement associatif, en vertu de leur désintéressement, n'éprouvent pas le besoin d'en proclamer la gratuité. Aussi, il nous revient, à nous, pouvoirs publics, de **soutenir cet élan**, discret mais profitable à tous.

Les hommes et les femmes, rassemblés au sein des associations de notre pays incarnent cette solidarité active. Le Conseil national de la vie associative que j'ai l'honneur d'installer aujourd'hui, au nom du Premier ministre, en est la vivante expression.

Depuis sa création en 1983, **le Conseil national de la vie associative a, en effet, joué un rôle déterminant**. Il est le lieu permanent de la concertation entre les associations et l'État. Son travail de réflexion sur le champ associatif, son rôle d'analyse et d'expertise font de votre conseil une force de propositions qui a permis bien des avancées. À titre d'exemples, ses avis sur la fiscalité, sur les agréments associatifs ou encore sur le projet de loi relatif au volontariat associatif et à l'engagement éducatif ont largement influencé les pouvoirs publics.

Je voudrais ici profiter de la circonstance pour rendre hommage à l'action particulièrement efficace de Madame Édith Arnoult-Brill à la tête du CNVA depuis 2000.

L'importance grandissante de la vie associative dans notre pays a conduit les pouvoirs publics à prendre ces dernières années de nombreuses mesures pour accompagner son essor.

Ainsi depuis 2002, le Gouvernement a mis en œuvre un certain nombre de dispositifs visant à favoriser le développement de la vie associative et à faciliter la vie quotidienne des associations dans leur fonctionnement courant.

L'accompagnement et la reconnaissance du bénévolat ont été également renforcés.

Le Gouvernement s'est également attaché à stimuler l'engagement des volontaires en créant, par la loi du 23 mai 2006, le volontariat associatif.

Les efforts engagés vont dans le bon sens. Cependant, j'entends me tourner résolument vers l'avenir et aller plus loin, notamment pour promouvoir encore davantage le bénévolat et faciliter l'activité des associations.

Je vous épargnerai, me trouvant ici parmi les meilleurs experts en la matière, et m'adressant à des praticiens, le détail des dispositifs déjà mis en œuvre.

Je veux rendre effectifs les engagements très forts que le Président de la République a pris à l'égard des bénévoles et qu'il a rappelés devant le Conseil économique et social le 17 octobre dernier, lors de la journée mondiale du refus de la misère. Je rappellerai d'ailleurs ses propos : « *Je veux encourager... l'engagement civique et l'engagement humanitaire à tous les âges, notamment chez les jeunes. Je veux également favoriser la générosité privée. Et je m'engage à faire en sorte que la fiscalité, le droit du travail, l'organisation des études prennent mieux en compte cette solidarité spontanée. [...].*

Je veux que les années de bénévolat dans des associations valident des années de cotisations de retraite. Je veux que les étudiants qui consacrent du temps à une association, soient valorisés dans les examens qu'ils passent, avec des bonifications de points... Le bénévolat doit être encouragé, récompensé, valorisé, pas forcément rémunéré. »

Pour concrétiser ces engagements, le Président de la République a demandé **la création d'un livret d'épargne civique** qui accompagnera le bénévole pendant toute la durée de son engagement et lui permettra l'ouverture de droits.

Ainsi, il lui sera possible de bénéficier notamment :
– de stages de formation gratuits pour un an de bénévolat dans une association ;
– de l'octroi de points supplémentaires aux examens ;
– de mesures fiscales pour favoriser les dons et legs ;
– d'une véritable reconnaissance de l'expérience associative.

Des **travaux interministériels** sont en cours sur tous ces sujets. Vous serez bien évidemment consultés sur l'élaboration de ces dispositions. Votre collaboration est indispensable. J'en suivrai l'évolution avec la plus grande attention.

Quelques pistes méritent, par ailleurs, d'être explorées : **je souhaite d'abord que la vie des associations, au quotidien, soit simplifiée.**

Par exemple, en faisant mieux connaître le chèque emploi associatif qui facilite les démarches de l'association employeur.

Il faut promouvoir le mécénat et le bénévolat de compétence dans notre pays parce que les associations ressentent aujourd'hui un besoin croissant d'expertise.

Certaines entreprises mettent, d'ores et déjà, leurs employés à la disposition des associations tout en continuant à les rémunérer. De même, elles favorisent l'engagement bénévole de leurs collaborateurs sur leur temps libre. Il conviendrait d'amplifier cette pratique.

J'aimerais, par ailleurs, promouvoir le label associatif, gage de transparence et de bonne gouvernance afin de donner les meilleures garanties aux donateurs et de conforter leur confiance.

Les relations financières entre les associations et les pouvoirs publics doivent être également confortées.

À cet égard, il serait souhaitable de développer l'évaluation, en lien avec l'Association française des trésoriers d'associations et la Compagnie des commissaires aux comptes.

Il est enfin nécessaire d'aider à une meilleure reconnaissance du rôle des associations.

Je souhaite voir accrue la place des associations au sein du Conseil économique et social.

Dans le même esprit, la place des associations employeurs aux côtés des autres employeurs doit être mieux reconnue.

Je souhaite, enfin, pouvoir favoriser l'émergence d'une citoyenneté européenne par l'adoption d'un statut d'association européenne durant la Présidence française de l'Union européenne.

Comme vous le voyez, les pistes de réflexion et les chantiers à ouvrir sont nombreux.

Le poids socio-économique grandissant du secteur associatif l'inscrit aujourd'hui très directement parmi les enjeux de la révision générale des politiques publiques. Investies dans des secteurs très divers, touchant au plus près nos concitoyens, les associations, avec un budget cumulé de près de soixante milliards d'euros représentent près de deux millions d'emplois salariés et mobilisent le travail de quatorze millions de bénévoles.

Les associations ont tissé avec l'État des liens nombreux et complexes. Aussi, j'ai demandé à un haut fonctionnaire d'analyser les relations qu'entretient la puissance publique avec le monde associatif.

J'étudierai avec la plus grande attention les conclusions de ce rapport qui ne saurait prendre forme sans bénéficier de votre précieuse contribution.

Je n'ai d'autres soucis, vous l'aurez compris, que de donner au monde associatif les moyens de son développement pour que l'élan spontanément engagé puisse connaître un plus grand essor.

Je vous remercie.

Contribution du CNVA sur les trois axes de travail de la Conférence de la vie associative

I – Une importance mal connue et donc mal reconnue du secteur associatif

A. Poids et diversité – nécessité d'une meilleure connaissance statistique, économique et qualitative

Préconisations partagées par la CPCA et l'administration

– Nécessité de mise en œuvre d'un travail de synthèse, de coordination et de valorisation des travaux existants.
– Souhait de mise en œuvre d'enquêtes annuelles intégrées dans le dispositif des études statistiques de l'INSEE.

Une alternative s'ouvre en la matière, le choix devant être fait selon la CPCA selon un critère d'efficacité d'abord et de faisabilité ensuite :
– soit une enquête annuelle d'organismes non marchands, conduite progressivement dans le temps mais périodiquement, par secteur d'activité ;
– soit une extension des enquêtes annuelles d'entreprises de l'INSEE vers le secteur non marchand.

Position du CNVA

• Rappel

Le CNVA rappelle ses prises de position antérieures pour l'amélioration de la connaissance statistique des associations, aux Assises de la vie associative [70], lors de la première Conférence de la vie associative et dans ses Bilans de fin de mandature. Le Conseil rappelait sa position notamment dans son ouvrage Le CNVA au service de la liberté associative paru en 2001 à La Documentation française ; ouvrage dans lequel il présentait les différentes étapes franchies dans les années 1990. *« Le CNVA a toujours revendiqué que les moyens d'une connaissance réelle et actualisée de la vie associative soient recherchés. Le développement du suivi statistique du secteur associatif et de son activité, en liaison avec l'INSEE (connaissance*

---

70) Assises nationales de la vie associative, février 1999 ; Bilan de la vie associative, 2002-2004.

et classification des associations, analyse des sources de financement et du poids économique et social) est un objectif prioritaire. »

Le sujet a été évoqué par le groupe sur le financement des associations, la réflexion s'est poursuivie dans le cadre des travaux lancés par le Premier ministre sur la transparence des associations. Puis il a été mis en place, sous la responsabilité de l'INSEE et sous l'égide du Conseil national de l'information statistique (CNIS), un groupe de réflexion comprenant des représentants du CNVA et des organismes concernés. Le rapport de la mission CNIS a été rendu public le 3 septembre 1998. La motion du CNVA du 23 avril 1997 souhaite qu'un *« dispositif permanent d'observatoire statistique des associations soit mis en place à la suite de la mission confiée par le Premier ministre à l'INSEE et que des représentants du CNVA y soient associés ».* Lors des Assises de la vie associative en février 1999, les associations demandent que les pouvoirs publics se donnent les moyens de réaliser la mise en place des propositions élaborées. Afin de dresser une véritable démographie des associations et d'obtenir des données économiques et qualitatives les concernant, il convient de mettre en œuvre les moyens nécessaires pour créer un dispositif d'observation à partir des propositions contenues dans le rapport du Conseil national de l'information statistique (CNIS).

Deux rapports récents vont dans le même sens. Le rapport Langlais souhaite que l'INSEE termine le compte satellite des ISBL et utilise le fichier WALDEC pour agréger un certain nombre de données. Le rapport Morange, en reprenant certaines propositions du CNVA, préconise de :
– disposer de chiffres fiables : finaliser le fichier Waldec et mettre en place et assurer le suivi annuel d'un panel d'associations ;
– faire du « Jaune » budgétaire sur les associations un document lisible et utilisable, offrant une vision claire et exhaustive du montant des subventions accordées par l'État ainsi que des dépenses fiscales en faveur du secteur associatif.

Mobiliser la statistique publique en créant un compte satellite des instituts sans but lucratif (ISBL) et créer une unité chargée des organismes non marchands à la direction générale de l'INSEE.

Enfin le rapport de la commission Stiglitz-Sen-Fitoussi sur la mesure de la performance économique et du progrès social recommande d'élargir les indicateurs de revenu aux activités non marchandes et considère que les organisations de la société civile participent à deux dimensions du bien-être : la participation à la vie politique et à la gouvernance, car la liberté d'association est une composante essentielle de la démocratie, et l'enrichissement des liens sociaux et la formation du capital social. Pour ces deux dimensions, certains types d'indicateurs sont proposés comme outils de mesure du bien-être d'une société.

• **Constat**

Le CNVA partage le constat fait par le groupe préparatoire, du dynamisme et de la diversité des associations.

Le Conseil tient à souligner les progrès importants depuis 15 ans des travaux statistiques, qu'ils soient publics, universitaires ou privés, travaux qui interfèrent effectivement peu les uns avec les autres.

Il salue notamment l'avancée décisive que constitue la publication par l'INSEE depuis 2008 des Tableaux de l'économie sociale – dont les associations constituent les trois quarts des emplois salariés. Ce sont les premiers chiffres officiels sur ce champ ; ils seront suivis annuellement, mais ils restent encore très partiels. Le CNVA se félicite également de la publication des premiers chiffres de l'INSEE sur le « travail » bénévole, grâce au supplément «Vie associative» de l'enquête sur les Conditions de vie des ménages de 2002.

Ces premiers chiffres officiels sont cohérents avec les travaux des chercheurs qui ont défriché le terrain, notamment avec les enquêtes du Centre d'économie de la Sorbonne menées par Viviane Tchernonog. Une confrontation entre chercheurs, statisticiens et représentants des associations serait source d'approfondissements, voire de fécondation mutuelle de ces bases de données, notamment sur les domaines où elles restent lacunaires. En effet, si, grâce aux progrès accomplis par la statistique publique, on connaît désormais précisément les emplois des associations et les salaires qu'elles versent, élément essentiel de leur valeur ajoutée, il n'existe aucune source émanant de la statistique publique sur les ressources des associations, et plus spécifiquement sur les diverses formes de financement public et les administrations et collectivités publiques qui en sont à l'origine.

Le CNVA constate enfin que la représentation des associations au CNIS est insuffisante et éparpillée, alors que c'est au sein de cet organisme que se rencontrent producteurs et utilisateurs de données statistiques et que s'exprime la demande sociale adressée au système statistique public. Le CNVA dispose d'un siège dans la formation «Commerce, services» qui ne traite que très rarement des associations. Des représentants des associations siègent aussi dans les formations suivantes : Santé, Protection sociale, Environnement, Urbanisme, Équipement et Logement. Cet éparpillement n'aboutit évidemment pas à une vision cohérente du rôle économique, social et environnemental des associations et ne permet pas une rétroaction réelle sur le service statistique public.

Proposition du CNVA

Dans la continuité de son action antérieure, ayant pris acte des progrès réalisés dans la connaissance statistique du fait associatif, le CNVA partage les préconisations des rapports Langlais, Morange et Stiglitz-Sen-Fitoussi. Il propose de :

• Faire la synthèse des travaux statistiques existants, qu'ils émanent du système statistique public, des travaux universitaires, des fédérations associatives ou du secteur privé. Mesurer les forces et faiblesses de ces instruments afin de les utiliser judicieusement, de les compléter et de progresser vers une approche consensuelle.

• Disposer d'outils partagés par tous : nomenclatures, concepts, méthodes, indicateurs de produit, de résultat ou d'impact, pour garantir la cohérence de l'information et faciliter les comparaisons entre régions et entre pays. Pour les comparaisons internationales, respecter la méthodologie préconisée par l'ONU (Manuel ISBL, 2006) et par le BIT (mesure du bénévolat, à paraître en 2010) est indispensable.

• Préférer à l'extension des enquêtes annuelles d'entreprises une enquête spécifique au secteur non marchand, avec interrogation exhaustive des grandes organisations et sondage aléatoire sur les petites, répétée annuellement ou au moins tous les trois ans. Le questionnaire des enquêtes annuelles d'entreprises est en effet peu adapté aux associations.

• Renouveler périodiquement une enquête sur l'activité bénévole en distinguant plus finement le statut juridique et le secteur d'activité des organisations destinataires. Mieux distinguer dans les enquêtes « Emploi du temps » la participation aux associations, en tant qu'usager ou adhérent, du travail bénévole qui s'y exerce.

• Mobiliser les sources administratives existantes : les budgets des associations fournis aux autorités de tutelle ou mis en ligne sur leurs sites, le « Jaune » réformé et les annexes aux budgets des collectivités territoriales qui ne classent pas les associations recevant un financement public par secteur d'activité.

B. Des modalités de reconnaissance collective largement à construire et au moins à améliorer : vers un dialogue civil institutionnalisé

Position du CNVA

Le CNVA a déjà produit des avis[71] et des réflexions[72] sur la place et le rôle des associations dans le dialogue civil. Un groupe de travail *ad hoc* avait été constitué sous la précédente mandature et l'ensemble des travaux antérieurs du CNVA sur le sujet et les propositions de ce groupe *ad hoc* ont même constitué la contribution du CNVA à la première Conférence nationale de la vie associative en janvier 2006.

Concernant le document de synthèse CPCA/Administration pour lequel l'avis du CNVA est sollicité, il convient d'emblée d'indiquer qu'effectivement

---

71) Avis du CNVA : « Les associations dans la décentralisation », décembre 1992 ; *Le CNVA au service de la liberté associatif*, La Documentation française, 2001 ; *Les Associations et la construction européenne*, 2002 ; *Bilan de la vie associative 1994-1995*, « Les associations dans la procédure de contrats de Plan », La Documentation française ; – Rapport du CNVA au Premier ministre sur la mise en œuvre des mesures gouvernementales, janvier 2006.
72) Assises nationales de la vie associative, Atelier 1 : « L'affirmation de la place des associations dans le dialogue civil », février 1999.

des avancées significatives ont été réalisées ces dernières années quant à la reconnaissance de l'importance et de la pertinence de la parole associative dans le dialogue civil national.

Des règles officielles ont été édictées, des préconisations ministérielles ont été formulées par le Premier ministre – consultation des associations en amont de décisions les concernant, désignation de référents ministériels…

Malheureusement, il convient aussi d'indiquer que ces décisions ont été peu ou pas suivies d'effet.

La « Charte d'engagements réciproques » signée en 2001 entre l'État et la CPCA en tant que représentant de la vie associative organisée, prévoyait une évaluation par le CNVA et un débat au Parlement. Ces dispositions importantes ont été oubliées.

Proposition du CNVA

Le CNVA souhaite donc indiquer qu'il conviendrait de mettre en œuvre d'une part les mesures déjà décidées au niveau gouvernemental et de prendre en compte d'autre part les recommandations élaborées par la première Conférence et notamment celles soumises par le groupe spécifique sur le dialogue civil.

Le dialogue civil, qui est l'échange, l'interlocution et le débat entre les autorités publiques et l'ensemble des acteurs de la société civile nécessite de bien identifier les organisations habilitées à participer.

S'il est évident de dire que les autorités publiques invitent qui elles souhaitent et qui le veut finalement, à nourrir et à enrichir la décision publique, il est non moins nécessaire de déterminer des critères de représentativité des associations désirant s'inscrire dans un dialogue civil cadré et structuré comme peut l'être le dialogue social sans bien entendu revendiquer un parallélisme de forme.

En effet le dialogue civil, pour être un élément fondamental d'une démocratie résolument plus participative, doit impérativement être « institutionnalisé » c'est-à-dire normé et inscrit de manière pérenne et stable pour ne pas subir les aléas du politique.

Le CNVA partage donc les propositions faites dans le document préparatoire concernant l'habilitation à participer au dialogue civil institutionnalisé à tous les niveaux territoriaux y compris au sein de l'Union européenne où le statut de « l'association européenne » n'a toujours pas été mis en chantier.

Le CNVA est conscient des difficultés pour faire aboutir cette proposition. Il tient donc à faire remarquer, que la question de la mesure de la représentativité des associations pour participer au dialogue civil qui semble poser problème a pourtant fait l'objet d'une réflexion et de propositions dans le secteur de l'environnement. En effet les conclusions du Grenelle de l'environnement sur le thème « Instaurer une démocratie écologique » ont clairement stipulé la nécessité de définir les critères de la représentativité des acteurs environnementaux. Dans leur prolongement, le Premier ministre a créé un Comité opérationnel chargé de mettre concrètement en œuvre les conclusions. Aussi le Comité opérationnel n° 24 « Institutions et représentativité des acteurs » du Grenelle de l'environnement a élaboré un socle des critères communs doublé d'une déclinaison par catégories d'acteurs concernés[73].

Le CNVA rappelle qu'il s'est déjà exprimé[74], comme l'indique le document de synthèse CPCA/Administrations, sur l'intérêt de développer le congé de représentation.

Ses réflexions et avis sur ce dernier sujet sont des contributions utiles pour conforter la prise en compte de l'expression de millions de bénévoles engagés dans une vie associative qui assume aujourd'hui des fonctions civiques, sociales et économiques indispensables.

C. Recherche d'une clarification des agréments

Préconisations partagées par la CPCA et l'administration

Trois problématiques se posent concernant l'agrément des associations :
– la terminologie qui recouvre des définitions hétérogènes selon les ministères, et qu'il convient de clarifier ;
– l'objectif recherché de l'agrément qui concerne l'activité, la structure et l'établissement à rendre compatible avec les règles communautaires ;
– l'harmonisation de l'agrément avec la définition d'un tronc commun.

Une réunion interadministrations a permis de commencer l'élaboration d'un tronc commun aux agréments ministériels. Celui-ci devrait comprendre des critères relatifs au fonctionnement démocratique de l'association, à sa santé financière et à son inscription dans une perspective de développement durable.

Ce travail d'expertise administratif devrait être poursuivi également en concertation avec les instances du monde associatif, notamment sur les critères et la mise en œuvre des perspectives de développement durable.

Position du CNVA

Le rapport préparatoire appuie largement ses préconisations sur les travaux du CNVA relatif aux agréments associatifs. Le dernier avis produit en la matière, adopté en session plénière le 3 juillet 2006, répondait à la saisine du Premier ministre qui souhaitait alors une **réflexion approfondie sur l'utilité et la portée des agréments associatifs**.

---

73) Comité opérationnel n° 24, rapport final remis au Premier ministre et au MEMEEDD, présenté par Bertrand Pancher député de la Meuse.
74) Avis CNVA du 27 septembre 1997 complémentaire entre emploi et bénévolat dans les associations.

Pour ce faire, il demandait au CNVA en application de l'article 9 du décret n° 2003-1100 du 20 novembre 2003 relatif au CNVA de conduire ses travaux en groupe mixte.

Aussi l'avis remis au Premier ministre est le résultat des travaux réalisés conjointement entre les membres associatifs du CNVA et les représentants des administrations des différents ministères.

Bien que des travaux antérieurs du CNVA aient porté sur la double idée d'un grand label[75] de l'État et d'agréments sectoriels rénovés, l'avis du CNVA est exclusivement concentré sur les agréments. Ceci est dû à deux raisons principales :
– tout d'abord au fait que ces travaux s'inscrivaient dans le contexte de parution du rapport du député Decool sur la place particulière qui pouvait être faite aux associations qui sans disposer de la reconnaissance d'utilité publique œuvrent pour l'intérêt général. Ce rapport confirmait la difficulté de trancher le sujet par la voie d'un agrément unique et uniforme sur les différents territoires, national, départemental, régional notamment ;
– ensuite aux travaux sur la réforme de la reconnaissance d'utilité publique lancée, par le Conseil d'État et auxquels le CNVA participait. Cependant l'étude sur la réforme de la RUP, présentée par la section de l'intérieur et la section du rapport et des études réunies, adoptée par le Conseil d'État le 25 octobre 2000 puis remise au Premier ministre n'a pas connu de suite.

Dans son avis du 3 juillet 2006, le Conseil a dressé un état des lieux constatant la complexité des dispositifs existants mais aussi leur utilité. Aussi,

> **Le CNVA réaffirme l'utilité des agréments et la nécessité de les faire évoluer à partir des critères explicites fondés sur le principe que l'agrément est un outil de reconnaissance du projet associatif porteur d'intérêt général, qui n'a pas vocation à devenir un passage obligé pour l'ensemble du secteur associatif.**

> **Compte tenu de l'antériorité des travaux sur la question des agréments et de la nouvelle donne européenne, le CNVA recommande de faire aboutir sans délai la réforme des agréments.**

> **L'harmonisation des critères permettant de définir un tronc commun transversal à toutes les administrations centrales et déconcentrées, complété de critères sectoriels, constitue l'un des premiers objectifs à atteindre à court terme.**

75) Utilité sociale, RUP, Intérêt général…

II – Les associations : un lieu original de construction d'une société plus cohérente et solidaire qui a besoin de soutiens

Les associations sont l'émanation de la société civile, riches de leurs diversités elles portent une capacité d'innovation qu'il convient d'encourager. Elles doivent pouvoir animer leurs projets sans jouer un rôle supplétif des pouvoirs publics.

Afin de développer ce rôle d'impulsion, d'animation, d'innovation sociale, l'accompagnement de cette dynamique est indispensable. Les questions de formation, mais également le soutien à la prise de responsabilité associative impliquent une nécessaire réflexion.

Des travaux antérieurs du CNVA [76] sur les ressources humaines dans les associations ont démontré que *« le bénévolat, qui est à la fois le résultat d'une implication libre et volontaire au service d'un projet collectif, est le socle indispensable à la dynamique associative »*. Il est intimement lié à la vie des associations puisqu'il en constitue le fondement. *« Le CNVA pense donc utile de rappeler les fondamentaux de la loi de 1901 qui en installant le droit de s'associer, suppose l'exercice de trois libertés dont celle de fonder le contrat d'association sur la participation volontaire et désintéressée de personnes qui conçoivent, développent et promeuvent un projet collectif porteur de valeurs communes. Ce capital humain que constitue le bénévolat est la première ressource collective de l'association au service de son projet »*, il se pratique sans contrepartie financière.

Il convient par ailleurs, d'éclairer le champ du volontariat pour éviter des confusions qui viendraient brouiller l'idée même de l'engagement bénévole. Envisager une communication où se confondent les deux aspects de la vie associative – bénévolat et volontariat – porte en soi un risque de bouleversements des pratiques bénévoles et, à terme, fragiliserait les projets associatifs.

A. La nécessaire montée en compétences des dirigeants [77] bénévoles associatifs et la valorisation de celles-ci dans les parcours individuels

Préconisations partagées par la CPCA et l'administration

a) L'enjeu de la formation des bénévoles

Il paraît pour tous pertinent de distinguer la question des dirigeants bénévoles et celle des bénévoles non dirigeants.

---

76) *Le CNVA au service de la liberté associatif*, La Documentation française, 2001.
77) Qui sont-ils ? Cette notion de « dirigeants » mériterait que l'on en définisse les contours.

À l'intérieur de cette distinction, la CPCA souhaite accompagner l'ouverture des OPCA à la formation des bénévoles dirigeants dans leur fonction d'employeur.

Cette démarche s'inscrit dans un objectif général de la réforme du CDVA pour répondre à l'ensemble des problématiques de la formation des bénévoles, y compris des dirigeants.

Position du CNVA

Les associations sont aujourd'hui confrontées à une gestion rendue de plus en plus complexe notamment par des contraintes administratives, de gestion… Permettre aux responsables associatifs de mieux faire face, en leur apportant les connaissances nécessaires, à l'exercice de leurs mandats est indispensable. Pour autant, prendre une responsabilité ne signifie pas entrer dans une norme. Il existe des pratiques différentes où la mise en œuvre de la vie démocratique doit rester centrale. En conséquence, la montée en compétence doit rester un moyen pour mieux faire vivre le projet associatif, sans devenir un but en soi dans une logique de professionnalisation réservée aux dirigeants.

La question de la formation se pose à tous les niveaux de la vie associative, pas seulement pour les dirigeants. La vitalité d'une association tient également à la capacité de ses membres à fédérer et à mobiliser sur le projet associatif. En cela, la formation devrait être plus largement étendue pour fidéliser les bénévoles et construire un engagement durable.

L'organisation d'une association est centrée sur son objet. Sans nier l'intérêt que représente la valorisation, voire la validation de leur parcours pour les bénévoles – y compris dirigeants –, il est essentiel de maintenir la construction d'une formation qui réponde à une véritable stratégie associative et non à la seule logique de parcours individuel.

La construction d'une stratégie, d'une véritable ingénierie de formation au sein des associations devrait être appuyée et encouragée. La formation des bénévoles gagnerait en visibilité et en pertinence en évitant la logique consumériste qui pourrait être la conséquence d'un développement mal compris de la formation des bénévoles.

Cette stratégie impose également une implication forte des réseaux associatifs pour développer une démarche en cohérence avec leurs mouvements et devrait impulser un pilotage différent du CDVA.

De même, la déconcentration des fonds peut, à terme, affaiblir le sens de cette démarche formative et induire un désengagement progressif de l'État sur cette action.

b) Les pistes de réforme du CDVA évoquées par la CPCA :
– financement complémentaire (Française des Jeux) ;
– abondement des Organismes paritaires collecteurs agréés (OPCA) ;
– affectation de la taxe sur les salaires ;
– appel au mécénat d'entreprises.

Position du CNVA

Le CNVA note que le budget du CDVA se situe à un niveau constant depuis plusieurs années alors que le nombre d'associations ne cesse d'augmenter. Il rappelle que le bénévolat, pour se développer, a besoin d'un appui permettant le fonctionnement pérenne des équipes et des projets. La mission du CDVA, énoncée dans le décret, précise d'ailleurs le champ de l'enveloppe budgétaire comme étant affectée *« au financement d'actions de formation tournées vers la conduite du projet associatif, au bénéfice des bénévoles responsables élus, responsables d'activités ou adhérents »*. Au regard de l'enveloppe accordée, les associations ne peuvent apporter aux bénévoles, le niveau de formation requis pour la bonne gestion de celles-ci.

L'effort consenti – reconduction de l'enveloppe budgétaire à 9,5 M€ en 2008 – n'est pas à la mesure de ce que représente le mouvement associatif et ne traduit pas la volonté d'accompagner le bénévole dans son parcours de formation.

Aujourd'hui, les associations « éligibles » à ce fond représentent 7 millions de bénévoles. À son niveau actuel, l'enveloppe budgétaire représente un investissement potentiel de 0,68€ par bénévole. En d'autres termes, il faudrait vingt ans pour que chaque bénévole actuel puisse espérer bénéficier d'une journée de formation.

> **Un financement complémentaire par prélèvement sur la Française des Jeux à hauteur de 0,5 %, dans l'optique d'un fonds spécifique, apparaît comme nécessaire aujourd'hui pour la formation des bénévoles.**
>
> **L'abondement des Organismes paritaires collecteurs agréés (OPCA) est une piste à explorer à condition que celui-ci ne se substitue pas à l'engagement financier des pouvoirs publics. Le CNVA souligne que l'intervention des OPCA sera par nature limitée aux bénévoles des associations employeurs qui elles-mêmes ne représentent que 10 % de l'ensemble des associations. Il est clair que cet apport intéressant, rendu possible par le dispositif législatif à venir[78], ne couvrirait pas l'ensemble des besoins.**
>
> **Le CNVA partage la proposition d'affection à la formation des bénévoles d'une partie de la taxe sur les salaires réglée par les associations employeurs.**
>
> **Par ailleurs, le CNVA est d'avis de maintenir les fonds habituellement consacrés à l'expérimentation pour favoriser et encourager l'innovation et l'émergence d'initiatives qui sont le propre du dynamisme associatif.**

Le CNVA souhaite également mentionner la difficulté pour les plus petites associations à émarger à ces fonds compte tenu de la relative complexité des dossiers et il propose que l'accompagnement initialement prévu au travers des CRIB soit renforcé. Cet accompagnement est rendu d'autant plus nécessaire qu'en son absence les crédits déconcentrés à cette

---

78) Amendement à la loi relative à l'Orientation et la formation professionnelle, présenté par Mme Marland Minitello.

fin risquent d'être peu utilisés alors que les besoins de formation sont récurrents. Le paradoxe serait – alors que ce sont les réseaux associatifs qui portent les plans de formation des bénévoles – qu'ils n'aient plus les moyens de leur mise en œuvre.

Le CNVA soutient l'idée d'une refondation du CDVA qui tienne compte à la fois du niveau des fonds alloués au regard des besoins de formation et d'un mode de gouvernance adapté au volume des dossiers à traiter.

B. L'engagement associatif – le don de temps valorisé

c) Mesures relatives à la valorisation des compétences acquises par les bénévoles

Préconisations partagées par la CPCA et l'administration

Pour mieux valoriser les compétences acquises au travers de l'expérience associative, il pourrait être opportun d'examiner les différents modèles associatifs pour définir les compétences transversales acquises dans les différents contextes (accueil, gestion de publics hétérogènes, animation, exposés, communication, logistique, conduite de projet, encadrement, etc.). Ce travail d'identification et de formalisation pourrait être conduit avec les entreprises susceptibles d'y trouver un intérêt.

Position du CNVA

Reconnaître l'engagement bénévole des salariés du secteur privé marchand et des agents du secteur public dans le parcours menant à la VAE est un progrès. Pour autant, nous ne disposons pas d'éléments de bilan sur la mise en œuvre de la VAE bénévole. Entre autres, les jurys universitaires peu formés à la connaissance de la vie associative et parfois peu enclins à la délivrance de diplômes sur la base de la seule expérience bénévole, devraient inciter les différents partenaires à engager un travail sur un référentiel des compétences communes liées à l'exercice des responsabilités associatives.

La proposition d'une période de bénévolat pour les jeunes, qui ouvrirait droit à une formation, conduit à inverser le sens dans lequel celui-ci doit s'exercer : le bénévolat est et doit rester une démarche volontaire et désintéressée, son inscription dans un projet de validation des acquis de l'expérience doit par contre être facilité et plus largement accessible. D'autant que la démarche de VAE concerne un public plus large : des salariés, des personnes en recherche d'emplois sans distinction d'âge et pour lesquels un appui, un « préaccompagnement » reste nécessaire pour l'accès à cette validation. L'effort consenti par les associations sur ce registre relève de leur seule initiative et mériterait d'être appuyée par des moyens financiers

en relation avec une démarche de «retour vers l'emploi» pour les personnes concernées.

Cette vision concourt sur certains aspects à la sécurisation des parcours professionnels.

Dans cette optique, entre autres, Pôle Emploi a d'ailleurs élaboré un outil «Mitec[79]» qui répond – pour partie – à cet objectif.

D'autre part, la valorisation c'est aussi une reconnaissance du temps passé sans nécessairement engager une démarche de VAE. Ce temps, valorisé peut être utilement mis en avant. Pour ce faire, certaines associations utilisent déjà des outils – passeport du bénévolat, carnet de vie, etc. – permettant de garder la mémoire du parcours bénévole.

d) La valorisation financière

Préconisations partagées par la CPCA et l'administration

La valorisation dans les bilans comptables associatifs **du temps de travail** des bénévoles prend plusieurs modes selon la destination des pièces comptables et procède de différentes méthodes plus ou moins maîtrisées selon les associations ou leurs conseils. Une action d'information voire de réglementation en ce domaine est préalable à toute valorisation financière par les associations dans leurs budgets. Il faut préciser que ce principe de valorisation financière du bénévolat ne fait pas l'unanimité au sein du monde associatif, car il déroge au principe de gratuité de l'engagement bénévole.

Position du CNVA

Le principe de valorisation financière, bien comprise, du bénévolat ne remet pas en cause le principe de gratuité dès lors qu'il s'attache à la structure et non à la personne. Il est ici question de mettre en lumière le temps consacré par les bénévoles à la conduite de l'association, de son projet, de ses objectifs. Cette valorisation a pour objectif de rendre visible l'apport «économique» du concours bénévole, de relativiser la part du fonctionnement à l'aune du bénévolat.

Pour la clarté du débat et la bonne compréhension de ce sujet, la mise en place d'une règle commune pourrait faire l'objet d'une réflexion afin d'en cerner les contours et éviter des dérives qui iraient à l'encontre de l'objectif initial. Ce travail pourrait être engagé à la lumière des attendus défendus par le CNVA lorsqu'il a travaillé au sein du Conseil national de la comptabilité (CNC) à l'élaboration du Plan comptable des associations et fondations.

---

79) «Mobilité intersectorielle et transnationale pour l'égalité des chances» est un outil logiciel destiné aux bénévoles, aux sportifs de haut niveau et aux personnes de retour d'expatriation.

C. La citoyenneté des jeunes – l'apprentissage du vivre ensemble

a) Perspectives pour le volontariat

Position du CNVA

La position du CNVA s'appuie nécessairement sur la nouvelle actualité dessinée par la **proposition de loi relative au Service civique**.

Le CNVA a déjà, à plusieurs reprises, exposé sa conception du Service civique qu'il rappelle ci-après.

Outil de participation citoyenne, le Service civique doit également contribuer à recréer un temps de brassage social, offrant la possibilité aux jeunes de tous les horizons sociaux et territoriaux de se rencontrer et de partager une expérience commune.

Dès lors qu'on s'accorde à dire que ce dispositif vise à favoriser l'engagement d'une génération, **il ne peut être basé que sur le volontariat des jeunes**. Mais parce qu'il se doit d'être universel (c'est-à-dire proposé à tous les jeunes), l'obligation incombe à l'État de le rendre accessible à tous. Les objectifs de mixité énoncés ne doivent pas se limiter à une déclaration de principe : il doit y avoir obligation de moyens.

Le CNVA plaide pour **un Service civique long** qui constitue pendant toute sa durée l'activité essentielle du jeune. Cet élément nous apparaît déterminant pour différencier les différentes formes d'engagement déjà existantes comme par exemple le bénévolat.

Enfin, le CNVA est opposé à ce que le Service civique puisse s'effectuer en entreprise. Dans notre conception, le Service civique constitue un apprentissage par l'action, la dimension collective du projet et le partage de valeurs. Il permet à chacun de s'approprier pleinement son rôle de citoyen. Ceci suppose que **le terrain d'engagement soit maintenu dans une structure à but non lucratif**.

Au vu de ces principes, le CNVA souhaite émettre un certain nombre de remarques concernant la **proposition de loi relative au Service civique déposée par monsieur Yvon Collin**, sénateur.

Il est proposé que le Service civique s'inscrive dans le **Code du service national**. Or, ce dernier désigne aujourd'hui les champs d'intervention relatifs à la « Défense de la Nation ». Il semble donc indispensable, soit d'élargir les champs d'intervention dudit Code, soit de ne pas codifier la loi relative au Service civique.

L'exposé des motifs de cette proposition de loi laisse penser que le Service civique s'adresse spécifiquement aux jeunes. Ce sentiment est encore renforcé par l'inscription de la loi dans le Code du service national. Or, si différentes formes de volontariat, et notamment le volontariat associatif, sont fondues sous l'appellation « Service civique », **ce dernier doit alors**

être universel et s'adresser à tous les citoyens, quel que soit leur âge. Ceci même si le CNVA approuve le fait que l'effort financier de l'État se concentre sur le Service civique des jeunes.

Le CNVA regrette que les **formations civiques**, éléments phares du Service civil volontaire, aient disparu dans cette proposition de loi. Ces formations sont pourtant essentielles dans la mesure où elles permettent de renforcer la différenciation entre Service civique et salariat. De plus, lorsqu'elles réunissent de nombreux volontaires, ce qui pourrait être systématisé en envisageant une mutualisation de ces formations entre différentes structures d'accueil, elles constituent un temps précieux d'échange d'expériences, qui contribue pleinement à l'objectif de mixité et de brassage social assigné au Service civique.

Enfin, le Service civique, tel que présenté dans cette proposition de loi, **engloberait aussi bien du volontariat que du bénévolat**. Le CNVA considère que cette option pose véritablement problème pour plusieurs raisons. Tout d'abord, ceci entretient ainsi une confusion importante entre deux formes d'engagement différentes alors qu'au contraire il lui semble particulièrement indispensable de développer dans notre pays une véritable culture du volontariat, que beaucoup peinent encore à situer entre bénévolat et salariat.

De plus, ce «label commun» nuit à la lisibilité du Service civique, dont on sait pourtant qu'elle sera déterminante dans le succès du dispositif. Enfin, inscrire le bénévolat dans le cadre du Service civique induit un autre risque : celui d'une **hiérarchisation du bénévolat**. Il s'agirait en effet de définir, parmi les champs d'action investis par les bénévoles, ceux qui relèvent du Service civique et ceux qui n'en sont pas, ce qui, pour le CNVA, est non seulement illégitime mais pose même un véritable problème éthique.

Proposition du CNVA

> En conclusion, le CNVA se prononce en faveur d'un Service civique volontaire désignant uniquement un temps d'engagement intense effectué sur une période pouvant aller jusqu'à 24 mois. S'il se réjouit de la volonté politique affichée en matière de reconnaissance du bénévolat, le CNVA réaffirme qu'elle doit se concrétiser par des dispositions distinctes de celles du Service civique, qui devront être discutées à l'occasion de la Conférence de la vie associative.

a) Valorisation académique

Proposition du CNVA

Il s'agit ici de **la valorisation du bénévolat des jeunes**.

Dans les collèges et lycées, la mise en place d'un **livret de compétences**, permettant aux élèves d'identifier les aptitudes qu'ils ont développées à travers diverses expériences extrascolaires (bénévolat, activités culturelles ou sportives, loisirs...) semble au CNVA être une initiative à encourager.

Dans l'enseignement supérieur, les dispositifs de validation pédagogique des engagements étudiants constituent un outil de reconnaissance intéressant mais particulièrement délicat à mettre en œuvre, tant sont grands les risques de dénaturer l'engagement. En effet, si la valeur civique de l'engagement, qui constitue la substance de la vie associative, mérite d'être encore davantage encouragée par les établissements d'enseignement supérieur, elle ne s'évalue pas. Seules les compétences acquises dans le cadre d'une pratique associative peuvent l'être.

> **Le CNVA recommande que ces critères d'évaluation soient examinés précisément et discutés avec les associations. Pour le Conseil, il convient de parler de «validation pédagogique des compétences acquises par la pratique associative» plutôt que de «validation pédagogique de l'engagement associatif».**

Toute la difficulté est de savoir comment évaluer ces aptitudes. On se heurte en effet bien souvent aux mêmes difficultés que celles rencontrées dans le cadre de la VAE, les jurys universitaires étant peu formés à ces questions.

b) Valorisation professionnelle

La conduite de projets associatifs permet d'acquérir de nombreux **savoir-faire transposables dans la sphère de l'emploi** et hautement valorisables dans le cadre d'un parcours d'insertion professionnelle. Faire prendre conscience de ce potentiel aux jeunes associatifs, mais aussi aux recruteurs constitue donc un véritable enjeu.

> **Il semble intéressant au CNVA que les pouvoirs publics soutiennent les associations dans une démarche de conception de différents outils permettant d'accompagner leurs bénévoles dans l'identification, la mise en mots et la valorisation des compétences développées via leurs activités associatives.**

Un travail de **sensibilisation du monde économique** paraît également indispensable au CNVA, afin que les recruteurs dépassent la seule culture du diplôme et soient attentifs aux expériences associatives, qui constituent un espace de formation complémentaire avec certaines valeurs ajoutées dans les domaines des savoirs faire et des savoirs être.

Le CNVA tient à préciser que la question de la valorisation professionnelle des compétences acquises par la pratique associative ne concerne pas que les seuls bénévoles jeunes : d'autres catégories de la population souhaitent pouvoir être utilement accompagnés dans une démarche d'identification et de valorisation de leurs compétences, et disposer d'outils dédiés pour ce faire.

c) Valorisation sociale

Pour le CNVA, la valorisation de l'engagement des jeunes ne saurait se limiter à une valorisation personnelle, qu'elle soit pédagogique ou professionnelle. Il nous semble donc essentiel de travailler largement à la

valorisation sociale de ces initiatives solidaires, en soulignant leur **apport dans la construction d'un vivre ensemble harmonieux.**

III – Un besoin de sécurité et de stabilité dans des partenariats renouvelés

A – Sécurité et stabilité en termes de ressources humaines

a) La requalification du bénévolat en contrat de travail

Préconisations partagées par la CPCA et l'administration

S'agissant de la subordination :

L'opportunité de rédiger systématiquement un acte d'engagement bénévole tel qu'il est pratiqué par certaines associations fait débat, mais a pour principal avantage de clarifier entre les protagonistes la nature de la relation et de faire apparaître l'importance de la qualité de membre adhérent de l'association.

S'agissant de la rémunération :

Bien que les pouvoirs publics aient d'ores et déjà prévu pour les associations sportives ou pour les associations agréées Jeunesse – Éducation populaire des dispositifs d'assiette franchisée ou forfaitaire des cotisations de sécurité sociale, la mise en place d'une réglementation générale sur les remboursements de frais, avantages en nature et indemnités en dehors du droit fiscal fait débat.

Quand bien même les bénévoles œuvrent au sein de structures associatives, l'acte bénévole – en soi – ne relève pas d'une relation hiérarchique, domaine de l'organisation du travail. La vie associative se construit à travers les instances, démocratiquement élues, dont elle s'est dotée. De ce fait, le bénévolat exclut la notion-même de subordination laquelle est réglée par le Code du travail. Le CNVA souhaite réaffirmer l'impérieuse nécessité pour les associations à ne pas contribuer à son démantèlement.

b) La stabilité de l'emploi associatif

Préconisations partagées par la CPCA et l'administration

L'accompagnement des politiques d'emplois aidés par l'État est un prérequis pour l'administration et la CPCA.

Sur le terrain, celui-ci est réalisé par et pour les associations. Dans le cadre du nouveau partenariat entre l'État et les associations, les associations devraient être présentes et partenaires du pilotage local et/ou national de ces outils. Concernant la professionnalisation des acteurs associatifs employeurs, la poursuite du dispositif « impact emploi » avec plus de 500 tiers de confiance URSSAF est un enjeu important de cet objectif. Au même titre que le déploiement du chèque emploi associatif, il devrait être évalué au regard d'objectifs visant à la fois à l'augmentation des compétences de la fonction employeur des associations et à la qualité de l'emploi associatif.

Position du CNVA

L'emploi associatif est une question centrale qui renvoie notamment au développement des projets associatifs dans un univers de complexité.

En effet, le recours à l'emploi dans les associations n'est pas un objectif en soi. Il répond à la nécessité de disposer de compétences utiles et permanentes pour mettre en œuvre le projet associatif. À cet égard, les salariés d'une association constituent une catégorie de ressource humaine devenue indispensable au côté de l'engagement des bénévoles, ce dernier s'exprimant dans la responsabilité du groupement associatif et/ou ses activités.

Quelque 150 000 associations sur 1 100 000, sont concernées par l'exercice de la fonction employeur et pour celles-ci particulièrement les préconisations du document de synthèse sont ciblés sur des thématiques à approfondir.

> Au regard de l'objectif de la Conférence de la vie associative de rassembler le monde associatif dans sa diversité autour de questions transversales et déterminantes pour le présent et l'avenir des associations, quel que soit leur projet, le CNVA recommande de débattre des sujets développés dans le rapport dans un espace de concertation voire de consultation approprié en libérant l'ordre du jour de la Conférence des sujets liés à l'emploi dans les associations.

B – Sécurité et stabilité en termes de ressources financières

a) Les ressources financières privées

Préconisations partagées par la CPCA et l'administration

Un régime de réduction d'impôt ne procure d'avantages qu'aux foyers et contribuables imposables, contrairement à un système de crédit d'impôt.

La CPCA est favorable à la transformation du dispositif actuel, à coût constant pour l'État, en crédit d'impôt dans un objectif de démocratisation. Par ailleurs elle préconise la mise en œuvre avec France Générosités d'une campagne nationale d'incitation. Il lui semble en effet que l'État devrait avoir un rôle proactif compte tenu du fait que les financements associatifs privés et publics, qui sont largement interdépendants, sont entrés dans une zone d'incertitude très forte du fait de la crise économique.

La CPCA demande par ailleurs la mise en place d'un comité de suivi sur les fonds de dotation qui est de nature à avoir de fortes conséquences sur le système des fondations abritées et sur les modalités de financement des causes et missions mises en œuvre par le secteur associatif.

Position du CNVA

La fiscalité française est devenue l'une des plus attractives du monde pour la philanthropie grâce aux évolutions intervenues ces dernières années. L'étape la plus significative a été la loi de 2003 qui a entériné l'action philanthropique comme une composante majeure de l'action d'intérêt général. Sans entrer dans le détail, le CNVA souhaite souligner les avancées majeures.

Tout d'abord, la défiscalisation devient une réduction d'impôts avec deux taux pour les particuliers. Usuellement 66 % du don est déductible mais pour des causes d'urgence notamment il est de 75 %. Pour les entreprises le taux pris en compte est de 60 %.

Ensuite, deux mesures supplémentaires ont été introduites : le report sur plusieurs années et le relèvement des plafonds.

On comprend à la lecture de ces taux que le législateur a voulu inciter les personnes fortunées à s'investir plus dans les domaines culturels, sociaux, médicaux, de recherche, d'environnement… C'est d'ailleurs la même philosophie qui préside au dispositif issu de la loi dite « Tepa » et visant les personnes assujetties à l'impôt sur la fortune.

L'idée de faire bénéficier les personnes les moins fortunées d'un crédit d'impôt est généreuse, mais, si elle devait s'appliquer « à montant constant », cela veut dire que les taux actuels seraient réduits. Au moment où l'action dans de nombreux domaines doit être complétée ou prise en charge par des fonds privés soit directement, soit à travers des associations ou des fondations, au moment où les besoins semblent croître au vue de la crise, il serait dangereux de modifier les taux actuels en diminuant leur montant.

Le CNVA constate que le développement d'un « climat philanthropique » stimulant les donateurs prend du temps à s'installer.

Il semble au Conseil que nous soyons sur la bonne voie, mais pour cela le CNVA considère que deux conditions sont nécessaires :
– une stabilité fiscale car des changements successifs et rapprochés créent un trouble chez le donateur qui ne peut s'organiser dans le temps ;
– la mise en place de campagnes d'information régulières pour faire connaître au grand public les dispositifs actuels. Là aussi, de la stabilité est nécessaire pour s'engager dans ces campagnes.

Le CNVA ne peut donner un avis favorable à toute initiative qui viserait à diminuer le montant des taux de réduction d'impôts actuels. Si l'idée du crédit d'impôts devait être validée, elle ne pourrait l'être qu'en dehors d'une péréquation avec les dispositifs actuels.

b) Les ressources financières publiques

Préconisations partagées par la CPCA et l'administration

La jurisprudence relative aux différentes formes de financement public

Selon la CPCA, et comme les travaux préparatoires de la précédente Conférence de la vie associative l'avaient constaté, la clarification des relations contractuelles est une nécessité au regard notamment d'un glissement avéré vers la commande publique de la part de l'État et des collectivités territoriales sur des pans entiers d'actions publiques (formation, insertion professionnelle, culture, social, etc.). L'approche jurisprudentielle ne permet pas, de toute évidence, de répondre totalement à ce besoin de clarification en droit interne comme en droit communautaire.

C'est pourquoi la CPCA préconise de donner une base légale à la notion de subvention notamment au regard de l'application des règles européennes sur les aides d'État.

Selon l'administration, les magistrats dans cet arrêt ne font que reprendre les éléments de doctrine qui définissent une subvention. La définition légale n'apparaît donc pas nécessairement utile. En revanche, fait défaut de toute évidence une clarification des règles permettant de distinguer les opérateurs économiques et les opérateurs sur un marché concurrentiel d'une part, les latitudes offertes dans les conventions quant à l'objet des subventions et aux modalités d'attribution d'autre part, tant au regard du droit français que du droit communautaire.

Les relations contractuelles entre l'État et les associations s'inscrivent dans un cadre pluriannuel depuis la circulaire du 1er décembre 2008. Comme les travaux préparatoires de la précédente Conférence de la vie associative l'avaient préconisé, la mise en œuvre d'une nouvelle culture du partenariat et du contrat entre associations et pouvoirs publics ne va pas de soi et suppose du temps et des moyens pour être effective de part et d'autre. Le cadre partenarial a donc été conforté par la circulaire du 16 janvier 2007 relative aux conventions pluriannuelles d'objectif (CPO), à la suite de la première Conférence. La CPCA souhaite la pérennisation et le recours accru des CPO pour assurer une visibilité à long terme pour les associations.

Clarification des rapports entre public et privé, le cas des associations para-administratives

Un groupe de travail spécifique doit traiter de la question des associations qui sont des démembrements de la puissance publique pour repréciser les conditions de la notion de transparence, notamment en matière de taux et de contrôle par une ou plusieurs collectivités publiques. La CPCA est hostile à la proposition du rapport du député Pierre Morange relative à la requalification d'association de mission de service public.

Euro-comptabilité des subventions publiques

L'État doit élaborer un document et des outils pédagogiques et complets pour les collectivités territoriales et les opérateurs. Une meilleure information et des programmes de formation des agents intéressés apparaissent nécessaires pour permettre à tous les acteurs une meilleure maîtrise des règles et concepts applicables. La France peut en outre faire des propositions à la Commission européenne sur l'inapplicabilité du Paquet Monti-Kroes aux opérateurs qui interviennent strictement au niveau local (application des règles communautaires aux subventions seulement si les échanges réellement intracommunautaires sont affectés).

Position du CNVA

Le CNVA rappelle qu'il demande depuis des années un renforcement et un élargissement des conventions pluriannuelles d'objectif[80].

Il a été un des acteurs clés de leur lancement et constate qu'aujourd'hui ce dispositif doit être encouragé et renforcé. Il est un élément majeur de la pérennité de l'action des associations et contribue à la mise en œuvre des objectifs d'un certain nombre de politiques publiques.

La raréfaction des financements publics, à laquelle se rajoutent les effets de la crise économique, impacte directement les organisations sans but lucratif. Les CPO sont, entre autres, une réponse à ce besoin de stabilité s'inscrivant dans la durée.

S'agissant d'un outil utile notamment pour renforcer la transparence des relations entre la puissance publique et les associations, le CNVA s'étonne que les nombreuses circulaires produites sur la convention pluriannuelle d'objectifs et la pluriannualité des financements – 7 juin 1996, 1er décembre 2000, 24 décembre 2002, décembre 2008, janvier 2007 – n'aient pas donné lieu à davantage de détermination pour sa mise en œuvre pérenne.

Dans le même temps la loi relative aux droits des citoyens dans leurs relations avec l'administration dite loi DCRA et le décret d'application du 6 juin 2001 en application de l'article 10 fixant les dispositions relatives à la transparence financière fixait le seuil de financement à partir duquel une convention est nécessaire (23 000 euros) et celui à partir duquel le dépôt de la convention et des comptes de l'association en préfecture sont obligatoires (153 000 euros).

---

80) Avis du CNVA : «Les contrats pluriannuels d'utilité publique», 1984 ; Avis relatif «Aux engagements pluriannuels entre les associations et les pouvoirs publics», 1986 ; Rapport sur le financement des associations, *Pour une vie associative mieux reconnue dans ses fonctions économiques et dans ses actions d'intérêt général*, 1988 ; Rapport du groupe de travail mixte, *Financement des associations*, 1996 ; Assises nationales de la vie associative, Atelier 2 : «Vie associative, transparence et relations avec les pouvoirs publics», février 1999.

Ces textes ont étendu le principe du financement public des organismes privés par convention à toutes les collectivités.

Le CNVA partage la préoccupation énoncée dans le rapport de synthèse quant au recours au Convention pluriannuelle d'objectifs.

Concernant la clarification générale des relations contractuelles entre pouvoirs publics et associations, le CNVA l'appelle de ses vœux depuis de nombreuses années. À cet égard, l'analyse contenue dans son avis remis au Premier ministre sur « La commande publique appliquée aux associations » est explicite et les éléments de doctrine exposés restent d'actualité.

Ainsi la proposition faite, relative à l'élaboration d'une **définition légale de subvention**, est soutenue par le CNVA dans la continuité d'ailleurs de ses travaux sur le sujet. Le rapport du CNVA élaboré en groupe mixte sur le thème « Financement des associations » remis au Premier ministre en 1996 propose notamment *« de contribuer à clarifier les relations entre les associations et les pouvoirs publics, notamment grâce à une définition des notions de subventions, de prestations de services et de contrats d'objectifs ».* En annexe 1 de ce rapport, figure une analyse concise des enjeux attachés à la notion de subvention produite à l'époque par la direction du Budget, validée par le groupe mixte qui pourrait éclairer le débat d'aujourd'hui.

Le texte mentionnait alors : *« Aide financière versée par une collectivité publique pour des activités dont elle n'a pas pris ni l'initiative, ni la responsabilité et qui ne constitue pas le prix d'une acquisition directe par cette collectivité de biens ou de services. Elle est accordée soit pour favoriser l'exécution d'un service d'intérêt public, soit à titre de secours ou de soutien si elle a un caractère de libéralité et n'implique aucun remboursement ultérieur de la part du bénéficiaire. »*

Par ailleurs, il importe au CNVA d'ajouter que l'instruction du 28 août 2001 du ministère des finances commentant le décret n° 2001-210 du 7 mars 2001 relatif au Code des marchés publics distingue les subventions des marchés publics : *« Les subventions constituent une contribution financière de la personne publique à une opération qui présente un caractère d'intérêt général mais qui est initiée et menée par un tiers pour répondre à des besoins que celui-ci a définis. Dans le cadre de la subvention la somme d'argent n'a pas de contrepartie directe pour la personne publique ; dans le cas contraire, en présence d'une contrepartie directe pour la personne publique, il s'agit d'un marché public ».*

Le CNVA estime indispensable de procéder aux clarifications nécessaires pour distinguer les différents modes juridiques opératoires sur lesquels se fondent les relations entre la puissance publique et les associations. Ce travail doit être entrepris à partir d'une doctrine commune révisée.

Quant aux travaux à venir sur les associations para-administratives, le CNVA est d'avis de distinguer deux catégories de préoccupations :
– celle attachée au fait que l'administration à tous les niveaux des territoires a recours le plus souvent par commodité à la création d'une association loi 1901 pour gérer des actions et les financer ;

– celle découlant de l'appréciation qui peut être faite dans le droit fil du droit communautaire, de la réalité de la démarche privée d'une association et de l'indépendance de son projet au regard du volume de financement public alloué.

S'agissant du premier sujet, le CNVA réaffirme la nécessité d'aboutir enfin à une clarification par les pouvoirs publics eux-mêmes de l'usage qu'ils font de la structure juridique associative aux fins de placer leurs initiatives dans un outil juridique approprié à la démarche publique.

S'agissant du second sujet, le CNVA estime qu'il mérite d'être approfondi et éclairé d'une réelle expertise. Ceci est rendu nécessaire par le risque d'une approche caricaturale appuyée sur des éléments quantitatifs qui pourraient induire de la confusion autour de la notion de service public au détriment d'une doctrine encore aujourd'hui à construire de façon partagée.

La question des relations financières entre la puissance publique et les associations dépasse aujourd'hui les approches antérieures du fait de l'application de la réglementation européenne et la règle de compatibilité des aides publiques avec les traités.

Le CNVA estime indispensable de mesurer l'importance de cet enjeu et son impact sur la pratique associative dans notre pays.

Cette problématique doit, de son point de vue, être mise en perspective pour traiter la question au-delà de la production à court terme d'outils adaptés.

Message du Président de la République, lors de la Conférence de la vie associative le 17 décembre 2009

Mesdames et Messieurs,

Je suis fier et heureux que se tienne la Conférence de la vie associative qui vous rassemble aujourd'hui.

J'avais appelé de mes vœux cet événement important pour l'avenir du monde associatif. Je m'y associe de tout cœur par ce message de soutien.

Cette conférence est une étape sur la voie d'un dialogue renforcé entre les acteurs de la vie associative, État, collectivités locales, bénévoles et associations. Elle est une contribution à la construction d'un nouveau pacte entre la Nation et ses associations, permettant à ces dernières d'être confortées, aidées, accompagnées. Elle est un témoignage de reconnaissance collective pour le formidable travail qu'accomplissent celles et ceux qui, chaque jour, œuvre en leur sein.

Plus que jamais, nous avons besoin d'une *France associative*.

Force intermédiaire entre l'État et le marché, l'association est au cœur de la vie démocratique.

Idéal d'engagement, elle permet aux volontés de se rassembler pour faire progresser le monde.

Idéal de fraternité, elle est un ferment de la cohésion sociale, nourri des solidarités de proximité.

Idéal du don de soi, l'association porte haut les valeurs du bénévolat, la générosité, le dévouement, le désintéressement.

Dans la crise sans précédent que connaît notre pays, les valeurs associatives sont plus que jamais d'actualité. Face aux excès d'une économie déshumanisée, la contribution des associations au lien social n'a jamais paru si précieuse. Le temps est venu de reconnaître ce rôle irremplaçable. Le temps est venu d'écouter les attentes, les espoirs, les propositions des associations. Le temps est venu de leur faire toute la place qu'elles méritent dans notre pays.

Tel est l'objet de la Conférence de la vie associative. Plusieurs mois de travail, dont je remercie sincèrement les animateurs, ont permis de déboucher sur des propositions de grande qualité. Dans leur prolongement, des mesures concrètes et utiles vont être arrêtées aujourd'hui. Elles sont inspirées par trois principes qui constituent la clé de voûte de notre politique associative : sécuriser l'environnement dans lequel évoluent les associations; faciliter leur développement et leurs projets; reconnaître à sa juste valeur l'apport des bénévoles à notre société. Je fais pleinement confiance à Martin Hirsch, qui vous connaît mieux que quiconque, pour mettre en œuvre ce programme d'action au service des associations.

Mesdames et Messieurs, la Conférence de la vie associative ouvre un partenariat durable entre les acteurs de la vie associative. Un partenariat fondé sur un dialogue ouvert, régulier, respectueux des convictions de chacun. Un partenariat fondé sur la confiance et le respect de la parole donnée. Je m'engage aujourd'hui pleinement, à vos côtés, sur ce chemin.

Discours de la Conférence de la vie associative le 17 décembre 2009

Discours de Martin Hirsch, Haut Commissaire à la Jeunesse

Je voudrais remercier Patricia Martin. Quand j'étais responsable associatif, elle venait souvent nous donner un coup de main avec beaucoup de générosité et de connaissance du monde associatif, je la remercie de tout cœur d'être avec nous toute la journée.

Vous allez être frustrés normalement aujourd'hui, car – je les remercie aussi – il y a beaucoup d'intervenants de très grande qualité – c'est un élément auquel on tenait – qui auront chacun trop peu de temps.

Il y a aussi dans la salle qui est pleine, beaucoup de monde de qualité, et qui aura trop peu de temps pour débattre. Mais la matière était tellement dense, il y a tellement de choses à dire qu'on n'a pas su faire autrement.

Donc il y aura un peu de frustration, un peu de discipline à avoir, Patricia, pour tenir les horaires. Vous me couperez d'ailleurs si je dépasse le mien. Mais il y a du boulot à faire après, j'espère que cette frustration se transformera en force motrice pour après.

Je suis heureux d'être dans ce lieu. Préparer une conférence de la vie associative, c'est astreignant. À monter, c'est du boulot. Parfois, on se dit : pourquoi il faut faire cette galère ? Pourquoi il y a eu cet engagement de tenir une conférence de la vie associative ?

Mais depuis ce matin, ça me fait plaisir de voir des visages connus, d'en découvrir que je ne connais pas et de savoir qu'on est face à des enjeux importants et qu'on essaie ensemble de les relever.

Vous savez qu'il y a eu un grand rendez-vous entre les pouvoirs publics et les associations en 2001 pour le centenaire de la loi, sous la présidence de Lionel Jospin, alors Premier ministre, qui s'est traduit par une charte signée entre le Gouvernement et le monde associatif représenté par la conférence permanente des coordinations associatives, que Jacques Henrard préside, et à qui je céderai la parole tout à l'heure.

Il y a eu, il y a trois ans, la première Conférence de la vie associative, organisée par Jean-François Lamour, alors ministre de la Jeunesse et des Sports, qui a conduit à un certain nombre de mesures. Quand on a discuté de ça dans le comité de pilotage, l'administration nous disait que tous les engagements s'étaient concrétisés, et les associations que rien n'a changé... Donc on savait qu'on s'expose à ce risque.

On l'a préparée sans se raconter d'histoires, ni à la gloire de l'État, ni des associations, ni du passé, mais on essaye de se focaliser sur des enjeux importants qui nous remontaient des associations, soit à travers l'enquête réalisée auprès des plus petites associations qui ont l'action la plus locale, soit à travers vos représentants qui participaient au comité de pilotage.

On ne veut pas faire de déclaration ronflante, mais on veut sortir de cette journée avec des axes de travail qui permettent d'avancer.

Cette journée est placée sous le haut patronage du Président de la République. Il y a un message de sa part qui vous a été remis, qui vous rappelle l'importance qu'il consacre à la vie associative. Le Premier ministre viendra, si tout va bien, conclure cette journée.

Quelques mots sur ce qu'on a identifié et qui explique notre programme. On est partis des problèmes que nous ont identifiés les associations comme étant leurs cauchemars, leurs difficultés quotidiennes.

Ce qui est sorti en numéro un, ce sont les incertitudes juridiques sur les financements, l'Europe, et le Code des marchés publics, etc. On ne pouvait pas décemment tenir une Conférence de la vie associative sans éclaircir cela. Cela a été un énorme travail de clarifier tout ça. Un document de doctrine vous a été remis qui engage l'État à partir d'aujourd'hui, 17 décembre 2009, et qui devrait engager d'autres acteurs, comme on le verra tout à l'heure.

Le but est de revenir à une doctrine, qui ne soit pas celle du *tout appel d'offres* du genre : je me réfugie derrière l'article je ne sais pas combien du traité de Rome ou du code des marchés publics pour traiter les associations comme des entreprises. Il ne faut pas traiter les associations comme des entreprises, mais comme des partenaires, avec leur originalité.

Nous avons essayé de mettre au point un document qui puisse s'imposer aux uns et aux autres, pour éviter que les associations se retrouvent prises en otages par des choses qui les dépassent.

Le deuxième problème qui nous est remonté concerne les relations entre les associations et les pouvoirs publics. Aujourd'hui, les pouvoirs publics, ce n'est plus seulement l'État, mais aussi les collectivités territoriales.

Nous avons organisé cette conférence dès le début avec les collectivités territoriales, les régions, les maires, et nous aurons le président de l'Association des maires de France qui sera là tout à l'heure. Je pense que le travail qu'on réalise servira à ce que l'État et les collectivités territoriales puissent travailler mieux, ensemble, avec vous. On a tout à fait conscience qu'il y a une incertitude par rapport à la réforme des collectivités territoriales sur les associations, et l'un des objets aussi de notre travail est de se mettre en ordre de marche pour pouvoir y répondre.

Le troisième problème identifié est lié aux conditions de financement. Il y a quelque chose qui prend plus de poids : ce sont les dons, avec à la fois l'appel à la générosité des Français, et la dépense publique induite par le fait que, pour la plupart des associations qui ont un objet social, de générosité, quand on donne 100 euros, ça coûte 60 euros au budget de l'État.

Il y a des tas d'enjeux derrière cela. Cela favorise-t-il certaines associations, et en défavorise d'autres ? C'est un élément très important. La polémique Bergé-Téléthon a soulevé des questions importantes d'autant plus que dès lors que les fonds sont importants, par ricochet, la médiatisation est importante, etc. C'est un sujet brûlant que nous souhaitons traiter à travers le débat aujourd'hui – qui accueillera d'ailleurs le président du CSA, pour éviter que ce soit seulement des polémiques de jalousie qui émergent, et faire en sorte au contraire que la place des associations dans l'audiovisuel soit plus forte.

Un quatrième problème est remonté : la question du renouvellement, des bénévoles, de l'accès des jeunes au bénévolat et aux responsabilités associatives, etc. Là aussi, nous verrons à travers les tables rondes comment apporter des réponses.

La question numéro 5 qui est sortie est liée à la place des associations. Elles représentent un poids important, et on entend souvent que les associations n'ont pas une place suffisante. On a fait des pages dans les journaux pour rappeler qui vous étiez. Il y aura un débat intéressant là-dessus.

Il y a trois enjeux fondamentaux, au-delà de ces cinq préoccupations.

Le premier, c'est : peut-on à partir de la conférence, des travaux qui suivront, rénover, se remettre au clair sur une doctrine des relations entre les pouvoirs publics et les associations ? On n'est pas dans le monde de Oui-Oui, on sait que c'est compliqué ; ça peut être source de tensions. Il y a une tension qui est consubstantielle à deux choses.

Un, c'est que l'État et les associations ont en commun d'être les seuls à être finalement codétenteurs de l'intérêt général. Ce qu'on ne peut pas dire pour d'autres acteurs (entreprises, syndicats). Il y a une sorte de colégitimité, de voir comment se partage et se construit l'intérêt général entre ces deux acteurs. C'est forcément source de tension.

La deuxième chose, c'est que les associations, par essence, ont besoin de leur indépendance, mais par leur implication dans des politiques publiques, par leur financement, par leur rôle, elles sont finalement en interdépendance avec les pouvoirs publics. C'est ce qu'on voit quand une association aide les gens dans les centres de rétention et doit interpeller les pouvoirs publics sur la politique qui se passe.

Donc il y a des tensions, dans lesquelles j'estime qu'il est de la responsabilité des pouvoirs publics de permettre aux associations de jouer cette dialectique-là, même quand elle est difficile.

Sur le dialogue civil et les associations : le dialogue civil, cela a un sens ? Les partenaires sociaux nous ont dit : allez-vous faire voir ! Le dialogue social, c'est bien, le dialogue civil, qu'est-ce que c'est que ce truc-là ! ?

On veut faire sortir cette notion de dialogue civil comme étant l'endroit où cette légitimité associative a la faculté de le faire dans les instances qu'il faut, de la manière qu'il faut.

Troisième enjeu : c'est la question du développement et du renouvellement des associations dans un contexte dans lequel on a besoin d'elles et on peut avoir des difficultés.

Puis l'enjeu général : comment les associations jouent tout leur rôle, tout en reconnaissant leurs spécificités ?

Bref, pas mal de pain sur la planche.

Merci, à bientôt.

Discours d'Édith Arnoult-Brill, présidente du CNVA

Les sujets mis en débat lors de la préparation de cette Conférence de la vie associative au comité de pilotage, comme dans les groupes de travail, portent en germe une série d'enjeux déterminants pour l'avenir de **l'identité du modèle associatif.**

La **question de la reconnaissance et de la valorisation de l'engagement** est stratégique dans l'univers de complexité auquel la société contemporaine renvoie les acteurs associatifs. Elle doit d'abord garantir la **spécificité du contrat d'association** qui repose sur le **bénévolat de responsabilité.** Elle doit ensuite permettre aux légions de Français qui donnent leur temps **d'adapter leurs savoir-faire aux réalités du projet associatif** dès lors qu'ils partagent, par leur implication motivée, les valeurs communes qu'il sous-tend.

La pérennité du projet associatif, comme la durabilité de l'engagement indispensable à son développement, nécessite de **faire évoluer de façon significative les outils disponibles** en matière de formation et de validation des acquis de l'expérience, par exemple, gardant toutefois à l'esprit que le bénévolat est avant tout **l'expression d'une liberté** qu'il convient d'accompagner, dans l'objectif de la rendre accessible au plus grand nombre.

S'y ajoutent d'autres formes d'engagement, dont le **volontariat et le service civique** à venir, qui portent l'ambition d'une participation citoyenne active à laquelle les associations contribuent par les valeurs qu'elles reflètent : participation, responsabilité, solidarité, pluralisme et diversité.

Les associations vivent désormais leurs **relations à la puissance publique** à tous les niveaux du territoire : commune, département, région, État.

Au-delà de la **légitimité, aujourd'hui partagée, pour traiter de l'intérêt général**, la question qui se pose est celle du **sens à donner au rapport partenaire** entre la logique publique et l'intervention des associations présente dans tous les recoins de l'espace social au moment où l'Europe produit la norme à transposer.

Le marché n'a pas vocation à réguler la totalité des activités humaines, pourtant il demeure la référence permanente qui inspire les règles. Puisqu'il n'est pas envisageable de changer la donne, il faut concevoir des **modes de régulation originaux,** à tout le moins adaptés à la production d'une économie non lucrative à forte plus-value sociale et sociétale, qui s'affranchissent **de la suprématie du modèle marchand.**

L'urgence était donc de **clarifier les registres juridiques** dans lesquels elle s'inscrit – subvention, CPO, commande publique… – mais faire l'impasse sur la **refondation d'une doctrine commune** à la lumière des mutations en cours, dont la réforme des collectivités territoriales par exemple, ce serait prendre le risque d'éliminer à terme l'initiative citoyenne de pans entiers de la vie en société. Personne ne le souhaite. Le document mentionné par Martin Hirsch tout à l'heure apporte des réponses intéressantes.

La mise en place d'un **système d'observation du secteur associatif,** tant attendu, donnera corps à la réalité de son apport qualitatif et quantitatif permettant d'apprécier la place singulière qu'il occupe dans la dynamique sociétale à prendre en compte.

De cet éclairage pourrait aussi apparaître de façon plus évidente l'intérêt pour la collectivité tout entière de la participation des associations au **dialogue civil** qui existe déjà mais qui mériterait encore d'être structuré. Ce n'est pas parce que le dialogue civil n'est pas codifié par le droit comme l'est le dialogue social qu'il n'a pas de substance. Il s'agit d'un **mode de gouvernance** à modeler subtilement au profit d'une démocratie de participation.

Dans ce contexte, l'objectif de la réforme proposée par le CNVA pour **refonder son identité autour de la notion d'expertise** va dans le sens d'une clarification essentielle entre la fonction de représentation et celle qui consiste à traiter les problématiques à partir d'une vision stratégique de leurs conséquences sur le modèle associatif lié aux fondamentaux de la loi 1901.

Sa transformation en Haut Conseil de la vie associative, comme nous le proposons, renforcerait sa **fonction consultative avec obligation de saisine** par le gouvernement sur les textes législatifs et réglementaires de portée transversale à l'ensemble du secteur.

Constitué de conseillers issus du monde associatif à partir d'un **spectre de domaines** caractérisant la démarche associative, de personnalités qualifiées, de représentants des collectivités territoriales et de l'État, le futur Haut Conseil à la vie associative rattaché au Premier ministre, recueillerait et mettrait à disposition les données existantes sur la connaissance du secteur sans toutefois devenir un observatoire.

Au final, il y a, Monsieur le Haut Commissaire, dans les réflexions lancées et les propositions débattues aujourd'hui, une grande partie des ingrédients d'une politique associative à consolider. C'est, du point de vue du CNVA, tout l'intérêt de cette Conférence et des prolongements qui lui seront donnés pour approfondir la matière.

Discours de Jacques Henrard, président de la CPCA

Monsieur le Haut Commissaire,
Mesdames, Messieurs,
Chers collègues du monde associatif,
Bonjour à tous.

La CPCA se félicite que le Président de la République ait donné suite à notre demande d'organiser une 2e Conférence de la vie associative.

La CPCA remercie le Haut Commissaire d'avoir animé, personnellement, la préparation de cette 2e Conférence.

La CPCA a constaté que ces travaux préparatoires ont permis la rencontre de femmes et d'hommes venant d'horizons différents : associations, représentants de l'administration, représentants du cabinet du Haut Commissaire, experts…

Cela a permis à beaucoup d'entre nous de constater que nous partagions le plus souvent les mêmes objectifs, mais surtout les mêmes analyses entre associations non fédérées et associations fédérées, et même souvent avec l'administration.

Il y a trois ans, en 2006, se tenait la 1re Conférence de la vie associative. 25 mesures furent annoncées, peu furent suivies d'effets.

La CPCA souhaite que cette 2e Conférence soit, elle, utile au monde associatif.

La CPCA souhaite :
– que des décisions immédiatement applicables soient annoncées ;
– que pour d'autres mesures, si des groupes de travail, des approfondissements sont nécessaires, alors il faut qu'un agenda précis soit annoncé et les prochains rendez-vous doivent s'inscrire dans un calendrier clair et rapide.

La CPCA a bien compris que tout pouvait être annoncé si cela ne coûtait rien, pas un euro, pas même un minime morceau d'un plan de relance.

Bercy veille sur tous et notamment sur le monde associatif.

Mais nous, militants associatifs, nous restons de perpétuels optimistes et nous voulons faire, sans naïveté, confiance à nos gouvernants.

C'est pourquoi nous attendons du Gouvernement plusieurs engagements pour que cette conférence soit véritablement utile au monde associatif et que ce principal moteur de notre pays, comme la page de publicité publiée dans la presse le dit, permette encore mieux au monde associatif de se développer au service des intérêts de notre pays et de nos concitoyens.

Renforcer la démocratie avec les associations

Nos concitoyens doutent de plus en plus de l'action publique. Ils placent leur confiance dans leur action associative très loin devant celles des pouvoirs publics ou des partenaires sociaux. C'est pourquoi le mouvement

associatif organisé demande une véritable reconnaissance des associations pour renforcer la démocratie représentative. Pour cela nous demandons :
– une reconnaissance formelle des associations dans le dialogue civil avec les pouvoirs publics sur tous les sujets de société ;
– une évaluation de la charte des engagements réciproques signée en 2001 et son actualisation en 2010 ;
– que l'élargissement bien trop léger à nos yeux du groupe des associations au CESE soit suivi de la nomination de ses membres notamment par l'instance indépendante du mouvement associatif organisé, c'est-à-dire la CPCA ;
– un système d'observation statistique complet du secteur, pérenne et doté de moyens ;
– une analyse fine et rigoureuse de la contribution des associations à la richesse produite en France ;
– une évolution du CNVA vers un Haut Conseil tel les représentants du CNVA l'ont adopté à la séance plénière de juillet 2009.

Répondre aux besoins de la population avec les associations

L'action publique, à tous les niveaux du territoire, doit être faite avec la population. Elle doit s'appuyer sur l'action des associations, c'est-à-dire de la société qui s'organise par elle-même. La relation associations – pouvoirs publics doit être partenariale, c'est-à-dire concertée et responsable. Réaffirmer l'indépendance des fonctions d'interpellation et de proposition des associations est fondamental. Préserver l'ensemble des services d'un recours systématique au mode prestataire ou opérateur en est le corollaire. Le choix d'un mode de financement est un mode de gouvernance politique sur un territoire entre les élus et la population. Dans un contexte européen, pour garantir cette relation partenariale de plus en plus menacée, nous demandons :
– la mise à jour, concertée et négociée, des règlements et outils sur les relations contractuelles entre associations, État et l'ensemble des collectivités territoriales. Les documents remis ce matin dans nos mallettes prouvent une avancée significative. Il faut poursuivre et clore ce dossier avec l'État et les collectivités territoriales ;
– l'animation, le suivi et l'évaluation par les pouvoirs publics (État et représentants de collectivités territoriales) des nouveaux modes de financements publics ;
– le renforcement des crédits dédiés aux associations dans la loi de finances pour 2010 ;
– la prise en compte de l'impact sur les associations et les services locaux de la réforme territoriale, notamment en termes de compétences et de moyens financiers. Cette thématique-là est très importante, elle nécessiterait à coup sûr un vrai travail partenarial rapide entre État, collectivités territoriales et associations.

Soutenir une société de confiance avec l'engagement associatif

La société résiste aujourd'hui par l'engagement de ses citoyens et par la construction permanente de l'intérêt général avec les forces vives qui la constituent. Aujourd'hui, le lien social est clairement menacé. Il faut inverser cette logique profonde, reconnaître et valoriser l'engagement citoyen au service de causes d'intérêt général. Pour cela nous demandons :

– la création d'un Centre national de développement de la vie associative (CNDVA) doté, au terme de la législature, de 30 millions d'euros pour répondre aux besoins des 14 millions de bénévoles ;
– un Service civique volontaire (SCV) centré sur les missions d'intérêt général des associations, clairement distingué du bénévolat ;
– un renforcement de l'accompagnement des associations qui développent des activités et emplois d'utilité sociale.

Ces points clés sont la base d'une politique associative renouvelée, à la hauteur des enjeux portés par les millions de bénévoles, de salariés, de volontaires travaillant quotidiennement pour la mise en œuvre de projets associatifs.

Ces points clés sont structurants pour l'ensemble des mesures qui devront être prises sur les grands axes de la conférence.

Depuis 14 ans, le monde associatif tente de clarifier les relations État/associations :
– Alain Juppé, en 1996, et les groupes mixtes État/associations ;
– Lionel Jospin, en 1999, avec les premières Assises de la vie associative ;
– Lionel Jospin, en 2001, avec la Charte des engagements réciproques ;
– Jean-François Lamour, en 2004, ministre qui le premier disposait d'une compétence directe sur la vie associative, présentait les grands axes de sa politique associative ;
– Dominique de Villepin, en 2006, qui présidait la 1re Conférence de la vie associative, voulait donner une dimension nouvelle à la politique associative.

Aujourd'hui, il faudrait que cette conférence passe un pas supplémentaire important dans le sens des relations apaisées mais constructives avec le monde associatif.

Cette conférence nationale de la vie associative peut nous permettre de passer un cap dans les relations État/associations, celui de l'institutionnalisation d'un véritable dialogue civil qui accorde au mouvement associatif un statut de « partenaire » dans la définition de la politique associative du pays. C'est cette permanence du dialogue, sa responsabilisation qui permettra de lutter contre les opportunités – trop souvent aisées – d'instrumentalisation partisane.

Fondée sur près de 14 millions de bénévoles actifs dans plus d'un million d'associations, accompagnée par plus de 1,8 million de salariés, la vie associative mérite qu'on la considère à sa juste place dans notre démocratie, qu'on lui donne les moyens et le temps de participer à une société plus juste, une république certainement plus efficace.

Monsieur le Haut Commissaire, au nom du Gouvernement français, le monde associatif compte sur vous, ne le décevez pas.

Discours de clôture de François Fillon, Premier ministre

Monsieur le Haut Commissaire,
Madame la Présidente du Conseil national de la vie associative,
Monsieur le Président de la Conférence permanente des coordinations associatives,
Monsieur le Président du groupe des associations du Conseil économique, social et environnemental,
Mesdames et Messieurs,

J'ai souhaité être parmi vous car je ne conçois pas de gouverner la France sans être à l'écoute de son tissu associatif.

C'est avec vous et c'est autour de vous que des millions de Français partagent leurs espoirs, leurs blessures, leurs passions. C'est donc avec une certaine humilité mais surtout avec une réelle gratitude pour l'engagement qui est le vôtre que je participe à cette conférence.

Pour beaucoup d'entre vous, cet engagement, j'en ai parfaitement conscience, épouse les tensions de notre pays.

La France doit faire face à un enjeu majeur qui bouscule bien des repères qui furent les nôtres durant des décennies : elle doit s'adapter à un monde ouvert dont les transformations sont rapides et parfois brutales.

Elle doit s'adapter sous peine de décliner, mais elle doit le faire sans renoncer aux principes de notre République et de notre modèle social.

Je suis de ceux qui pensent qu'il n'y a pas d'ambition nationale sans solidarité nationale !

On ne bâtit pas une économie forte sur un pacte social faible.

Opposer la concurrence à la justice, l'efficacité à la dignité, c'est le plus sûr moyen de n'avoir ni l'une, ni l'autre.

L'équilibre entre la quête d'efficacité économique et la quête de solidarité, n'est cependant pas simple à tenir. Et cela l'est encore moins lorsqu'une crise mondiale s'abat sur nous.

En 2010, à cause de cette crise, les recettes fiscales de l'État chuteront de 20 % par rapport à 2008. Ce simple chiffre illustre le défi qui est lancé à notre système redistributif.

Dans ce contexte, le rôle des associations est plus que jamais important.

Elles constituent une force vive de notre République.

Elles sont au cœur des solidarités humaines.

Elles participent du renforcement des corps intermédiaires qui sont si nécessaires dans une démocratie moderne.

Elles ont un rôle à jouer pour aider notre pays à traverser cette période difficile.

La vitalité du secteur associatif est l'un de nos atouts.

1,1 million d'associations actives en France ; 1 400 nouvelles associations créées chaque semaine ; 1,8 million de salariés, soit plus d'un salarié sur dix ; 30 000 nouveaux emplois créés ; 12 millions de bénévoles ; plus de 1,7 milliard d'euros de dons aux associations dans les déclarations fiscales en 2007.

Mais, au-delà de tous ces chiffres, c'est à une réalité humaine que je veux rendre hommage.

Malgré vos différences, malgré la pluralité des actions qui sont les vôtres, cette réalité s'incarne autour d'une vertu commune qui est l'esprit associatif.

C'est une éthique faite de dévouement, de partage, de curiosité, d'ouverture aux autres. En définitive, c'est le plus beau visage de la citoyenneté.

Il y a un vieux débat récurant qui consiste parfois à opposer l'État aux associations, certains estimant que ce que font quelques-uns des grands acteurs associatifs devrait l'être par la puissance publique.

Ce débat n'est pas illégitime, mais il est contre-productif.

L'État doit agir, il doit prendre ses responsabilités, et je ne suis pas de ceux qui militent pour son retrait, mais l'État ne peut pas être partout, et s'il l'était, il est probable qu'il ferait moins bien, et sans doute avec moins de cœur, que les acteurs de terrain.

J'ajoute que ce serait aller à l'encontre d'une vocation humaniste et citoyenne qu'il serait absurde et injuste de brider.

Plus nous sommes nombreux à agir pour les autres, plus nous servons efficacement la justice et la solidarité. Voilà ce que je crois. Voilà pourquoi nous allons procéder à l'évaluation de la charte d'engagements réciproques de 2001 et nous y apporterons les modifications nécessaires.

Le monde associatif que vous incarnez, le Gouvernement souhaite le valoriser et le développer.

Il faut d'abord que les associations puissent mieux faire entendre leur voix.

C'est la raison pour laquelle le Président de la République a décidé d'élargir leur représentation au Conseil économique, social et environnemental.

Le groupe des associations sera désormais doté de huit représentants, et les jeunes de quatre représentants, sans compter les quinze personnalités qualifiées qui seront choisies en raison de leur expérience professionnelle dans vos domaines d'intervention, et les trente-trois représentants du monde de l'environnement.

Cette conférence doit nous permettre de mettre en place une véritable politique publique de la vie associative.

Les pouvoirs ont une politique à l'égard des entreprises ; ils doivent aussi en avoir une pour le secteur associatif.

Ils cherchent à développer l'esprit d'entreprise; il faut aussi encourager l'esprit d'engagement. Ils se concertent avec les partenaires sociaux; ils doivent aussi mieux dialoguer avec le monde associatif.

Des instances spécifiques ont été créées pour réguler la vie économique; il doit aussi y avoir une régulation de l'activité associative.

Cette politique publique ne doit être ni uniforme, ni étouffante.

Elle doit préserver la spécificité associative.

La liberté de s'associer et d'agir de manière indépendante, le but non lucratif, l'implication des bénévoles, la capacité de représentation non partisane et non corporatiste : toutes ces spécificités de la vie associative peuvent être enrichies par la reconnaissance de l'importance du salariat associatif, par la valorisation du rôle économique des associations – qui peuvent être non lucratives et pourtant faire partie du secteur marchand.

Ce n'est pas incompatible avec un financement public, ni avec une participation à des services publics.

Le succès de cette deuxième Conférence de la vie associative doit beaucoup à l'implication personnelle de madame la députée Muriel Marland-Militello, qui préside avec efficacité le groupe «Vie associative» de l'Assemblée nationale.

Il doit aussi beaucoup aux trois mois d'échanges et de travaux intensifs menés au sein de groupes thématiques dans lesquels vos représentants se sont activement impliqués.

Ces travaux ont mis en évidence les principaux enjeux qui sont les vôtres.

Progresser dans la sécurisation juridique et économique des associations; améliorer la valorisation du temps donné et des compétences acquises dans l'exercice de l'engagement associatif; aider les nouvelles associations à prendre leur essor : voilà les axes sur lesquels le Gouvernement souhaite progresser avec vous.

Sur chacun de ces sujets, vous avez formulé des propositions d'amélioration auxquels nous avons été, avec Martin Hirsch, sensibles.

La première priorité, c'est d'enrichir le dialogue entre les pouvoirs publics et les associations en renforçant les instances de représentation.

C'est pour cela que le Conseil national de la vie associative (CNVA), présidé par madame Édith Arnoult-Brill, sera transformé en Haut Conseil à la vie associative.

Il sera centré sur l'expertise. Il sera obligatoirement consulté par le Gouvernement sur les projets de lois et décrets régissant le fonctionnement des associations; et il pourra être saisi de manière facultative sur d'autres sujets intéressant les associations.

Placé sous mon autorité, il sera composé d'une cinquantaine de membres, dont environ trente représentants associatifs et vingt représentants de l'État et des collectivités locales.

Cette évolution implique de garantir la représentativité des associations dans ce Haut Conseil.

Mais cette représentativité, vous en conviendrez, n'est pas facile à définir.

Elle peut être liée au nombre de bénévoles, à la notoriété publique, au niveau de ressources, mais aussi à l'impact de l'action d'une association, ou à l'originalité de son approche.

Pour progresser sur ce sujet, j'ai décidé de confier à Luc Ferry, et au Conseil d'analyse de la société (CAS) qu'il préside, une réflexion sur les différentes formes de représentation des associations. Ces travaux nous permettront de bâtir un nouveau mode de désignation des associations au Haut Conseil à la vie associative.

Enrichir le dialogue avec les pouvoirs publics, c'est aussi permettre aux associations de mieux se faire entendre lorsque surgit une difficulté particulière, par exemple sur un dossier d'agrément ou de subvention.

Sur la proposition de Martin Hirsch, j'ai décidé qu'une fonction de médiateur des associations serait créée auprès du nouveau défenseur des droits issu de la révision constitutionnelle.

Cette nouvelle fonction de médiation aura un triple rôle : d'interpellation des services ou collectivités concernées, de médiation entre acteurs publics, de proposition de réformes issues des constats effectués.

À côté de cette amélioration de la représentation des associations, il faut développer la connaissance de la richesse et de la diversité du monde associatif.

Beaucoup de données et de travaux de qualité existent déjà, mais on manque encore d'un dispositif d'observation et de statistique spécifique. Cette lacune, nous avons décidé de la combler.

Un « tableau de bord » des associations sera désormais publié chaque année pour rassembler et actualiser les principales données relatives au monde associatif.

La Direction de la recherche, des études, de l'évaluation et des statistiques (DREES) et le CNRS vont compléter les outils existants pour alimenter ce tableau de bord.

Le Conseil national de l'information statistique (CNIS) établira un programme de travail pour renforcer les enquêtes dans ce domaine.

Et l'INSEE sera aussi mobilisé, avec notamment la création d'une rubrique « économie sociale, associations » sur internet.

Il faut aussi progresser en matière de valorisation comptable, notamment pour mieux rendre compte de l'apport quantitatif et qualitatif des bénévoles, et pour améliorer l'information des donateurs.

Je sais, Mesdames et Messieurs, que les associations sont souvent bridées dans leur action par un environnement réglementaire lourd et parfois inutilement complexe.

Je pense à ces outils de contractualisation non homogènes entre lesquels il faut jongler en permanence.

À ces procédures lourdes, multiples, répétitives.

Je pense à cet univers juridique issu du droit communautaire, à ce partage, qui n'est pas aisé à percevoir, entre ce qui relève de la concurrence et ce qui n'en relève pas.

Il faut libérer le monde associatif des carcans inutiles qui entravent son dynamisme et sa créativité.

Nous franchissons aujourd'hui un pas important avec le modèle unique de convention de financement qui est assorti d'un modèle de demande de subvention.

Ce nouvel outil, qui a été préparé avec des représentants des associations dans la perspective de cette conférence, sera disponible dès le 1er janvier 2010.

Il permettra de préciser les cas de financement par subvention et d'en sécuriser les modalités.

Je veillerai à ce qu'il soit diffusé à tous les ministères par circulaire comme base des conventions de subvention avec les associations, pour permettre à tous de lancer le prochain cycle de conventionnement triennal.

Dans le cadre de la simplification des démarches administratives, le Gouvernement a conçu un nouvel outil de demandes de subventions en ligne.

Il sera déployé en 2010 après une phase d'expérimentation au du cours premier semestre.

En 2010, nous allons aussi mettre en œuvre la simplification des agréments ministériels qui, je le sais, est très attendue par les associations.

Il n'était plus acceptable pour une association d'avoir à décliner son identité et ses principales caractéristiques auprès de chaque ministère, l'un après l'autre.

Désormais ces questions seront examinées une seule fois, avec un agrément accordé à la structure par le premier ministère sollicité, sur la base de critères communs à tous les ministères.

Par la suite, les agréments particuliers ne viseront que des points spécifiques et autorisations liées à tel ou tel champ ministériel, sans avoir à fournir la même information à chaque demande ou renouvellement d'agrément.

Cette simplification permettra la mise en place, dans un second temps, d'une procédure dématérialisée de demande d'agrément, avec une procédure en ligne, à partir de données automatiquement récupérées dans le répertoire national des associations, qui éviteront les doubles saisies.

S'agissant du droit communautaire, il faut veiller à ne pas le surinterpréter en imposant de façon systématique le recours à la commande publique.

J'ai demandé à mes services de produire une analyse claire et partagée entre l'État, les collectivités locales et les associations sur le recours aux subventions, aux procédures de marché et de commande publique, aux appels d'offres et appels à projets.

Cette étude permettra de sécuriser définitivement les acteurs associatifs, comme les pouvoirs publics.

Je sais que certaines inquiétudes existent sur l'évolution des subventions et plus globalement des concours que l'État et les collectivités apportent aux associations.

Comme vous le savez, l'État n'est plus depuis longtemps le premier financeur du secteur associatif. Aux alentours de 12 %, son engagement est largement inférieur à celui des collectivités territoriales. Cet engagement oscille naturellement au regard des conditions de la croissance de notre pays, mais il est, selon les secteurs, relativement stable depuis quelques années.

Contrairement à ce que certains semblent craindre, il n'y a aucune raison pour que la réforme des collectivités locales ait un retentissement sur le financement des associations.

Les instruments pour mesurer de manière fiable cet effort associatif de la Nation seront d'ailleurs mis en place par le Haut Commissaire à la Vie associative.

Chaque collectivité est évidemment libre de l'utilisation de ses ressources, mais ce qui est clair, et je le dis avec force, c'est que la suppression de la taxe professionnelle ne se traduira en aucune façon par une baisse des moyens financiers des collectivités territoriales.

La suppression de cette taxe sera intégralement compensée par une nouvelle fiscalité, et j'ai eu l'occasion d'en préciser, avec l'appui du Parlement, tous les contours.

Ceux qui prétendent que la fin de la taxe professionnelle pourrait avoir des incidences sur le financement des associations sont donc, ou mal informés ou mal intentionnés. Mal intentionnés à l'égard du Gouvernement ce qui – je dirai – relève de l'habituelle joute politique, ou à votre égard, ce qui est autre chose... Et là, les collectivités concernées devront vous rendre des comptes et vous livrer des explications.

Mais au-delà de cette question des subventions publiques, nous devons ensemble réfléchir aux ressources nouvelles qui pourraient irriguer le tissu associatif.

Les dons et mécénats représentent 5 %, alors que notre législation fiscale est considérée comme l'une des plus porteuses d'Europe. Il y a donc là des marges de progrès, en termes de communication vis-à-vis des Français, en termes également de professionnalisation de recherche de fonds.

Le Gouvernement, Mesdames et Messieurs, est également déterminé à soutenir le bénévolat.

Le monde associatif a besoin de bénévoles formés, de parcours de vie reconnus, de compétences valorisées.

Pour améliorer leur formation, il faut que le Centre de développement de la vie associative (CDVA) voie ses missions reconnues et clairement énoncées.

Je veillerai à ce que ses moyens d'intervention soient à la hauteur des enjeux. D'ores et déjà, ils seront augmentés de 30 % en 2010.

S'y ajoutent la mobilisation de financements locaux et la possibilité, depuis la publication de la loi sur la formation professionnelle, de mobiliser les fonds des organismes paritaires collecteurs agréés (OPCA) pour financer la formation des bénévoles associatifs, qu'ils soient ou non dirigeants.

Par ailleurs, s'agissant de l'accompagnement des associations sur le terrain, une évaluation du dispositif local d'accompagnement (DLA) sera conduite pour mieux appréhender les besoins non couverts et inscrire son développement dans une perspective budgétaire pluriannuelle.

S'agissant de l'acquisition par les bénévoles de compétences non formelles, elle doit être reconnue et promue. Le Président de la République y tient tout particulièrement.

Il est maintenant urgent de se doter d'un référentiel de compétences transposables. Je demande, pour cela, à Martin Hirsch, de mettre en place un groupe de travail interassociatif, en lien avec le Centre d'études et de recherches sur les qualifications (CEREQ).

S'agissant de la valorisation de l'engagement bénévole notamment pendant les études, une charte pour faciliter l'engagement des étudiants sera signée d'ici la fin du mois de janvier entre la conférence des présidents d'université, les institutions représentatives des étudiants et l'État. Elle permettra notamment de développer les certificats de compétence associative.

Je sais qu'il reste beaucoup à faire, mais c'est un premier pas et nous sommes déterminés à continuer dans cette direction.

La volonté d'engagement des jeunes est aussi encouragée par la réforme du service civique prochainement examinée par l'Assemblée nationale.

Enfin, il faut que les associations de jeunes, qui représentent la relève du monde associatif, soient encouragées.

Je souhaite donc que la pleine capacité juridique des mineurs à diriger une association soit reconnue à travers un décret précisant l'application de la loi de 1901, et ce dans les toutes prochaines semaines.

En outre, les conditions dans lesquelles les associations de jeunesse peuvent rémunérer leurs dirigeants seront assouplies.

Au terme de mon propos, je veux évoquer devant vous les déclarations récentes de certains représentants de grandes causes associatives qui ont pu susciter ici et là polémiques et débats.

Au-delà des prises de position des uns et des autres, et face à la générosité de nos concitoyens dont les dons ne cessent d'augmenter, il me semble utile d'organiser une réflexion consacrée spécifiquement aux grandes causes nationales et aux temps d'antenne qui leur sont réservés.

C'est la raison pour laquelle j'ai l'intention de confier au Conseil supérieur de l'audiovisuel une mission sur la façon dont les chaînes publiques relaient les appels à la générosité publique des associations et sur le temps d'antenne qu'il convient d'y consacrer.

Cette mission sera, bien entendu, conduite avec les grands secteurs de la vie associative.

Mesdames et Messieurs,

Cette conférence de la vie associative a été, m'a-t-on dit, particulièrement dense, et je vous remercie d'y avoir participé.

Il faut qu'elle puisse continuer à se réunir tous les trois ans.

Le dialogue entre les associations et les pouvoirs publics est quotidien, mais il a aussi besoin de grands rendez-vous périodiques pour faire le point sur les progrès enregistrés et ceux qui restent nécessaires.

Et ce dialogue, il doit se fonder sur un principe intangible, celui du respect de la liberté des associations.

Les associations ont leurs instances, héritées de la loi fondatrice de 1901. Elles ont leurs initiatives, leur histoire.

Il ne s'agit pas, pour les pouvoirs publics, de se mêler de leur gestion.

La liberté des associations, c'est leur grande force.

Je suis convaincu que nous devons continuer à la respecter, à respecter le bénévolat, à respecter cette autonomie.

Les pouvoirs publics sont là pour vous aider, vous encourager, vous simplifier la vie. Pas pour penser à votre place, interférer dans votre gestion ou intervenir dans votre activité.

Ce que nous voulons, ce sont des politiques partenariales.

Dans cette période économique difficile où la solidarité est mise à l'épreuve, la société civile doit jouer son rôle, aux côtés des pouvoirs publics.

L'implication des associations est ici déterminante.

Leur action est souvent admirable.

Leurs dirigeants, leurs salariés et leurs bénévoles peuvent compter sur notre appui. C'est là le message de confiance et d'encouragement que je tenais, avec Martin Hirsch, à partager avec vous.

Merci de votre attention.

Points de sortie de la Conférence de la vie associative, le 17 décembre 2009

La deuxième Conférence de la vie associative, organisée par le Haut Commissaire à la Jeunesse sous le haut patronage du Président de la République s'est tenue le 17 décembre 2009 à la Cité universitaire de Paris.

Cette manifestation, dont la première édition avait eu lieu en 2006, a été l'occasion de faire la démonstration de la vitalité des associations dans notre pays. Signe de cette vitalité, sur la seule année 2008-2009, plus de 1 400 nouvelles associations ont été créées chaque semaine, soit 73 000 créations au total. Ce nouveau record de créations porte sans doute à plus de 1,1 million le nombre d'associations actives en France.

Au-delà de ce dynamisme « démographique », les associations occupent une place importante dans l'économie : elles emploient environ 1,8 million de salariés, soit plus d'un salarié du privé sur dix. En 2008, malgré la crise, les associations ont réussi à créer plus de 30 000 nouveaux emplois.

Le fait associatif est surtout une réalité de la vie quotidienne. Plus de 12 millions de Français sont engagés en tant que bénévoles dans les associations, et 83 % des Français déclarent faire confiance aux dirigeants d'associations. Manifestation claire de leur soutien, nos concitoyens ont déclaré en 2007 dans leur déclaration fiscale plus de 1,7 milliard d'euros de dons aux associations.

Cette deuxième conférence de la vie associative n'est ni un colloque, ni une simple manifestation d'attention des pouvoirs publics à l'endroit des associations. Elle se veut une étape décisive dans la construction d'un dialogue structuré et soutenu entre le monde associatif et les pouvoirs publics. Elle s'est tenue autour de trois enjeux clés pour le monde associatif :
– la **sécurisation** d'un point de vue juridique, économique et d'indépendance ;
– la **reconnaissance** des associations et des bénévoles : une meilleure connaissance pour une plus grande reconnaissance ; une meilleure valorisation pour le don en temps et les compétences acquises dans l'exercice de leur engagement ;
– le **développement** pour tenir tout leur rôle, pour répondre à des nouveaux besoins, pour permettre à de nouvelles associations de prendre leur essor.

Elle intervient après trois mois de travaux – travaux auxquels les associations ont participé activement tant au niveau technique que politique. Un comité de pilotage, installé au mois de septembre par le Haut Commissaire et comprenant des représentants des acteurs concernés – État, collectivités locales, associations, parlementaires, organismes institutionnels –, a permis de définir de façon concertée les axes de réflexion prioritaires, de mettre en place les groupes de travail associés et de mener un grand nombre de débats à maturité.

Ces travaux ont permis de dégager des axes de progrès qui seront progressivement déclinés de manière opérationnelle.

* * *

• **Un dialogue entre pouvoirs publics et associations enrichi et renforcé**

Les travaux préparatoires de la deuxième Conférence de la vie associative ont mis en lumière la volonté des associations de faire progresser la réflexion sur la place des acteurs associatifs dans le dialogue civil et ont permis de formuler quelques propositions concrètes. Deux questions ont ainsi été abordées : comment les pouvoirs publics intègrent-ils les associations dans la définition, l'évaluation et le suivi des politiques publiques les concernant ? Comment imaginer les différences et les complémentarités entre la structuration du « dialogue civil » émergent et le « dialogue social » organisé ?

Le Gouvernement accompagnera les associations dans cette démarche en renforçant leurs instances de représentation.

Ainsi, le **conseil national de la vie associative (CNVA) sera transformé en Haut Conseil à la vie associative,** centré sur l'expertise, avec une fonction de consultation obligatoire par le Gouvernement sur les textes (lois et décrets) régissant le fonctionnement des associations et facultative au-delà.

Ce Haut Conseil sera composé d'une cinquantaine de membres, dont environ 30 représentants associatifs et 20 représentants, tous désignés par les pouvoirs publics (État, et collectivités locales) au sein desquels des experts.

Une mission sera confiée par le Premier ministre au Centre d'analyse de la société pour construire un mode de désignation incluant des pairs, faisant droit à toutes les sensibilités du monde associatif, avec un processus de démocratie nationale et locale.

Par ailleurs de nombreuses associations ont insisté au cours des débats sur la difficulté parfois de se faire entendre par les pouvoirs publics lorsque surgit une difficulté particulière et ont souhaité voir se créer un lieu de médiation avec l'État et les collectivités locales.

Une fonction spécifique de médiateur des associations sera créée auprès du nouveau défenseur des droits issu de la révision constitutionnelle. Cette fonction de médiation dédiée aux associations permettra de faciliter les contacts en cas de difficulté sur un dossier d'agrément, de subvention, etc. avec un triple rôle d'interpellation des services ou collectivités concernées, de médiation entre acteurs publics et de proposition de réformes issues des constats effectués.

La polémique récente sur les associations qui font appel à la générosité publique a mis en lumière la question de l'accès des causes aux médias, et en particulier à l'audiovisuel. Pour éclairer ce débat, le **Conseil supérieur de l'audiovisuel (CSA) sera saisi d'une mission de réflexion sur la régulation en matière d'accès à l'antenne des grandes causes associatives**.

Enfin la charte d'engagements réciproques signée en 2001 a constitué un progrès dans les relations entre pouvoirs publics et associations. Cependant sa mise en œuvre est restée inégale, en retrait des attentes qu'elle avait suscitées. À la demande des associations, **la charte des engagements réciproques sera évaluée sous l'égide du Haut Conseil de la vie associative**, en vue d'une éventuelle évolution.

• **Une connaissance de la richesse et de la diversité du monde associatif améliorée**

Les associations représentent une force économique majeure dans notre pays sans que leur rôle et leur apport ne se réduisent au montant de leur budget. La connaissance du fait associatif, qui concerne directement 12 millions de bénévoles et 6 millions de ménages donateurs est un enjeu essentiel au moment où l'utilisation exclusive du PIB comme outil de mesure de la richesse d'un pays est remise en cause. Certes des données statistiques existent, des enquêtes qualitatives et quantitatives sont réalisées, mais ces outils de connaissance restent morcelés et insuffisamment partagés. Dès lors, de nombreuses propositions pour construire un dispositif d'observation (enquêtes, mesures, études…) et statistique *ad hoc* et plus performant ont été formulées et mèneront à plusieurs améliorations significatives.

Un « tableau de bord » des associations sera publié chaque année. Il permettra de rassembler et d'actualiser les principales données relatives au monde associatif et rendra le fait associatif et sa place dans la société plus visible. Sa publication sera confiée au Haut Conseil à la vie associative, en vertu de son rôle d'expertise sur le monde associatif.

Ce tableau de bord sera alimenté par les données existantes complétées :

Grâce à deux nouvelles enquêtes lancées en 2010 :
– une enquête auprès des ménages pour permettre de mieux mesurer l'offre de bénévolat (et la satisfaction qui en découle), confiée à la Direction de la recherche, des études, de l'évaluation et des statistiques (DREES) du ministère du Travail ;
– une enquête auprès des associations elles-mêmes pour mieux connaître la demande de bénévolat (et ses éventuelles difficultés à la satisfaire) d'une part et les ressources des associations d'autre part, confiée à une équipe de recherche du CNRS.

Grâce à l'élaboration par le Centre national de l'information statistique (CNIS) d'un programme de travail permettant d'optimiser les enquêtes existantes et de procéder à intervalles réguliers à des enquêtes spécifiques et de poursuivre la réflexion sur une mesure du progrès social et notamment de la plus-value sociale associative.

Ces différentes données seront mieux mises en valeur par la création d'une rubrique « économie sociale, associations » sur son site Web de l'INSEE, qui mènera également une action d'amélioration du répertoire SIRENE en réponse aux insatisfactions des milieux associatifs le concernant.

Par ailleurs, pour permettre une plus juste mesure de l'économie associative, une valorisation comptable mieux adaptée aux associations serait une réelle opportunité pour le monde associatif. La valorisation comptable est un outil de transparence et de promotion des associations, permettant notamment de restituer fidèlement l'apport quantitatif et qualitatif des bénévoles, de mieux informer les donateurs et les acteurs de l'association, de renforcer l'image du bénévolat à travers une estimation de sa contribution à la création de richesses. Cependant il est indispensable que celles-ci s'impliquent dans une **coconstruction des outils de cette valorisation avec les experts**, afin de veiller à ce que les outils qui sont à créer soient adaptés aux spécificités du monde associatif.

Enfin **l'exploitation à des fins de recherche du Répertoire national des associations (RNA) sera organisée**. Le RNA offre en effet un potentiel d'exploitation et d'études très important qui sera mis à disposition des chercheurs. Une fois constituée et vérifiée son homogénéité de gestion, sera notamment facilitée la constitution, à la demande, d'échantillons d'associations représentatifs indispensables à de nombreux travaux de recherche. Un comité d'usagers sera mis en place pour suivre la poursuite de la mise en œuvre du RNA et son évolution.

* **Des outils de contractualisation entre associations et pouvoirs publics rénovés et simplifiés**

Les débats préparatoires aux travaux ont beaucoup porté sur la nécessité de clarifier le cadre juridique de recours des pouvoirs publics aux associations, en se dotant d'outils les plus partagés possibles. Il s'agit de ne pas surinterpréter le droit communautaire en imposant de façon systématique le recours à la commande publique ; il s'agit d'utiliser les subventions dans un cadre juridique sécurisé.

Les associations ont demandé très fortement une doctrine claire et partagée entre l'État, les collectivités locales et les associations sur le recours aux subventions, aux procédures de marché et commande publique, appels d'offres et appels à projets. **Cette analyse simple et claire est désormais disponible** et sera largement diffusée au monde associatif.

Sur cette base, un outil partagé de contractualisation entre État et associations a été élaboré et validé à l'occasion de la conférence : **un modèle unique de convention de financement (annuelle ou pluriannuelle) assorti d'un modèle de demande de subvention, compatible avec les exigences communautaires, est désormais disponible**. Une circulaire du Premier ministre diffusera sans délai ce nouvel outil à tous les ministères comme base des conventions de subvention avec les associations pour permettre à tous de lancer le prochain cycle de conventionnement triennal. Cet outil a été présenté aux associations de collectivités locales qui le relayeront auprès de leurs adhérents.

En outre, un **nouvel outil de demandes de subventions en ligne** a été développé par la direction générale de la modernisation de l'État (DGME), et a fait l'objet d'une présentation officielle lors de la Conférence de la vie associative du 17 décembre. Passant par la plateforme « mon.service-public. fr », il sera expérimenté au cours du premier semestre 2010 et déployé à l'issue de cette phase de test.

La simplification des agréments ministériels sera également mise en œuvre en 2010. **Un socle commun d'agrément sera créé**. Ce socle sera examiné et accordé à la structure par le premier ministère sollicité, sur la base de critères communs à tous les ministères. Par la suite les agréments particuliers ne viseront que des points spécifiques liés à tel ou tel champ ministériel. Demandée depuis plusieurs années par le monde associatif, cette simplification est là aussi le fruit d'un travail interministériel préalable. Cette simplification des agréments évitera aux associations de fournir la même information à chaque demande/renouvellement d'agrément.

Elle permettra la mise en place, dans un second temps, d'**une procédure dématérialisée de demande d'agrément**. La demande d'agrément pourra se faire en ligne, à partir de données automatiquement récupérées dans le répertoire national des associations, qui éviteront les doubles saisies. Le socle commun d'agrément sera conservé dans le même répertoire et automatiquement transféré aux ministères concernés à chaque nouvelle demande d'agrément.

• **Des actions concrètes pour reconnaître la valeur des bénévoles et favoriser l'engagement**

Les débats lors des travaux préparatoires ont mis en évidence un besoin important en matière de formation des bénévoles. La formation est ainsi apparue comme un véritable outil de gestion des compétences, indispensable pour motiver et fidéliser les bénévoles nouveaux et anciens, améliorer la gestion des ressources humaines par les dirigeants bénévoles et contribuer au renouvellement de ces derniers.

Face à ce constat l'État et les associations se dotent des outils nécessaires à la montée en puissance de la formation des bénévoles. Ainsi le **Centre de développement de la vie associative (CDVA) sera transformé** pour lui donner les moyens d'exercer l'intégralité de ses missions au niveau national comme local en tant que « Comité national du développement associatif » à vocation de « Centre de ressources dédié à la vie associative » : fonds d'amorçage et aide au démarrage, d'accompagnement des bénévoles, de financement de la démarche recherche/développement/innovation sociale et des études menées au sein des associations, mutualisation d'outils de formation, formations *ad hoc*. Une évaluation du dispositif local d'accompagnement (DLA) sera conduite en parallèle pour mieux appréhender les besoins non couverts et inscrire son développement dans une perspective budgétaire pluriannuelle.

Les moyens d'intervention du CDVA pour financer la formation des bénévoles seront augmentés de 30 % dès 2010, passant précisément de 8,9 millions d'euros en 2009 à 11,7 millions d'euros, auxquels s'ajoutent la mobilisation de financements locaux et la possibilité, depuis la publication de la loi sur la formation professionnelle, de mobiliser les fonds des OPCAS pour financer la formation des bénévoles associatifs, qu'ils soient ou non dirigeants. C'est ainsi la première fois depuis sa création que les crédits affectés à ce fonds dépassent la barre des 10 millions d'euros. Cette augmentation immédiate de 3 millions d'euros marque l'amorce d'une évolution à la hausse qui devrait être poursuivie dans les années qui viennent et faire l'objet d'une réflexion à venir sur les modalités de son financement.

Les travaux préparatoires ont par ailleurs permis de réaliser un premier état des lieux des différents outils existants pour tracer le parcours du bénévole au sein d'une l'association, de clarifier l'utilisation qui en est faite (passeport bénévole, portfolio, livret de vie, articulation livret de compétence…). La nécessité de se doter d'un référentiel de compétences transposables, qui pourrait servir de base aux différents outils, a été affirmée. **Un référentiel de compétences sera établi** au sein d'un groupe de travail interassociatif mis en place par le Haut Commissaire, en lien avec le Centre d'études et de recherches sur les qualifications (CEREQ). Ce référentiel servira de base commune à la reconnaissance de l'engagement associatif.

La question de la valorisation de l'engagement pendant les études est également apparue très importante pendant la préparation de la conférence de la vie associative. En effet, l'accomplissement des étudiants au sein de leur université est une condition de la réussite de leurs études à court terme, et de leur épanouissement personnel au sein de la société à long terme. Une expérience associative, qu'elle soit sportive, humanitaire, culturelle ou syndicale, est pour un jeune l'occasion de nouer des contacts qui se prolongeront au-delà de ses études et influenceront ses choix professionnels et personnels ultérieurs.

Un travail approfondi a eu lieu en ce domaine dans le cadre du chantier «Vie étudiante» animé par Valérie Pécresse, ministre de l'Enseignement supérieur et de la Recherche. **Une charte pour faciliter l'engagement associatif des étudiants** sera signée d'ici la fin du mois de janvier entre la conférence des présidents d'université, les institutions représentatives des étudiants et l'État prévoyant notamment de développer les certificats de compétence associative…

En outre, pour faciliter l'engagement de tous, la loi du 8 février 2008 a permis de **mutualiser au sein des entreprises qui le souhaitent les journées de «RTT» au profit des salariés désireux de consacrer du temps à des activités désintéressées**. Le dispositif a été organisé par un décret du 18 septembre 2008. En pratique un salarié peut, sur sa demande et en accord avec son employeur, renoncer à certaines journées ou demi-journées de repos afin de financer le maintien de la rémunération d'un ou plusieurs autres salariés de l'entreprise au titre d'un congé pris en vue de la réalisation d'une action pour le compte d'une œuvre ou d'un organisme d'intérêt général. Le dispositif est applicable jusqu'au 31 décembre 2010.

Enfin, les associations de jeunes qui représentent la relève, l'avenir du monde associatif ont fait l'objet d'une attention particulière. Ainsi, **la pleine capacité juridique des mineurs à diriger une association sera reconnue** à travers un décret précisant l'application de la loi de 1901.

En outre, **les conditions dans lesquelles les associations de jeunesse peuvent rémunérer leurs dirigeants seront assouplies,** en intégrant les aides publiques à l'intérieur du seuil de 200 000 euros de ressources au-delà duquel une association est fiscalement habilitée à rémunérer leurs dirigeants.

* * *

On le voit, la Conférence de la vie associative a permis des avancées significatives au profit des associations. Elle fait naître des attentes et nécessite une volonté politique constante pour pouvoir décliner les décisions prises et les orientations retenues.

Dans la continuité des travaux menés, la **Conférence de la vie associative deviendra un rendez-vous régulier** du dialogue permanent qu'entretiennent les associations et les pouvoirs publics. Elle se réunira tous les trois ans et permettra de rythmer, d'impulser et de suivre l'ensemble des évolutions applicables au monde associatif, pour que l'engagement, si nécessaire à la cohésion sociale, puisse se déployer pleinement.

Entre-temps un comité de suivi permettra d'établir un calendrier de mise en place des mesures annoncées et d'en suivre régulièrement la mise en œuvre.

Actualité législative et réglementaire en 2008-2010

2008

Lettres-circulaires ACOSS n° 2008-011 et 2008-013 du 14 janvier 2008 relatives aux cotisations accidents du travail des bénévoles d'associations.

Lettre-circulaire ACOSS n° 2008-012 du 14 janvier 2008 relative à la franchise et au calcul de forfaits de cotisations sociales pour les associations sportives.

Lettre-circulaire ACOSS n° 2008-007 du 14 janvier 2008 relative aux calculs de cotisations pour les animateurs de centres de vacances et de loisirs.

Décret n° 2008-198 du 27 février 2008 relatif à la revalorisation de l'indemnité des volontaires associatifs.

Avis n° 2008-08 du 3 avril 2008 modifiant le règlement n° 99-01 du Comité de la réglementation comptable sur le compte annuel d'emploi des ressources.

Lettre-circulaire ACOSS n° 20086-44 du 4 avril 2008 relative au volontariat associatif.

Instruction du 7 avril 2008 BOI 5 B-13-08 concernant les frais des bénévoles et le plafond de déductibilité des dons.

Loi n° 2008-350 du 16 avril 2008 relative à l'augmentation du nombre de salariés susceptibles d'être gérés par le chèque emploi associatif (passage de 3 à 9 ETP).

Décret 2008-400 du 24 avril 2008 relatif à la revalorisation de l'indemnité des volontaires associatifs.

Instruction du 9 juin 2008 BOI 7 S-5-08 relative au modèle unique de reçu fiscal pour les dons aux organismes d'intérêt général.

Décret n° 2008-589 du 23 juin 2008 pris pour l'application de l'article 885-0 V bis A du CGI concernant les pièces justificatives pour les réductions d'impôts dus au titre de l'ISF.

Arrêté du 26 juin 2008 relatif à la justification des dons effectués au profit d'organisme d'intérêt général.

Décret n° 2008-622 du 27 juin 2008 relatif à la revalorisation de l'indemnité des volontaires associatifs.

Loi n° 2008-776 du 4 août 2008 relative à la modernisation de l'économie, notamment art. 140 et 141 relatifs à la création du fonds de dotation.

Décret n° 2008-1013 du 1er octobre 2008 relatif à la délivrance du certificat de formation à la gestion associative.

Décret n° 2008-1016 du 2 octobre 2008 relatif à la revalorisation de l'indemnité des volontaires associatifs.

Arrêté du 21 novembre 2008 relatif aux tarifs de publications au *Journal officiel.*

Arrêté du 11 décembre 2008 homologuant le règlement du Comité de réglementation comptable du 7 mai 2008 relatif au compte d'emploi annuel des ressources.

Circulaire DGEFP n° 2008-22 du 12 décembre 2008 relative à la prise en charge des contrats aidés dans le secteur non marchand.

Arrêté du 15 décembre 2008 relatif au certificat de formation à la gestion associative.

Arrêté du 18 décembre 2008 relatif à la rémunération des obligations émises par les associations.

2009

Décret n° 2009-16 du 7 janvier 2009 et **arrêté du 9 janvier 2009** relatifs à la vente au déballage.

Décret n° 2009-158 du 11 février 2009 relatif aux fonds de dotation.

Lettres-circulaires ACOSS n° 2009-015 et 2009-020 du 16 février 2009 relatives aux cotisations accidents du travail pour les bénévoles.

Lettre-circulaire ACOSS n° 2009-026 du 16 février 2009 relative aux barèmes de cotisations applicables aux volontaires.

Lettre-circulaire ACOSS n° 2009-028 du 16 février 2009 relative à l'assiette forfaitaire due pour les animateurs de centres de vacances et centres de loisirs.

Décret n° 2009-321 du 20 mars 2009 relatif à la réduction d'impôt en faveur des contribuables apportant leur aide bénévole à des créateurs ou à des repreneurs d'entreprises.

Instruction du 9 avril 2009 BOI 4 C-3-09 relative au fonds de dotation.

Instruction du 5 mai 2009 BOI 5 B-16-09 relative au barème kilométrique des bénévoles.

Décret n° 2009-540 relatif à la publicité des comptes des associations et fondations.

Loi n° 2009-526 du 12 mai 2009 relative à la simplification du droit : notamment l'article 84 concernant l'interdiction de reversement de subvention, l'article 111 concernant les legs et donations et les associations dites de bienfaisance et l'article 121 concernant l'occupation du domaine public.

Loi no 2009-879 du 21 juillet 2009 l'article 93 a considérablement renforcé l'interdiction de vente d'alcool aux mineurs et s'applique aux buvettes associatives.

Loi no 2009-888 du 22 juillet 2009 de développement et de modernisation des services touristiques et décrets du décret no 2009-1650 du 23 décembre 2009 relatifs à l'immatriculation des organismes de tourisme replaçant les procédures d'agrément, habilitation et autorisation.

Lettre-circulaire ACOSS no 2009-077 du 18 septembre 2009 apporte des précisions sur les modalités de calcul des exonérations de charges sociales pour les associations implantées en ZRU ou ZFU qui ont été modifiées en janvier 2009.

Décret no 2009-1153 du 29 septembre 2009, abroge le paragraphe du Code de l'action sociale et des familles concernant le diplôme d'État relatif aux fonctions d'animation (DEFA).

Arrêté du 14 octobre 2009 portant création du Répertoire national des associations.

Circulaire DGEFP No 2009-42 du 5 novembre 2009 relative à l'entrée en vigueur du contrat unique d'insertion au 1er janvier 2010.

Arrêté du 19 novembre 2009 (*JO* du 21 novembre) fixe les nouveaux tarifs d'insertion au *Journal officiel.*

Loi no 2009-1437 du 24 novembre 2009 relative à l'orientation et à la formation professionnelle tout au long de la vie. L'article 45 étend à tous les bénévoles, et plus seulement aux dirigeants, la possibilité de faire financer leur formation par des organismes paritaires collecteurs agréés (OPCA).

Instruction BOI 5 L-3-09 du 18 décembre 2009 relative au taux de taxe sur les salaires pour 2010.

Arrêté du 29 décembre 2009 portant homologation du règlement no 2009-01, du 3 décembre 2009 relatif aux règles comptables applicables aux fondations et fonds de dotation et modifiant le règlement no 99-01 du Comité de la réglementation comptable.

Loi no 2009-1674 du 30 décembre 2009 de finances rectificative pour 2009 article 20 relatif au contrôle par la cour des comptes des associations bénéficiant de dons ouvrant droit à une réduction d'impôts et article 34 sur les nouveaux taux d'imposition des revenus patrimoniaux.

2010

Création le 13 janvier 2010 de la direction de l'information légale et administrative (DILA), par la fusion de la direction des Journaux officiels et de la direction de la Documentation française.

Circulaire du 18 janvier 2010 relative aux relations entre les pouvoirs publics et les associations : conventions d'objectifs et simplification des démarches relatives aux procédures d'agrément.

La loi de finances rectificative 2010, a inséré un alinéa à l'article 885-0 V bis A du Code général des impôts qui prévoit un élargissement des bénéficiaires des dons. Inséré à **l'article 885-0 V bis A du Code général des impôts.**

Loi n° 2010-241 du 10 mars 2010 relative au service civique.

Décret n° 2010-395 du 20 avril 2010 relatif au régime de libéralités consenties aux associations, fondations, congrégations et établissements publics du culte.

Décret n° 2010-485 du 12 mai 2010 relatif au service civique.

Délibération n° 2010-229 du 10 juin 2010 dispensant de déclaration les traitements automatisés de données à caractère personnel mis en œuvre par des organismes à but non lucratif abrogeant et remplaçant la délibération n° 2006-130 du 9 mai 2006.

Table des matières

Deuxième partie

Troisième partie

Chapitre 2
Le développement sectoriel des nouvelles associations 117

Quatrième partie
La contribution des associations aux travaux du CESE 145

Chapitre 1

Chapitre 2

Annexes

Achevé d'imprimer par Corlet, Imprimeur, S.A. - 14110 Condé-sur-Noireau
N° d'Imprimeur : 139062 - Dépôt légal : juin 2011 - *Imprimé en France*